悦来

川剧文丛

艺事回眸

YISHIHUIMOU

杨淑英川剧表演艺术

成都市川剧研究院　主编

四川人民出版社

图书在版编目（CIP）数据

艺事回眸：杨淑英川剧表演艺术 / 成都市川剧研究院主编. 一成都：四川人民出版社，2023.1

ISBN 978－7－220－10552－4

Ⅰ. ①艺… Ⅱ. ①成… Ⅲ. ①杨淑英－生平事迹 Ⅳ. ①K825.78

中国版本图书馆 CIP 数据核字（2017）第 278044 号

艺事回眸

杨淑英川剧表演艺术

YISHI HUIMOU
YANGSHUYING CHUANJU BIAOYAN YISHU

成都市川剧研究院　主编

责任编辑	谢　雪　邓泽玲
封面设计	李跃武　张迪茗
版式设计	戴雨虹
责任校对	袁晓红
责任印制	李　剑
出版发行	四川人民出版社（成都三色路 238 号）
网　　址	http://www.scpph.com
E-mail	scrmcbs@sina.com
新浪微博	@四川人民出版社
微信公众号	四川人民出版社
发行部业务电话	(028) 86361653　86361656
防盗版举报电话	(028) 86361653
照　　排	四川胜翔数码印务设计有限公司
印　　刷	成都蜀通印务有限责任公司
成品尺寸	170mm×240mm
印　　张	13.25
字　　数	200 千
版　　次	2023 年 1 月第 1 版
印　　次	2023 年 1 月第 1 次印刷
书　　号	ISBN 978－7－220－10552－4
定　　价	68.00 元

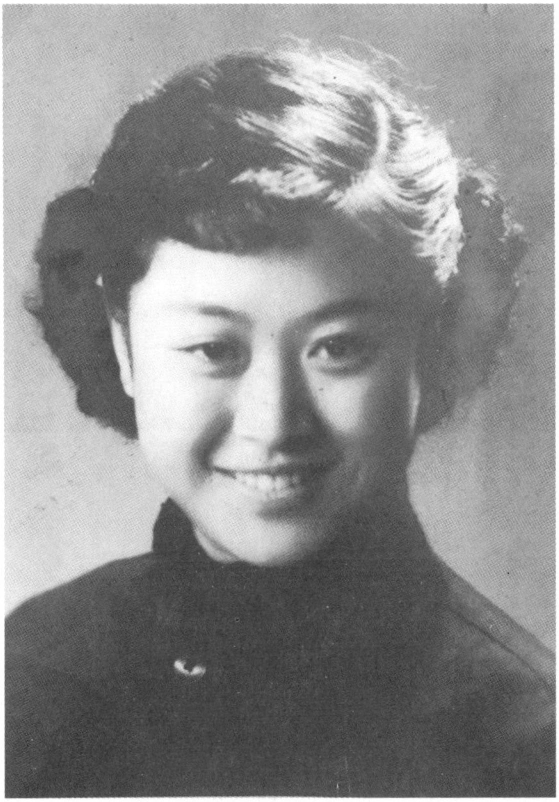

杨淑英

邓小平接见川剧表演艺术家杨淑英等

朱德与川剧演员合影。二排右二为杨淑英

郭沫若（前排中）与川剧表演艺术家等在一起。前排左起：许倩云、杨淑英、陈书舫，前排右一为周裕祥

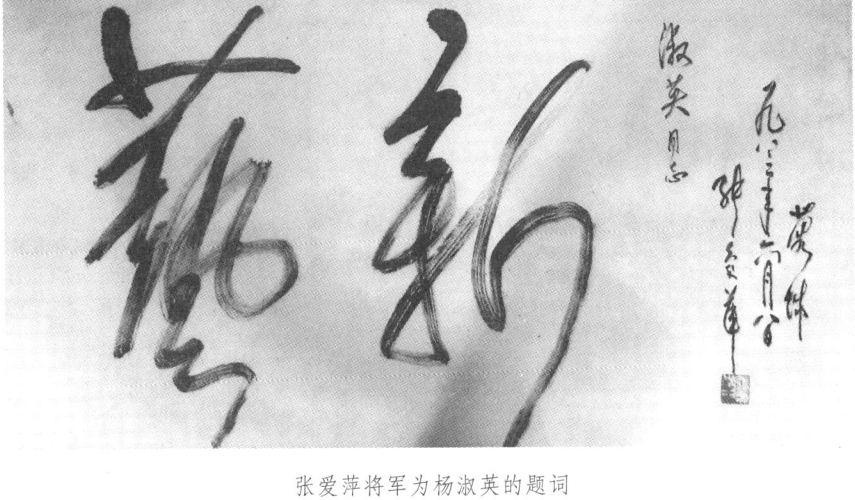
淑英同志

张爱萍将军为杨淑英的题词

诗人、书法家柳倩为杨淑英的题词

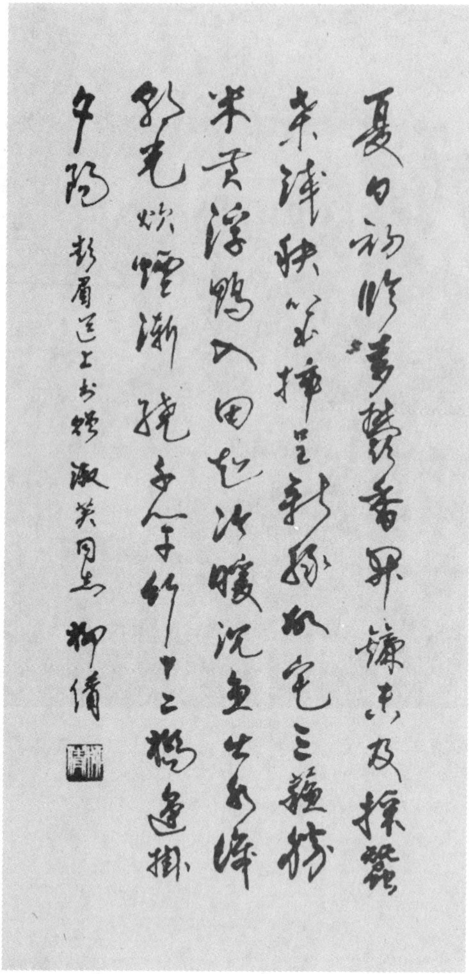

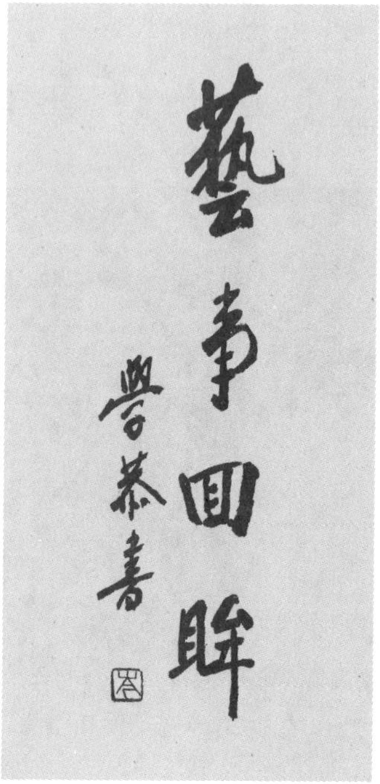
藝事回眸
岑学恭書

书画家岑学恭题签的书名

梅兰芳大师与川剧表演艺术家杨淑英（前排右二）、陈书舫（后排右二）、许倩云（前排左三）等在一起

京剧大师梅兰芳（二排左六）、戏剧理论家张庚（二排左四）与川剧艺术家们在一起。一排左五为杨淑英

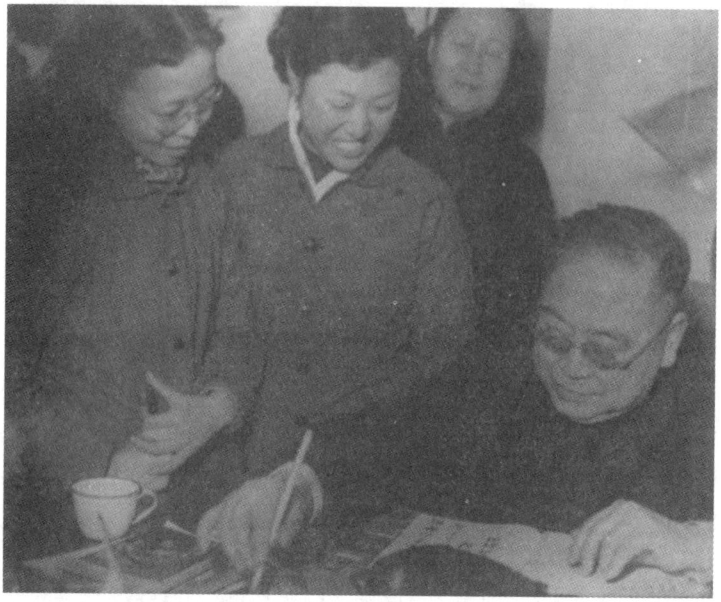

1956年，中央戏剧学院院长欧阳予倩（右一）为杨淑英（左二）题词

川剧名剧《谭记儿》三位主演杨淑英（中）、李笑非（右一）、易征祥（左一）与京剧大师马连良（右二）、张君秋（左二）在一起

杨淑英与李笑非在《谭记儿》中分饰谭记儿、杨衙内

杨淑英与易征祥在《谭记儿》中分饰谭记儿、白士中

1953年杨淑英（前排左）、李笑非（前排右）参加赴朝慰问团时在朝鲜与志愿军战士合影

1959年杨淑英随中国川剧团出访东欧途经莫斯科时与许倩云（右）合影

川剧表演艺术家阳友鹤与川剧“四大名旦”。左起：竞华、陈书舫、阳友鹤、许倩云、杨淑英

与廖静秋（左）合影

化妆

练功

杨淑英演出《穆桂英》剧照

杨淑英演出《营门斩子》剧照

杨淑英与李桐君演出《点将责夫》剧照

杨淑英演出《贵妃醉酒》剧照

杨淑英与谢文新演出《燕燕》剧照

杨淑英与蓝光临（右）等演出《江姐》剧照

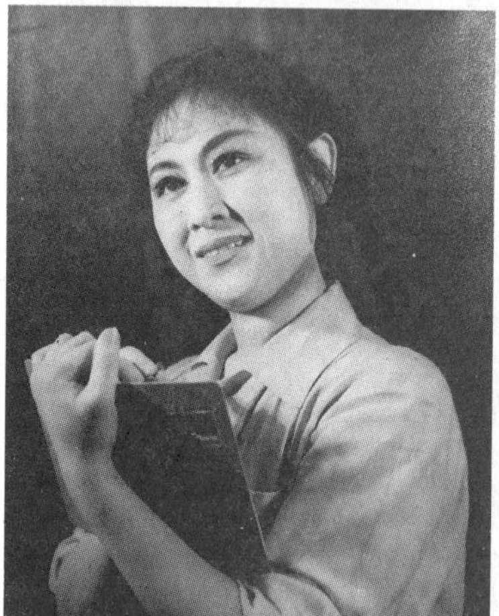

杨淑英演出《朝阳沟》剧照

杨淑英演出《夫妻桥》剧照

CONTENTS 目录

唱段精选

◎雷　音

序

2017年，是中共四川省委、四川省人民政府号召“振兴川剧”三十五周年，为此，我们编撰出版了《悦来川剧文丛》之《存而不论——戏曲院团管理学活态案例文存》和《新风徐来——徐棻剧作新选》。之后，我们又陆续编撰了《悦来川剧文丛》之《蜀音泱泱——川剧传统音乐的科学剖析》《艺事回眸——杨淑英川剧表演艺术》《世事如戏——刘少匆剧作选》三卷。今天，这三部著作终于在大家共同努力下即将付梓，此时，我真是感慨万端。

早在2014年12月，院班子就讨论并论证采纳了我院李跃武同志提出的出版《悦来川剧文丛》大型川剧丛书项目的建议。我们不仅上门拜访专家学者，广泛听取意见，还专门在蓉城宾馆召开座谈会，邀请的专家学者包括省川剧艺术研究院杜建华院长、《四川戏剧》执行主编李远强同志、川剧剧作家徐棻老师、剧评家张羽军老师等，与他们充分商议、讨论方案，此项目得到大家的一致肯定。2015年，我们向“成都市川剧发展促进工作组”提交了立项报告，并得到批复。之后，我院设立了编委会，由我担任主编，院班子加上离退休支部书记冯代芬同志及特邀的省川研院李远强同志、中国剧协张小果同志任编委；同时组建编辑部，由李跃武同志任总编辑，负责项目的组织实施。后续三部著作的编撰工作一如既往的繁复、艰辛，尤其是《蜀音泱泱——川剧传统音乐的科学剖析》卷，我们所选稿本系作者家人据作者手稿录入，因多种原因造成的错谬较多，而作者沙梅先生过世多年，不可能经本人校核，故校勘工作耗时费力，特别是其中的川剧音乐及川剧锣鼓部分颇费功夫。更始料未及的是丛书编撰过程中还遭遇了突如其来的新冠肺炎疫情，使大家相当长一段时间宅在家中，间或中断了工作，所以这三部著作的出版迁延至今。

我特别抱憾的是我们剧院的老艺术家杨淑英先生没能看到她新书的出版，她已于2017年9月离开了我们。但所幸她还在世时，我们请李跃武同志将该书立项出版事宜和具体工作程序都完整清晰地告诉了她，老人家那时是欣慰、高兴的。从《蜀音泱泱——川剧传统音乐的科学剖析》的跋语中可知，沙梅先生的这部著作历经半个多世纪的坎坷曲折能得以问世，不仅仅是我们剧院，更是川剧人、家乡人与先生在上海的子女们一起合作的成果，其间通力合作的过程更是告慰先生的一曲动人故事，先生的在天之灵一定是能感知到的。刘少匆先生一生坎坷，20世纪50年代下放北大荒，但他并未就此消沉，平反后调到剧院更是笔耕不辍。20世纪80年代以《四川好人》贡献剧院，演出于北京和欧洲舞台，为川剧争得荣誉；晚年又以此剧作选为剧院、为川剧贡献储备剧目，令人感慨、感佩、感动、感激！

这套《悦来川剧文丛》的出版，是我们剧院的宝贵财富，其除了存史的价值和意义外，我以为它还将在全国戏曲文化交流中，为新时代党和政府就办好社会主义体制下的戏曲院团问题，从管理、认识、方法、剧目资源建设以及从川剧音乐迭代传承探讨适应新时代新环境下的川剧音乐改革等多方面提供有益资讯和借鉴。对川剧艺术的尊重，应该包括对川剧艺术家的尊重，对他们艺术作品、艺术成果的尊重。希望丛书的出版能够对大家的认识有所补益和帮助，我想我们所有的辛劳付出也就是值得的、没有白费的，是有意义的、有价值的！

2020年3月20日

（作者：成都市川剧研究院院长）

艺事回眸
YI SHI HUI MOU

淑英忆旧

春风化雨　永驻心田

20世纪50年代，我曾经有幸几次见到毛泽东主席，给我留下了终生难忘的回忆。

我第一次见到毛主席，是在万众欢腾的游行队伍中。1952年，我随成都市川剧团晋京参加第一届全国戏曲会演。时值国庆大典，我们在文艺大军的游行队伍中，精神振奋地走过天安门前接受领袖的检阅，远远看到毛主席与党和国家的领导们神采奕奕地站在检阅台上，频频向游行队伍挥手致意，心情激动万分。特别是当文艺队伍走到检阅台前时，毛主席举起巨手，高大的身躯微微向下倾斜，对我们高声喊道："文艺工作者万岁！"行进中的文艺战士们都被这深情的致意所震撼，这口号字字千钧，使我们受到巨大鼓舞和增添无穷力量。我们的心和检阅台上的领袖紧紧地连在一起了，人人从心底涌出"毛主席万岁！共产党万岁！"的呼声，人人饱含着激动的热泪。那一时刻，在我的心里，千万种思绪汇成了一个愿望："共产党啊毛主席，我一生一世都会跟着您，兢兢业业地为川剧艺术事业献身！"

1958年，党中央在成都召开"成都会议"。一天，市委的一位干部到剧团通知我和刘成钧同志立刻动身去金牛坝招待所，我们心里想可能有什么重要活动吧？随这位同志坐上吉普车驰往金牛坝，到达后，才知道是毛主席要接见。我们和被接见的首长们一起，在草坪上排好队形。毛主席伟岸的身躯出现了，含笑和大家招呼后，坐在前排正中与全体人员合影。此时，我思潮滚滚，这殊荣使我感愧，催我奋发，我暗暗地鞭策自己：我将把党和领袖对我的爱护化作激励自己努力工作、不断前进的动力。

1958年，党中央八届六中全会在武汉召开，我们成都市川剧院演出队专程赴武汉演出祝贺，演出了好几场。我演出的是《穆桂英》等剧。会议期间，晚上都有联欢活动，通知我们去参加，毛主席也多次莅临，气氛非常欢快融洽。有次晚会中，当时的中央政治局委员、中共四川省委第一书记李井泉同志把我叫去对我说："淑英同志，让我带你去见毛主席。"说完，拉着我的手走到毛主席身边，指着我对主席说："主席，这是演川剧《穆桂英》的演员杨淑英。"我连忙向毛主席鞠躬行礼，他老人家握着我的手说："川剧《穆桂英》好!"我激动地点着头，心怦怦地跳，嘴里一时竟说不出话来。恰好此时音乐声响起，随着乐曲，毛主席把我带入舞池跳舞。这时我的心仍然非常紧张，手足都不大自然。但是，随着他老人家从容轻松的舞步在舞池中悠缓地旋转，耳边传来领袖亲切的问话：何时开始学戏，演过哪些戏，家里情况怎样，工作、生活有无困难，等等。这慈祥的关怀，犹如春风化雨，一股暖流注入我的心田，将我刚才那种紧张拘束的心情逐渐平息了下来，我一一回答了主席的询问。休息时回到桌边，主席从桌上取了支香烟准备抽，我擦燃了火柴递上去。这时，他老人家突然风趣地说："哟，'元帅'给我点烟，不敢当啊!"（杨淑英在川剧《穆桂英》中饰穆桂英元帅）听了这话，我一下子就愣住了，紧随着周围的同志们的笑声，我才醒悟过来，这是毛主席独具的幽默风采。在诙谐轻松的气氛里，领袖和群众是如此地欢愉融洽、亲密无间。此后久久，我都沉浸在这幸福的回忆之中。

从第一次见到毛泽东主席到现在，四十多年过去了。老人家已经走完了他光辉的一生，但他慈祥的音容笑貌，光照千秋的业绩，却永远铭刻在我的心上，凝成一句坚定的誓言：永远跟着共产党!

（本文原载1993年7月2日《四川政协报》）

永远的纪念

——缅怀小平同志

小平同志非常喜欢他家乡的川戏。新中国成立以来，川剧一天天地发展繁荣，和小平同志的关心爱护和热心扶持是分不开的。20世纪50年代初期，他和贺龙元帅主持西南局工作时，就对川剧热心倡导。两位首长常说，四川人民喜欢川剧，我们就应该喜欢，这是群众路线问题。在他们有力的倡导下，很多外地来川工作的干部、群众也慢慢地熟悉了川剧，不少人还逐渐对川剧优美的唱腔和表演艺术发生了兴趣，有的更成了“川剧迷”。我接触过的大量观众中，就有很多这样的外省籍朋友，他们的友谊对促进我在艺术上的进步起到了很好的作用。50年代真是我们川剧艺术的黄金时代。

不幸的是，十年浩劫把一切事物弄颠倒了。川剧和其他剧种以及所有的艺术事业一样都受到摧残，被当作专演帝王将相、才子佳人的封建主义产物，我们演员则被当作“封、资、修”的代言人、“三名三高”的代表而痛加批斥，连戏装、道具也被一把火烧掉，川剧舞台变得冷冷清清。直到粉碎“四人帮”以后，拨乱反正，万物重获生机，川剧和我们广大演员才从噩梦中苏醒过来。

1978年的春天，我在病床上听到一个振奋人心的消息：敬爱的邓小平同志到成都来了。这喜讯使我万分激动，回忆的镜头一个接一个地在我的脑中清晰地出现：十年浩劫前，小平同志每次到成都来视察工作，或者是我们剧团晋京会演，我都有机会为他老人家演出，他也很喜欢看我演的戏，特别是《点将责夫》中的穆桂英，《营门斩子》中的樊梨花等。他曾说："杨淑英演的穆桂英有气魄，动作干净利落，嗓子宽厚明亮，吐字清楚，听得懂。"我知道他老人家的这些话是在鼓励我，给我指出提高演艺的方向。我也早下决心要按照他老人家指出的境界去攀登，把戏演得更好，来报答他老人家的关怀爱护。现在小平同志又到成都来了，我多么想见见他老人家，聆听他的教诲，更强烈的愿望则是为他老人家演出。恰好，就在这个时候，剧院的党总支书记杨白清同志到我家来。她对我说，她是奉命从小平同志下榻的金牛坝招待所坐车来接我去那里治疗。接着，她简略地告诉我事情的经过：小平同志在成都的三天里，繁忙的工作之余，要看三场川剧，并点名提出了在十年浩劫中被禁演的优秀剧目和被迫害的演员的名单。头一晚演出中，因为没有看到我的演出，就很关切地问："杨淑英为什么没有来?"听说我是生了病在家休息，就又郑重地问道："是真的生病了，还是被打倒了?"同志们回答说是真的生病了，小平同志便关心地吩咐派车来接我去金牛坝招待所，让他的保健医生给我治病。听了杨白清同志的传达，我感动得说不出话来，眼泪止不住地往下流。想起小平同志一贯对川剧的关心扶持，对我的爱护、勉励，心里说不出的感激。十年浩劫中，川剧被禁锢，大批的优秀传统剧目和演员们都销声匿迹了，今天能有机会重新登台，为敬爱的小平同志演出，这真是川剧艺术新生的大好机遇，也是我的莫大荣幸。想到这些，我毅然地对杨白清同志说："我的病不要紧，我一定要争取为敬爱的小平同志演出!"说完，就由我的两个女儿万琼、万瑾扶着我，随同杨白清同志上车赶到金牛坝。到宾馆时，小平同志正在开会，他的女儿毛毛高兴地接待了我，热情地寒暄以后，就忙着请王医生来为我诊断。王医生查出是美尼尔氏综合征，当即对症给了药，服药后，我的两个女儿陪着我休息。在休息的时候，大家问我能不能演出。我果断地回答说："能，我一定要为小平同志演出。"大家商议演哪个剧目，我考虑到《点将责夫》中的穆桂英是武旦戏，要穿上靠子（盔甲）上场，恐怕我的身体一时还不能适应，就问可不可以将剧目换成《归舟》。经过请示以后，就这样定下来了。为了保证演出万无一失，阳友鹤老师主动对我说："淑英，沉住气，不要担心，我已有了办法。你安心演出，我在后台也化好装，随时做好准备为你当替补!"与我搭档演出《归舟》的蓝光临，也表示在台上随时照应我。同志们的真诚相助给我壮了胆，我对演出信心十足。化好装后，王医生又给我服了一次药。这些热情的关怀，使我受到很大的鼓舞，更由于这次演出的重大意义，使我平添了无限的力量，艺术的激情驱动我在舞台上认真细致地把《归舟》顺利地演完。演出结束后，小平同志健步上台接见全体演员。他走到我的面前，握着我的手问我："病好些了吗？现在身体如何？"我激动地回答老人家："身体可以，以后我还要多为您演出！"

从1月31日到2月2日，小平同志一连看了三场川剧晚会，看完了十三个传统折子戏以后，高兴地说："这么好的戏，可以对群众演出嘛！这十多年里观众都没有机会看传统戏了，趁老艺人们还在，可以拍一些资料片，准备一两台戏到北京来演出。"小平同志的这些话，使大家受到极大的鼓舞，如阵阵春风吹拂大地，川剧艺术迎来了它又一个春天。

后来听说，全国戏剧界的同行们听到小平同志在成都观看川剧传统戏的消息后，一时人心大振，纷纷致电四川有关同志了解情况后，都积极行动起来，把优秀的传统剧目搬回舞台上演。从此，全国被禁锢十几年的优秀戏曲，在小平同志高瞻远瞩的战略决策下，又呈现出了万紫千红的繁荣局面。

这次演出以后，我的病一天天地好起来。王医生给我留下的药，我特地保留了一片舍不得服掉，用小瓶把这片药装好，当作一件珍贵的纪念品一直保存到今天。每当望着这小小的药片，我的心里就油然升起对小平同志的无限崇敬和深深的感激怀念之情。

这以后，我又两次随团晋京演出，两次演出团的阵容都很庞大整齐，演出受到了中央领导人和群众以及戏剧界朋友的热烈欢迎。小平同志也莅临观看，对川剧的发展方向又提出了新的要求，还特别嘱咐剧团，演出时一定要把字幕写好放映，使更多的观众能够了解剧情，听懂川戏。

1983年秋天那次晋京演出，是为了汇报四川省在小平同志的关怀下开展"振兴川剧"工作一年的成果。我们到京后，小平同志的夫人卓琳同志代表小平同志来看望全团人员，她来到我们的住地，觉得条件差了些。不久，张爱萍将军就把我们安排到远望楼宾馆住宿，照顾得十分周到。这次晋京，全团共带了三台大戏和一台折子戏。卓琳同志每晚都来，兴致勃勃地看完了所有的剧目。起初她告诉大家，小平同志因最近时期听力下降，不来看戏了。听到这个消息，我们都感到十分失望。不料后来喜从天降，汇报团领导突然通知大家，小平同志要来看戏了。这个消息使大家振奋异常，马上积极地做准备工作。领导同志传达：小平同志点了七个戏：陈书舫的《花田写扇》，竞华的《思凡》，周裕祥的《花子骂相》，周企何的《请医》，曾荣华、许倩云的《祭灶》，陈全波的《做文章》和我的《营门斩子》。一台晚会演七折戏，演出时间太长了，领导们商量后认为，小平同志很喜欢这些戏，曾经多次欣赏过，对这些戏的内容十分熟悉，完全可以删掉一些过场，精炼一些情节，使七个戏能在两个小时内全部演完。根据领导同志的布置，我们马上行动起来，我和与我临时搭档演出《营门斩子》的黄世涛以及鼓师等研究后，毅然删掉了一些稍显重复的对白和唱词，对一些原来节奏较慢的“一字”唱腔也改为“二流”来唱，这样，原本要演四五十分钟的戏就压缩到二十多分钟了，而戏的主要情节、唱腔依然保留。经过陈洁、席明真等领导同志同意后，就照这个压缩本和其他六折戏一起，在人民大会堂的小礼堂为小平同志和其他领导同志作了演出。小平同志非常高兴地看完全部节目后，上台来接见我们，和我们一一握手慰勉，并和全体演职员合影，之后，又单独和我们参加当晚演出的十三位老艺术家合影，使我们感到无比的幸福和鼓舞。

不巧，这次演出后不久，我的病又犯了。在小平同志的关怀下，演出团领队、省文化局局长邓自力同志和市文化局副局长林捷同志把我送进医疗条件极好的北京301医院住院治疗。住院期间，我认识了小平同志的母亲。老奶奶也因病在这里住院，她很喜欢川剧，曾经多次看过我的演出。这次巧遇，老人家十分高兴，常常由先群同志（小平同志的妹妹）陪同到我的病房来谈谈病情，摆摆家常，更多的时候是谈川戏，谈我的演出，态度非常和蔼慈祥。

住院期间，卓琳同志常常来看望老奶奶，每次探视时都带了三份慰问礼物，老奶奶和我各一份，另一份则送给也在这个医院住院治疗的小平同志的秘书。他们一家这样爱护我，使我心里充满感激，也获得了无限的幸福和温暖。经过医生、护士们的精心治疗护理，加上良好的心情，半个多月后我的病就很快地好了起来。出院前，我到老奶奶的病房去拜望、辞行，说到分别，两人都依依不舍，一再约期再见。果然，后来老奶奶回川小住，又约我到她的另一个女儿先芙家聚会，再次相逢，更觉亲热。老奶奶见我的眼睛患了眼疾，非常关心，把她一副精致的眼镜送给我，再三嘱咐我一定要保护好眼睛。这种深挚的关爱，使我如重温伟大的母爱，心里充满说不出的温馨。

往事历历在目，小平同志弘扬民族文化，热爱人民，扶持川剧艺术，关心演员疾苦的深恩大德深深地印在我的心中。小平同志是改革开放的总设计师，伟大的无产阶级革命家，他为国家、为民族的繁荣昌盛奋斗了一生，他的丰功伟绩如日月之光照耀千秋万代。他慈祥的音容笑貌，一往无前的伟大气魄，在亿万人民和我的心中树起一座巍峨的丰碑，我将永远铭记，传诸子孙。

1998 年 9 月于成都

艺无止境

角色的创造，是永无止境的。我每演完一出戏，或多或少总会有些新的感受，新的认识，新的改进。

就拿《点将责夫》这出戏来说，其喜剧性是由元帅与先行官，妻子与丈夫，军纪与私情的复杂人物关系和事件纠葛产生的。当杨宗保不听帅令，擅自出阵，兵败回营，穆桂英为了严整军纪将他责打四十军棍，作为统帅不徇私情，公事公办，这是无可指责的。但他们是一对和睦的年轻夫妇，穆桂英还该有她作为妻子的贤淑、温柔、爱丈夫的感情。如果只片面地强调元帅风度，就很容易把人物演得枯燥干瘪。因此，戏一开头，为了表现穆桂英英武的帅才，我绝大部分的身段动作是从武生的动作中变化来的，讲白力求刚劲、简练，唱腔也力求爽朗、高昂。但下令责打宗保以后，穆桂英高坐帅台，一句唱词也没有。此时此境，穆桂英岂能无动于衷？所以，我在四十军棍的责打声中，使用了四个有层次、有发展的动作来突出她关怀丈夫的痛楚的心情。听见数“一十”，我将侧坐的身子急速地转向观众；数“二十”，我迅速地抛起右手的水袖；数“三十”，我把两只水袖同时高举，紧咬牙关，似乎和丈夫同时忍受着杖刑；直到数“四十”，我实在听不下去了，就趁势埋头伏在桌上。听见思乡、还乡来报：“先行请元帅验伤！”我急将翎子一抖，一个大转身，以表现内心的震动，急忙扶着椅背，痛楚得眼泪盈眶。我使劲将椅子按翻，往前一扑，险些摔倒，借此来表现穆桂英失去支持力量的激动心情。我怕众军见我落泪，忙两手一挥，背过身去。聪明的思乡、还乡带走了众军，我恨不得马上去分担宗保的伤痛，唱道：“先行官在请我去验伤痕。”当我按照原定的一字板式唱这句词时，由于板式的局限，“伤痕”二字一马就跑过了，总觉得内心的情感没抒发够，似乎对宗保的关切没有表达出来，哽咽在喉，很不舒服。紧接着唱的“责打他好叫我心中难忍”，也感到平淡无力。因为这时穆桂英的心情非常复杂，先行不服帅令，擅自出兵，战败回营，这不是小事情，不打他无法整军纪、率众军，这是该打的。但桂英深深知道自己的丈夫是一个热爱国家、勇敢善战的英雄，她必须求得宗保的谅解，使宗保回心转意来帮助自己直取洪州，营救翁父，保卫疆土。她按兵不动，是不打没有准备的仗，却被宗保误会为不敢出战。这些都叫穆桂英满腔的激情势难遏止地要迸发出来，可一字板式却死死地束缚着人物的感情。我认为，这儿不应再受任何限制，音量要高昂洪大，要上行的旋律延长节拍，以自由的板式让角色尽情地抒发自己的内心痛楚和对宗保的爱情。以后，我将和搞音乐的同志共同研究，来实现这个想法。事实上，我在近十年中演过一百多场穆桂英，无论唱、做、念、打哪一种刻画人物的表现手段，都没有不变过的。就是现在的演出，在《点将责夫》后半段，我关心宗保的伤痕，委婉诉说自己的处境，耐心劝说他的犟性等，许多动情的、温柔的表演，也是在不断的演出过程中，在同志们的帮助下逐步改进的。最初我只表演出穆桂英的元帅风度，而忽略了这一点。艺无止境，学到老学不了，只有刻苦深钻，不断改进，才有可能塑造出真实、动人、栩栩如生的艺术形象。

（本文原载 1963 年 4 月 4 日《合肥晚报》）

我在唱腔设计中的几点心得

最近，我所在的成都市川剧院艺术研究室展开了对川剧唱腔如何表现现代生活问题的探讨。现就如何设计唱腔方面的三个问题，谈谈自己的一点心得，供表演现代人物时唱腔设计参考。

一、设计唱腔要抓住人物的基本情绪

我们知道，唱腔是刻画人物性格、表达人物感情的重要手段之一。动人的唱腔不只能完成这个任务，而且还能使观众的情绪受到感染，从而对人物的命运产生憎恨或同情。我在创作上尽量想往这条路上走。

例如：《谭记儿》的第一场，谭记儿当时的处境是寂静凄凉的尼姑庵，她在“玉容寂寞泪阑干”“冷凄凄长夜伴愁眠”的孤寂生活中已经三载有余。因此我在出场这段戏的唱腔中，不用花腔，音调少往上行，声音也有所控制，想让整个的唱腔给人以庄重、温柔、沉静朴实的感觉。当她与白士中相遇后，对方向她提出“永订百年之好，共缔琴瑟之缘”时，她开始感到惊讶，惊讶的是对方提这个问题太突如其来了；继之，见白士中谈吐清雅，体态翩翩，不由得使她的感情起了波动；可是又一想，自己是个孀妇，如若再嫁，社会舆论难容，但难道自己就这样守着青灯古佛，白白地葬送青春吗？这时，她在思想上展开了激烈的斗争。这里我用呼吸的急促和小腔中的停顿来表现她那种死灰复燃又顾虑重重的激动而矛盾的心情。并且在唱这段唱腔时，我逐渐放开了嗓子，加大音量，腔调也逐渐上行了。直到谭记儿默许了对方的爱情时，我又在原腔的基础上加了点花腔，并充分地放开嗓子，来表现她那含蓄的激动、欢愉的心情。让人们听来也会为谭记儿获得了幸福而激动。这里，我觉得唱腔一定要抓住人物的基本情绪，并根据剧情的发展来处理唱腔的变化。

二、 要吸收别人的唱腔来丰富自己的唱腔艺术

这里所说的“别人”，包括两个内容：一是其他兄弟剧种，二是四川地方曲艺、民歌等。为了弥补川剧唱腔在某些场合下不能很好地适应剧情需要的缺陷，我们应该吸收别人的唱腔来加强川剧唱腔的表现力。

比如，我演《春娥教子》(胡琴)，唱“见夫死反穿裙另配儿男”一句时，其尾腔就是吸收了京剧的唱腔；又如“倚哥儿好一似开弓放箭，老薛保好一似浪里之船”这句，最后四个字“浪里之船”的唱腔又吸收了清音的旋律。这样，不只是我们的唱腔丰富了，多样了，也能较恰当地表达王春娥当时复杂的思想感情。

但是在吸收别人的唱腔时，应注意几个问题。首先，吸收来的唱腔要和我们的原腔在旋律上相近。如上例“见夫死反穿裙另配儿男”这句，京剧是二黄慢三眼，川剧也是二黄慢三眼，节奏相同，曲调也有些相近。其次，要考虑到不同剧种有不同的语言特点。所以，在吸收上述唱腔时，我特别注意怎样适合川剧行腔的特点，因为川剧是非常讲究字正腔圆的。另外，也要考虑到各剧种曲牌、板腔的字句问题。如京剧唱词多为五、七、十字的句子，而川剧高腔的句子字数变化很大，不但有五、七、十字的句子，也有各种不同的长短句。所以在吸收别人的唱腔时，也要注意适合川剧曲牌和声腔结构的规律。

总之，我认为虚心地吸收各方面的唱腔来丰富我们的唱腔，我们的唱腔才有发展和创造。但是我不主张生搬硬套，而是要融化它，把它变为川剧的唱腔。

三、唱腔中的垫字

唱腔中经常有台词中所没有的虚字，如：哦、啊、哎，等等。

仍举《春娥教子》为例，唱到“王春娥……”时，在“娥”字后面垫上一个“啊”字。原来的“娥”字是从字头发音，音窄而低，音量也小，距离舞台稍远的观众难以听见。垫上“啊”字以后，不只音量放大了，音调可以上行，并且听起来圆润动人，也容易表现人物情绪。所以垫字与否，应该说，不单是技术上发音、行腔的方便，更主要的是垫上一个虚字后，要考虑对剧情、对人物表现的作用如何。

（本文原载成都市川剧院《艺术资料汇编》第 2 辑，原名《浅谈唱腔设计的几个问题》，本书略有修订）

艺事回眸

YI SHI HUI MOU

其人其事

◎蒋维明

杨淑英艺术生活散记

一、学 艺

（一）捡盐渣的女孩

1928年农历六月，川剧四大名旦（陈书舫、竞华、许倩云、杨淑英）之一的杨淑英诞生在四川自流井湖广庙附近小街道的一间铺面里。

自流井和贡井（今自贡市）是著名的盐都。1853年（清咸丰三年）太平军攻占南京，与清军在长江中下游展开了拉锯战，淮盐的运销受阻。清廷采取“川盐济楚”的策略，湖南、湖北广大地区仰赖四川食盐供应，因而大大促进了自贡盐业的发展。著名的王三畏堂和李四友堂借此时机大凿新井、深井，成为集井、灶、枧、号于一身的盐商资本集团。盐业促进了自贡工商业的发展，城市日趋繁荣。釜溪河两岸，“河东王，河西李”，富甲一方，在金碧楼台里过着豪奢的生活。然而，湖广庙附近贫民区里，却居住着许多挣扎在饥饿线上的民众：唱戏的、卖杂耍的、擦皮鞋的、绣花的、做鞋的、开小茶馆的和测字算命的。

狭窄的街道，一排排铺面偏斜又相互牵挂着，街心的青石板，被行人长年累月行走磨凹了。在低矮的一楼一底夹壁屋里，杨淑英呱呱坠地了，清脆的啼声像一支乐曲，本应该给家人带来些许喜悦和慰藉。然而，伴随它的，却是几位长辈的叹息声，似在说：“唉，又添了一张嘴巴。”

这叹息之声中饱含着无可奈何。

婴儿的妈妈高氏，是被抱养的孤女，平时和婴儿外婆一起在釜溪河边给人洗衣服，挣一点少得可怜的工钱。婴儿出世之际，父亲又应征入伍当兵，从此杳无音信。她还有一位舅舅，精通文墨，在茶馆里代人书写契约、家信，换得为数有限的润笔之资。可是舅舅又染上了鸦片烟瘾，一有钱便要钻进供挑夫运卒过瘾的小烟馆去。

舅舅既然是湖广庙贫民区的“文化人”，婴儿自然由他取名。他翻书查字典，慎重地给她取名杨淑英。

母亲抱着婴儿，眼看家徒四壁、缺衣少食的处境，心里难过，哽咽地说：“小淑英，你的命苦啊!”

福不双至，祸不单行。杨淑英四五岁时，即1932年前后，正遇上四川历史上军阀割据、天灾不断的年代。据当时的报刊资料记载，1932年全省有十六个县受灾，1933年增至五十三个县，1935年则增至一百个县以上。旱灾、涝灾，使得粮食缺少，奸商又趁机囤积居奇。于是，川南的一些地方，出现了饥民自发聚集“吃大户”的事情。有的地方，饥民去挖“观音土”充饥；还出现一种所谓“忌食圆子”的物品，由“善人”施舍。这些东西吃下去后，有的人肚皮鼓胀、解不出大便，过不几天便闭上眼睛咽了气。

杨淑英一家四口，有时只能吃“对时饭”（一天一顿），稀饭清汤寡水，照得出人影子。小小年纪的杨淑英，变得懂事了。她跟在外婆和妈妈身后，到郊外荒山坡挖野菜：清明草、灰灰菜、猪鼻孔、枸杞芽……淘洗净了，和在粥里煮，用以糊口。

稍大一点，她和邻居家一群小姐妹，又到盐井边去捡盐渣。当年，从各个井、灶到釜溪河边盐船崎岖的石板路上，活动着许多支挑夫的队列，抛撒的有灰褐色或白色的盐粒、小盐块。这给穷家孩子一个废物利用的机会，女孩们将盐渣拾在小竹盐篼里，可供家里食用，积攒多了，还可卖钱买米。

挖野菜、拾盐渣，不仅使孩子们认识到生活的艰辛，而且培养了他们与命运抗争、自立自强的精神。苦难，是生活给杨淑英上的第一课。

（二）湖广庙戏楼

1935年杨淑英七岁。一位好心人告诉她妈妈，玉皇庙里办有一所教会学校，可以免费送孩子去入学。妈妈喜出望外，杨淑英也兴高采烈。那天，妈妈给她穿上一件洗干净了的补疤重补疤的衣服，送她去上学。

在教会学校，杨淑英只读了一学期的书便不得不辍学了。她多么依恋那书声琅琅和歌声悠扬的教室啊，可是，她却常常饥肠辘辘，饿得头昏眼花，不能安心上学。为了对付不断上涨的物价，帮助家里多挣一点点工钱，她只好放弃上学，回家去协助外婆、妈妈浆衣洗裳，替缝衣店加工缝锁衣服上的扣眼，或到盐井附近去捡盐巴渣渣。

然而，鬼使神差般，杨淑英找到了另外的、属于自己的教室。

这教室便是她家附近的湖广庙戏楼。

由于清初“湖广填四川”以及后来湖广人到自贡做生意的增多，他们仿照陕西商人修建西秦会馆那样，由湖广同乡会集资修起了飞檐翘角的湖广庙。虽历时百年以上，仍显得巍峨宽敞，耸立在后山坡上。

山门口，一对石狮分踞左右，雕工精细。大殿的对面有座戏楼，高约八尺，下为山门进出的通道。大殿与戏楼之间，有广阔的石板院坝，两旁为看戏的厢楼。

湖广庙是杨淑英和她的伙伴们平时游玩的好去处。捉迷藏、跳绳、踢毽，她和男孩子、女孩子一起玩，天真活泼，可以暂时忘记生活的苦楚。她与人为善、富有同情心、卫护稚少；遇见以强凌弱的行为，她要极力去制止，排难解纷。

庙里不时有戏班子来演出。有时是酬神赛会，戏班由商会行帮请来，免费看戏。有时是营业性卖票演出，即使是卖票，管理不严，小娃儿可以溜进去，站在边边角角看。

只要川剧闹台锣鼓一响，杨淑英便激动了，好像有一股无形而又强大的力，呼唤着她、吸引着她。她手脚麻利地做完家务，溜向戏楼。

舞台上进进出出的各行当角色，展现了色彩绚丽的生活画面，搬演出生动活泼的戏文；吹、打、念、唱的音响，美妙异常，撼动她幼小的心灵，使她从中得到了慰藉和欢乐。有时，早台完了，守门的人要清场，杨淑英担心出去了进不来，就悄悄藏进厕所，饿起肚皮等看午台。

从戏文里，她获得了许多的知识：历史故事、兴衰治乱、善恶美丑、人情世故、接物处事……川戏像春风化雨，滋润着她的心田；又像一部大百科全书，满足了她求知的渴望，诱发了她对川剧朦胧的依恋和思慕之情。

戏楼成了她的课堂，川戏艺人是她的启蒙教师。

更重要的是，川戏班的演出，诱发了杨淑英与生俱来的艺术感悟和得天独厚的演唱才能。她迷上了戏中人物，常常身不由己地模仿起来，默默学着台上演员的唱腔、表演，在台下低声附和，以至忘乎所以地手舞足蹈，惹起周围成年人注目，笑声里含着嘉许：

"这小女娃子看戏入迷了。"

"看她，硬还有点天分。"

"那份痴劲，准是被太子菩萨摸了脑壳。"

太子菩萨指各地伶人供奉的祖师爷，相传即是酷爱戏剧的唐明皇李隆基。他曾在宫廷的梨园主持并参加演戏。川剧行内有句行话："被太子菩萨摸下脑壳，命中注定要吃一辈子戏饭。"的确，湖广庙戏楼给杨淑英人生之旅带来了极大的影响。这里是她艺术生涯的源头，从这儿起步，未来的几十年间，她将在巴蜀艺苑、神州舞台上展现她一代名伶的风采。

（三）小玩友

湖广庙里也不是天天演戏，有时也放映坝坝电影。杨淑英在这里看过有声或无声电影《荒江女侠》《女镖师》《啼笑姻缘》《火烧红莲寺》等，使她对艺术更为神往。

有些时候，庙里不演戏，也不放映电影，仍然有她过戏瘾、偷经学艺的地方——摆围鼓（即唱玩友）的茶馆。

"川盐济楚"以来，盐都自贡经济比较繁荣，戏剧也随之兴盛。从清朝同治、光绪以来，便成为川剧四大河道之一的"资阳河"的中心地区。

王、李两大家族为盐业巨富，他们都喜好和鼓励唱川戏，并出资办戏班。在自贡，还有对川剧艺术发展殚精竭虑的"黄氏弟兄"——黄庶咸、黄了初、黄一良、黄象离、黄景明，他们精研川剧，组织清唱，倡导摆围鼓。风气所及，大街小巷的茶馆，许多都有业余川剧爱好者自发形成的"玩友"组织，自唱自娱，或应邀去有红白礼事的家中清唱。唱玩友的人大都兼操一种乐器，锣鼓丝弦、吹拉弹唱，和戏台上演出一样规格，只是不化装不上台表演。像四川扬琴一样，属于“坐地传情”。玩友中往往有唱功极好的人才，有的后来下海参加戏班，并成为一代名伶，如成都的天籁、贾培之等。自贡玩友中威望最高的是“停云社”，社长杨敏安对艺术严格要求，精益求精。经过该社品题、得到好评的，定会获得盛誉，因而该社被称为“品仙台”。川剧名家张德成、幺师弟早先就是通过“品仙台”推荐，逐渐蜚声巴蜀、大红大紫的。

自贡地区由于具有这样深厚的文化积淀和艺术氛围，使特具艺术禀赋的杨淑英如鱼得水，左右逢源。外婆带着针线活去茶馆，边做手工边听围鼓，小淑英必依偎在外婆身边，将一双明慧的眸子投向围鼓，眼在看、耳在听、心在记、口在哼、手在比，当时被称为“灌耳风”。她既专心专意、全力投入，又因天资高、悟性好，居然“捡”到了一些唱段。回家后，会哼几句的舅舅又点拨她几下，或给她讲解唱词，杨淑英都一一往心里记。由于她好学苦思，很快便词熟戏烂，开口能唱了。

就这样，十岁不到的杨淑英学会了《钟馗送妹》《宫人井》《截江夺斗》等几折戏。

终于有一天，她勇敢地站在围鼓边，有板有眼地清唱了《钟馗送妹》。她仪态大方，字正腔圆，不仅获得了茶客们的叫好，而且吸引来过往的行人，特别是盐码头的船工、搬运工、挑夫、商贩。茶馆爆满，门口也围了个内七层外八层，水泄不通。老板娘、掺茶的幺师，笑得合不拢口来。

“这妹崽是谁？声音好嘹，又有味道。”

“她叫杨大（儿）。”认识她的街邻介绍道。因为她排行老大，所以被昵称为“杨大（儿）”，声音一转，便被呼为“杨旦（儿）”。“想不到她家吃的是清稀饭面糊糊，嗓音却玉润珠圆。”

一个测字的老先生逢人便夸：“小玩友杨旦（儿）脆生生一副喉咙，像是个吃戏饭的。”

小玩友的名声不胫而走，逐渐引起人们的注意，人们称赞她小小年纪，执着地追求，饿起肚皮学唱戏。好心的人都来关照她。

当时玩友中一位唱小生、唱腔优美的罗贵云主动教杨淑英学戏，按正规路子给她打磨《宫人井》等戏的唱腔，又教会她几折折子戏。眼见杨淑英家生活困难，每逢有人家办红白礼事，邀请罗小生去摆围鼓，他都带杨淑英去配戏，虽然所得“封封”钱不多，但可以吃顿饱饭。孩子正在长身体呀。

由于罗小生的提携，釜溪河畔到处响起小玩友的清唱声，宛如雏莺啼晓，给民众带来悦耳的乐曲。

（四）一波三折

过了些日子，又有好心人劝外婆和妈妈：淑英有演唱的天赋，何不叫她跟曲艺艺人学四川清音，卖唱可以挣钱，免得一家老小饱一顿饿一顿的。

经过撮合，杨淑英跟一位盲艺人学唱清音。由于有了唱玩友的实践，学起来还顺利，主要是学了些演唱技巧，如“打嘚儿”“哈哈腔”。

杨淑英喜爱清音唱腔艺术，然而，对演出方式、卖唱环境却很不习惯，甚至一想到便不寒而栗。

杨淑英还不能唱，她的工作是牵着盲艺人走街串户，进出旅店、茶楼、烟馆，手捧写有节目的折子，请别人点。这种卖艺被称作“钻格子”，在旧社会是一种被人看不起的微贱职业。

牵盲艺人虽然每天能挣一点钱，但饱含着辛酸之泪。特别是烟馆里，弥漫着乌烟瘴气，那些行尸走肉的瘾君子横七竖八地躺着烧烟，活像地狱现形。有些流氓烟鬼，常带着淫邪的浪笑，用猥亵的目光贪婪地注视着纯真俊俏的小姑娘，说出一些不堪入耳的粗话。

杨淑英是一个自尊心很强的女孩，不愿意置身这样污浊的环境。一天，她回家后向亲人诉说了自己的苦恼。

外婆、妈妈也不放心淑英去那些地方，总觉得那不是长法，生怕遭遇意外。大约过了一两月光景，她们下决心把淑英留在家里，终止了她的卖唱生涯。这一举措，表明她们在物欲横流的乱世，仍保持着劳动者的自尊。

过不久，有个“柳浪歌舞团”到自流井演出。班主张一飞，擅长杂技、魔术。剧团虽然名叫歌舞团，但主要是演出杂技、魔术，附带也唱时兴歌曲（即流行歌曲）和跳舞，在四川各地跑码头。

又有好心人向张一飞推荐，介绍杨淑英到柳浪歌舞团当艺徒。一个名叫朱英的台柱演员收下了杨淑英。杨淑英暗下决心，拼命练功、习艺、学唱时兴歌曲、跳民间舞蹈。接触到杂技歌舞，她觉得新奇、有趣，劲头十足。剧团上下对新来的学员印象很好，又可怜她衣服上补疤重补疤，家境贫寒。朱英是一位贤淑的人，从头到脚给她添置了新衣、新鞋。

来到这个世界十一个年头，杨淑英才第一次穿上新衣、新鞋——很多年过去之后，她还感念这位老师，想起她的善举。杨淑英成名之后，也像朱英一样乐于助人。

妈妈有天到驻地去看淑英。只见演员们正在练功，翻滚、倒跌、空中飞人……惊险万分，妈妈看得目瞪口呆，“太危险，太可怕了！”回去给外婆一说，外婆听了也担惊受怕。她俩又听别人说：“学杂技是在血盆里面抓饭吃，弄不好摔了跤子，伤了脖子断了腿，要落个终身残疾。”妈妈哭着要外婆想办法。的确，当时由于社会条件的限制，杂技练功缺乏保险措施，凭老师经验教学，发生事故的可能性大。

柳浪歌舞团在一个地方演久了，上座就成问题，因此要不停地流动，准备离开自贡。外婆、妈妈舍不得相依为命的杨淑英，于是两位老人家到剧团苦苦求情，终于说动了老师朱英，将杨淑英领回家来。

杨淑英在学艺的道路上跌跌绊绊地行进着。她太幼小了，身不由己。命途中还将遭遇到又一次坎坷——

湖广庙又来了川戏班。这班子名气很大，阵容强盛，它就是驰誉全川的“新又新”。老板是新十七师师长刘树成，一个极力提倡川剧的实力人物。“新又新”名不虚传，名角名戏使戏迷们大饱眼福，演出很火爆。杨淑英随舅舅去看了两回“站票”，眼界大开，被更为精湛的川剧艺术陶醉了，巴幸不得成为“新又新”那样的戏班的演员。

舅舅也对“新又新”很有好感，一家人商量后，由舅舅四下张罗，征得戏班女角筱惠芬的同意，收杨淑英为徒。可是，筱惠芬随即有事要出远门，根本没有机会教戏，只叫杨淑英跟她的大徒弟学，让师姐带师妹。师姐很忙，一时也顾不上带。

有天，师姐拿块银圆，叫杨淑英去街上兑换成供零用的小镍币。途中，杨淑英饿了，又见剧团的孩子在街上买零食，吃得津津有味。她在换镍币的时候，悄悄从盛镍币的铁丝笼里多捡了一个镍币。她用这个小币买了一串糖油果子吃。她的这个小动作，恰被师姐的舅舅发现，用鸡毛掸子给她一阵乱打，随即通知妈妈把杨淑英领回家去。为此事，杨淑英内心猛省：今后一定要洁身自爱。要花钱，凭自己劳动去挣。

三度从艺未成。然而，俗话说得好，“事不过三，否极泰来”。经过了一波三折，命运终于给杨淑英展现一线生机，柳暗花明的前景终于到来了。

（五）发现璞玉

川南的初夏，景色宜人。釜溪河畔，桃红柳绿。人们卸去笨重的冬衣，轻爽多了，每到傍晚便纷纷涌上街头。于是，大街小巷的茶馆座无虚席，特别是唱玩友的场所，听众更是趋之若鹜，形成自流井一道文化风景线。

“外行听热闹，内行听门道。”1940 年农历四月初的一个夜晚，一位来自贡演出的“维新舞台”的台柱、唱旦角的钟琼瑶漫步街头。出于职业的习惯，听到打川剧锣鼓的地方，他都要循声走去，侧耳倾听。

冥冥之中仿佛预作安排，一派琴声引他来至街口的一家茶馆。只见门外黑压压地站着一排排听众，屏声静气在听。

钟琼瑶挤不进去，站在人墙外面，听见了一副稚嫩的嗓音，唱得清脆明丽，婉约多姿，有板有眼，韵味醇正。

“好一块璞玉！”钟老师多年来浪迹江湖，一直在寻找可以琢磨的人才，承继自己的事业。凭他丰富的人生经验，他预感到这个小玩友是一块璞，经过精雕细琢，有希望成为传世的玉器。

他回去与妻子商量。妻子白惠娟也表赞同，原来她也曾路过茶馆，感受过“小玩友”那雏莺啼谷、声惊四座的情景。夫妇俩的想法竟然一样，很想收她为徒弟。

但是，夫妻俩都只闻其声，未见其人。“小玩友”是谁？她和她的家庭愿意吗？

他俩将心事告诉了戏班里唱花脸的李小均，李小均快人快语，豪爽地笑道：“这事包在我身上！”次日吃早茶时，通过老茶客把小玩友的情况打听得一清二楚。恰在此时，杨淑英的舅舅过了烟瘾，来到茶馆。老茶客笑道：“说曹操，曹操到。我来介绍……”

“幺师，倒碗茶来。”

“收我的茶钱。”几只手争着会钞。当然谁也吼不赢李花脸。

一番慷慨，满桌亲情。话还不好谈？于是李花脸把来龙去脉给舅舅摆谈……

这时节，在戏台的一角，钟琼瑶独自在等待李花脸的回信，盼望能收到这个弟子。此时此刻，他情不自禁地想到自己拜师求艺的经过——

钟琼瑶是川西农村一个穷家孩子。那年月，乡村生活很寂寞，唯有戏班子到来，大锣大鼓、大红大绿、高腔入云，才可以闹热几天，调剂一下气氛。他爱看戏，边看边学，并和一群野孩子一道，打起“肉锣鼓”唱戏作乐。

也是机缘凑合，他演戏的天资被来什邡演出的旦角陈碧秀发现和赏识，并把他收为弟子。先后进入陈碧秀门墙的有萧克琴、薛艳秋、容玉（戴雪如）、容侠等。

陈碧秀念做功夫独到，尤擅演雍容华丽的贵妇。她深得四川名士、曾任北大教授的吴虞（又陵）先生的推崇，赠诗多首以褒之，其中一首这样写道：

> 贤才窈窕总堪怜，劫后重听蜀国弦。
> 杜老栖迟风景好，绮筵重见李龟年。[①]

因得到陈碧秀的扶掖，钟琼瑶走上了川剧艺术之路。为感谢师恩，他有一个朴素的愿望，将老师的艺术再教给徒弟，一代代传下去，生生不息。“小玩友”的出现，勾起他的一腔心事。

“钟师兄，恭喜你，准备收徒弟吧!”

李花脸大步流星走来，边走边吼，声如春雷。

（六）拜师

由于李花脸的从中撮合，舅舅回去一说，外婆、妈妈觉得这是一次难得的机会，同意杨淑英去跟钟老师学艺。几方面都心甘情愿，事情便好办。约定了一个日子，举行正式的拜师礼。

按戏班规矩，拜师要举行一定的仪式，以示隆重。但是，即使是最简单的请客，也要一笔钱开销，拜师礼本应由徒弟一方准备。钟老师考

---

① 杜甫有《江南逢李龟年》诗，吴虞以陈碧秀比唐代梨园大师。

虑到杨淑英家境贫寒，难以筹办，毅然决定这笔钱由他自己出，可算是体贴入微。“维新大舞台”的同行对钟琼瑶的古道热肠也由衷敬佩，一些好友都要来祝贺。

那天清早，妈妈给杨淑英换上一件干干净净的衣服——补疤稍微少一点的那件，又给女儿梳头、扎小辫，辫尾扎上一段红绸带……好一幅舐犊情深的画面。

舅舅带路，外婆、妈妈一左一右牵着杨淑英来到钟老师的临时住地，屋里正中一张桌上铺着红披，点着红烛和檀香。

李花脸司仪，指引杨淑英向老师钟琼瑶行礼。她恭恭敬敬地跪在地上，给师父叩了三个头。钟琼瑶满面春风，弓下腰身扶起小淑英，拉到自己身边。

客人们热烈地发出“恭喜、恭喜”的祝贺声。

钟老师请客人们围坐在两张桌子旁，随意喝茶、嗑瓜子。他拱手对客人光临表示感谢，接着，激动地说出了自己的肺腑之言：

“诸位，承蒙大家帮忙，今天我收了这个女徒弟。从今以后，我一定尽心教她学戏，同时也要认真管教她好好做人。淑英，你要好好记住。”

杨淑英心头一热，禁不住流下了感动的泪水，不知该说什么好，只有连连点头，表示决心：“决不辜负老师的培植。”

这一瞬间，钟琼瑶眼眶湿润了，映着摇曳的烛光，他似乎回忆起自己向陈碧秀拜师的情景。一代一代，川剧艺术的火炬，就这样通过形形色色的拜师会接力传递，从而使这天府之花生生不息、代有传人。

钟琼瑶清了一下嗓子，又说：“我想了许久，要给小徒弟取个艺名。我们旦角上了装，在舞台上满头珠翠、环佩叮咚；我这徒弟声音清脆悦耳，唱起来就像珠落玉盘、叮叮咚咚，我给杨淑英取个艺名‘佩环’……”

客人们又叫起好来，有的称赞这个艺名又雅致又响亮；有的祝愿孩子青出于蓝而胜于蓝，经过勤学苦练，在戏台上赢来响当当的名声。

在欢声笑语中，主人邀请客人吃一顿家常便饭——高粱酒、自贡牛肉、盐都豆花，席间，谈笑风生，洋溢着艺人间的温情。

后来，钟琼瑶常向人说：“就是在四月初八嫁毛虫当天，把杨淑英收为徒弟的。这年，杨淑英差一点满十二岁。”

在民间，农历四月初八是佛祖降生的日子，四川民间家家户户用红纸条写上“佛生四月八，毛虫今日嫁，嫁在深山里，永世不回家”。嫁毛虫寓有消灾祛邪的意思。对杨淑英来说，从这天起也开始交了好运。这个在茫茫世途中跌跌绊绊地摸索的女孩，从此遇到了好心的师父，给她扶持、给她引路，给她孤苦无依的心点燃了希望的火星。

（七）“玉不琢，不成器”

杨淑英十二岁进戏班，被呼作“佩环”，开始了她艰苦的、孜孜不倦的艺徒生涯。

钟老师无儿无女，把佩环当作自己的女儿，巴不得将自己的全部本领交给徒弟继承。他认准了佩环是块好的璞玉，然而，古话说得好，“玉不琢，不成器”。钟老师像一个琢玉工匠那样，将毕生心血用来精雕细刻碧玉环佩。

师严弟子勤。他俩配合得十分默契，每天都是天不见亮就起床，一前一后出门到河边或城墙上去喊嗓，回来又扎上跷练跷工。

为了表现古代女性三寸金莲的姿态、婀娜袅婷的身段，川剧旦角必须练跷功，即穿上长约三寸的小鞋形状的练功用具，脚跟向上竖立，把全身重量都压在脚的前掌上。有了脚下功夫，角色在台上慢步急走、舞蹈、武打甚至翻跟斗，姿态才优美。特别是花旦、武旦、刀马旦，没有跷功，走起来是飘的。

练踩跷难度很大，着力点全在脚掌，一落步痛得钻心，走几下满头大汗，稍不留意就站立不稳。头几天练功下来，身体像散了架一般，苦不堪言。晚上，小淑英躺在木板床上，脚掌火辣辣地痛。这时，她好想念湖广庙侧的小屋，特别想念妈妈。

妈妈是外婆捡来的孩子。抚养到能做事的时候，妈妈便开始成天脚不停、手不住地洗衣浆裳、挑水劈柴、挑花绣朵、缝衣补袜。外婆烦恼窝火时，还要打她几下出气；舅舅事不顺心，或者烟瘾没有过足，也要骂她。妈妈满肚皮苦水，哑巴吃黄连，只有在沉沉黑夜、在木板床上，抱着杨淑英流泪，相濡以沫，还不敢放声痛哭，怕惊醒外婆……而今，母女分手，孤独的好妈妈，你今天又受恶气没有？女儿离娘，你向谁倾诉？

杨淑英捏紧拳头，暗暗发誓："我一定发奋学本事，有了本事才能挣钱，挣了钱好让苦命的妈妈过几天舒心的日子。"想到妈妈，小佩环脚也不痛了，感到再大的艰难也能克服。仿佛又偎依在母亲温暖的怀抱，进入甜甜的梦乡。

母爱，师恩，使小佩环鼓足了勇气。为了练成文武双全的旦角，她百折不挠，加长踩跷的时间，加大难度。她在地上摆一条长板凳，站上去，从凳上往下跳，落地时除了全身重量往下压之外，又加上向下跳的冲击力，使脚掌承受的压力增了许多。开始时，落地总是站不稳，一着地就摔倒，脚掌疼痛难当，身上也摔得青一块紫一块。

基础功就好像房子的地基，地基不牢，房子修不高，即使勉强修好了迟早也要塌下来。醉心艺术的佩环为了今后能在舞台上一展长才，她咬紧牙关，跌倒了爬起来又练，反复苦练，终于掌握到了其中的卯窍，熟能生巧，能够上下自如了。

佩环习惯了吃苦耐劳，为了巩固踩跷的功力，除正规练功之外，就是煮饭挑水、理房扫地时她也踩着跷。钟老师对她的一举一动看在眼里，喜在心里："佩环该增加学武功了。"

于是，钟琼瑶又拜托戏班里的武行师父杨海清教她练功。杨海清本来就喜欢佩环勤快、有礼貌，当即满口答应，先叫她给自己的徒弟然松（李笑非）一道练"爬壁虎"。过几天又单独教佩环"下腰"，让她站在长板凳上，向后下腰，先把头弯到两腿之间，再把头从小腿中间钻出来，两脚盘在颈上。

佩环按要求使起劲练，盘得像一个活的"滚子"。杨海清乐了，伸开粗壮的右手，拦腰把小孩提起来，活像手举大锤。他走向街口，对着在炉火边忙碌的小贩说："煮两碗汤圆。"

习习晨风拭干身上的热汗，师徒仨围坐在矮桌边，喝口热汤，吃着又甜又糯的汤圆。佩环心里暖洋洋的："汤圆的滋味真好！"

她知道，这是钟琼瑶老师对他们的奖赏，钱由他支付给摊主，几天结算一次。

这一碗汤圆，饱含着老师无微不至的爱，有严师对徒弟的期待。

（八）严师教徒

在生活上，钟老师对佩环呵护备至。那时候，三顿米饭由戏班供应，菜则自备，丰俭由人。钟老师有意教佩环多打一点饭，剩一点给家里端回去，以解亲人的困难。

但在传授艺术时，则要求很严。戏班里信奉的至理是“严师出高徒”，具体办法是“黄荆棍下出好人”。他对佩环能吃苦、肯钻研，爱在心里，但若有差错、怠慢，决不姑息。

他每天规定有训练项目，一声口令，佩环便要贴墙倒立，行话叫打“爬壁虎”。钟老师在旁边从容不迫地数“一、二、三、四……”

初练时很苦。佩环两手着地，头朝下、脚朝上，贴在壁上，全身重量全靠两只手掌支撑。渐渐，双臂发抖，眼里金星四冒，周身汗如雨下。钟老师要她坚持，决不宽容，决不减少她苦练的时间。有时，佩环实在支持不住，倒了下来，还来不及喘口气，又赶紧“贴起”，只匆匆望师父一眼。钟老师威严地“嗯”了一声，从头数起：“一、二、三、四……”

偶尔，佩环实在来不起了，便缩在地上。平时性情温和的钟老师，这时却板起面孔，顺手抓起竹片之类的“家法”，向徒弟身上打去，毫不留情。当时，艺人环境窘迫，有进无退，不可能耐心作思想教育。“触及皮肉”，又不伤到筋骨。抽打确也收到一些效果，破釜沉舟，逼得你退无可退，只有硬着头皮上嘛！——今天的戏校，有更好的办法，当然不必照此硬搬了。

戏班练功，谁也不能保证万无一失。有天，佩环练《白蛇传》的白娘子“吊猫”时，事故发生了。

练这“吊猫”，是让另一位艺徒先站在高板凳上，两腿分开，要求佩环跳起来从其两腿中间跃过去，再一个滚翻站起来。姿势不对，或角度有偏差，便会把站在板凳上的人撞倒。有次，钟老师督促她练“吊猫”，她不慎摔了下来，腰和腿都受了伤。

这样一来，腰腿功、毯子功、把子功只好暂时停下来。看徒弟伤势不轻，钟老师心疼极了，但他却一点没有责备佩环，也没有怨天尤人，而是为她到处求医、寻觅单方，还买了好些营养品给她滋补身体。杨淑英从小就没有得到过父亲的爱，钟老师也没有女儿，师生之间产生了情同父女的亲情，相依为命。

时间是宝贵的，钟老师珍惜一分一秒。徒弟卧床养伤，暂时不能练功，师父又巧作安排。他每天端个凳子坐在床边教佩环唱和念，教材便是常演的优秀传统折子戏。教到要腔的地方，他站了起来，边唱边做。有时老师他还要兼演剧中的几个角色，跳进跳出，施展分身之术，好让徒弟对戏文的情节、人物、功能有比较全面的了解。

佩环对艺术情有独钟，她秀外慧中，悟性好，记忆力强。对川剧传统折子戏那生动的故事、悦耳的唱腔、优美的表演一往情深，学的速度比老师预期的快。钟老师告诉她："做一个跑码头的县班子艺人，戏文就是要记得多。你今后出去搭班唱戏，非得让人家点折子不可，要点啥唱啥。这就得做到文武全才，昆、乱不挡，成为五种声腔都能唱的'五匹齐'。戏路越宽，生活之路也越宽。把大量的戏文背得滚瓜烂熟，行话便叫'装肚子'。肚子头有货，艺高胆才大!"

佩环不辜负师父的苦心期望，她专心一意，在短短两年多的时间里，记下了一百多个戏。

（九）兼收并蓄

钟老师擅长青衣旦，但戏路不是很宽；记的戏不少，唱功却未达到上乘。难得的是，他有自知之明，没有门户之见，没有故步自封。

给佩环打下牢固的基础之后，他就拜托同行中的各门高手协助他雕琢佩环这块璞玉，让佩环择善而从，跟更多的老师学艺，把他们用毕生精力操练得来的拿手戏承继下来。

首先是钟琼瑶的妻子白惠娟（艺名雪艳红）。这位佩环的师娘在戏班上以唱功著称，尤其擅长胡琴戏，腔圆板正、韵味醇厚，深得同行和观众的赞赏。白惠娟的嗓音独具特色，初听时感觉略带沙哑，几句唱腔之后，嗓子唱热了，声音越来越明亮、流畅又滋润，听众为之叫绝。有人给她的这种嗓音取了个颇为形象的名称："乌云盖雪"。

佩环平时就很敬重师娘，向往师娘已经达到的艺术境界——白惠娟是戏班的台柱之一，演出时，往往是排的压轴戏。名角登台之前，按照当时时兴的，舞台上要"焕然一新"，师娘正享有这样的待遇。每当换上新的桌围、椅披、坐垫，场子里气氛热烈——很有一批欣赏她演唱的戏迷。

佩环跟在师娘左右，台下学、台上学，一句唱腔、一处念白，亦步亦趋地模仿过来，然后慢慢“默”戏，细细品味，经过铢积寸累的过程，她的吐字行腔，听起来颇有白惠娟的味道。何况，佩环有一副得天独厚的嗓子，乐感又比较好，她逐渐学会了白惠娟的几出看家唱功戏。比如《前帐会》《后帐会》《三祭江》《泾河牧羊》《梅龙镇》等。

唱花旦的盖天红，教过她的扳翎子、地旋子，给她念《宫人井》。佩环学得很起劲，白鳝仙姑“耍路”，使她回忆起童年挖野菜时捕捉蝴蝶的场面。同时，她又跟武功戏演得好的老师学《开铁弓》《九龙屿》。《九龙屿》里，口中要“吐彩”，还有“打叉”特技。

戏班里有位演员向爱君，擅长演唱《杀狗》。这是一出旦角的做功戏，要求有武功基础。钟琼瑶拜托向爱君专门教佩环。向老师给她讲解故事、人物、技巧，启发她理解并学会这一折弹戏名戏。向爱君夸她学得快，另一些老前辈也啧啧称赞她。

还有一位盲琴师，在戏班里拉得一手好胡琴。由于双目失明，行动不便，佩环常牵他走路、过街，或帮他买点零碎物件。盲琴师喜欢佩环心地善良、朴实敦厚。所以当钟琼瑶托他代教佩环时，他满口答应。盲琴师脑子里装的戏很多，昆、高、胡、弹、灯五大声腔都有，由他口传心授，佩环学到了许多戏文。盲琴师还拉着胡琴伴唱，有板有眼地教佩环把胡琴戏中的【瓜子金】【人参调】等板腔，佩环都唱得滚瓜烂熟。

此外，佩环抓紧时间看各路老师的演出。每逢跑江湖来搭班的新角出戏，她都要去观摩他们的演出，偷经学艺。“学然后知不足”“观千剑而后识器”，这使她找到了差距，知道“天外有天，人上有人”，鼓励自己不断进取，决不懈怠。从这些民间艺术家身上表现出来的川剧艺术魅力，赏心悦目，使她叹为观止，更坚定了她献身川剧事业的信念。她像一只沉醉于川剧百花园中的小蜜蜂，飞翔在姹紫嫣红间，采撷花蜜，兼收并蓄，乐此不疲，一往情深。这只勤劳的小蜜蜂，追逐舞台的烂漫春光，承继前辈艺术家甜蜜的事业，将酿成的琼浆奉献给父老乡亲。

（十）恨铁不成钢

发蒙学戏，佩环便遇到过难度大的戏，《女贞国》便是其中之一。角色要扎靠、踩跷，站起唱一百多句唱词，“数帝王传”（从古至今历史的来龙去脉）。戏班里有句行话："走起不见得，站起才见功。"踩着跷，定起不动，唱那样一大板，保持平衡很不容易。佩环的脚掌痛得钻心彻骨。师父说："就是要这样练，才过得硬。"

学戏三个月中，要时常串丫头（扮演丫头），借以熟悉舞台，今后才不怯场。三个月后，佩环正式登台，刚满十二岁。有一次公演的剧目是《斩四姑》，扮戏中的何四姑，一位占山为王的女寨主。剧本写唐末五代时，王、李二帅领官兵前来攻寨，命赵匡胤为先锋。赵匡胤用道长所赠"穿云箭"，将何四姑射中俘获，并奉命监斩。何四姑向赵匡胤诉说实情，自称是奉了女娲之命下凡，辅佐真命天子；不料你不识我的好心，"辜负穿针引线人"。赵匡胤闻听自己是火龙星，有九五之尊，遂将何四姑释放。

佩环扮演戏中的何四姑，身上中了"穿云箭"，按照戏剧的要求，她应当用右手将箭捏住不动，表现出中了箭的样子。一直等到赵匡胤来为她拔箭，放她逃走为止。哪晓得佩环忘了规定情境，演的过程中将穿云箭右手交左手，左手交右手，轮换着用来作比画的道具——初次登场，觉得箭杆挺好玩的。

钟老师在舞台侧边观看，脸上红一阵、白一阵，"脚趾拇都抓紧了"。徒弟初登台便戳一拐（出差错），当师父的心里还好受吗？佩环刚下场，便被老师打了几下："小女子，箭射进肉里头，能扯出来耍吗？"

佩环一经点拨，知道是自己错了："是我错了，师父，我不是存心的，二天一定改！"

耍"穿云箭"的毛病虽然改了，但是又在唱上面出了毛病。佩环又挨过两次打。

一次唱《截江夺斗》的孙夫人，内中一句唱词原本是"奴夫刘王掌天下"。佩环偶尔听别的老师在"刘王"下面加了衬字"墩儿"；觉得活泼调皮，又好练嘴皮子的功夫。于是她不按老师正规的要求，唱出了"奴夫刘王（墩儿）掌天下"。戏完，钟老师气咻咻质问她："以孙尚香的身份、教养，能称刘皇叔'墩儿'吗？今天专打你这个'墩儿'！"话音未完，给了佩环一巴掌。

佩环生怕戳拐，但第三次还是戳拐了。这次挨打，却有客观原因。

由于明末清初的战乱、瘟疫，四川人口锐减。于是清朝前期，鼓励南北各省移民入川。这种背景，使四川东南西北的语音同中有异，甚至一县之内，也形成了广东话、陕西话等方言孤岛。经过两三百年的相互交流融合，逐渐形成以成都话为标准的四川话。唱川戏，约定俗成，唱词念白都要按照成都腔调——成都是省城，人文荟萃，成都话腔口由浊变清，比较好听，被称为“四川的官话”。

佩环是自贡土生土长的人，带着浓厚的川南腔口，稍不注意便露了出来。这恰是艺人的大忌（俗呼为“苕腔”）。有一次，佩环唱《王三巧挂画》，有一大段【新水令】：“一周二岁娘亲爱，三周四岁离娘怀，五周六岁痘麻解，七周八岁……”按成都口音，“七”“八”二字念平声，而自贡口音则念去声，听起来成了“气周坝岁”，顿时引起台下的哄堂大笑。佩环一惊，悔之不及，唱完戏没精打采地下场，又迎来了一记响亮的耳光。

佩环的半边脸红肿起来，眼眶里泪汪汪的。她望着师父，又羞又悔又痛，是呀，师父教过多次，发音要准，不能带土腔。戏场似战场，出不得一星半点差错。佩环喃喃地说：“我错了。”

师父深知佩环是懂得上进的孩子，能知错就改，自己在情急之际，处罚她似乎过重了。又一转念：“黄荆棍下出好人。嫩树弯曲早点扳正。师父姑息你，会误你前途啊！”

于是，钟师父对佩环说：“小女子，我这是恨铁不成钢呀！”

师生之间情感一下沟通了。

“严师出高徒！”在佩环崭露头角之后，人们追思往事，异口同声地发出感叹。

（十一）戏班轶事

佩环如饥似渴地吮吸川剧艺术的琼浆，一个又一个折戏被她装进肚子，消化吸收，“腹有诗书气自华”。

钟老师对她三次责打，一次次剔去璞上面的疵点。“响鼓不用重槌打”，佩环常常自思自省，用心默戏，吐字行腔，一招一式都严格要求，追求艺术上的尽善尽美。她的聪明才智逐渐在舞台上展现出来。

一次，她和年纪相仿的男孩子然松配搭演出《金串珠》。然松就是同她一起练过功的小伙伴——艺名李笑非，川剧名丑，以后几十年间，他都和佩环在一个剧团同台演出，共创辉煌。

也许是童心驱使，也许是想显露一手，演出过程中，然松忽然来了兴致，拉着佩环即兴发挥，随口唱了一段无伤剧情却又很风趣的唱词。末了“甩”过上句，让佩环来接。

内行一听，又喜又惊。喜的是一对十二三岁的小演员，也学起前辈老先生，临场发挥，旁枝斜出；惊的是担心佩环对接不上。

当时，有的名角与名角同台，各人都想显显自己的机智，友好竞争，便临时现编唱词，巧难对方。老观众也兴致勃勃地看他们“斗智”。其中，一方若是经验不足，对答不上，会出现窘迫之状；这时，出难题的一方，又替他巧为掩饰，在锣鼓声中做些过场，又接腔唱下去，仍能保持戏剧的完整。既“考验”了对方，又让外行看不出破绽。难得的是，这种无伤大雅的“插曲”，今天由初出茅庐的小艺徒来唱。

佩环背熟了各种韵脚的唱词，熟能生巧，对于上、下韵，平、仄声在感性上有所意识。她听然松临时添加新词，调侃诙谐，意识到他是想考自己。她先是一急，随即镇定对付。锣鼓声中，“平时学来急时用”，同一韵辙的一些唱词，从她脑海中跳了出来。于是佩环厚积薄发，信手拈来一些句子，接过然松“甩”下来的上句，从容对唱。如“……你个娃儿莫乱嚷，谨防嘴上要长疮”，展现了她急中生智的本领。两个小艺徒天真烂漫，旗鼓相当，赢得内外行观众热烈的掌声。

演员在舞台上给观众带来的是欢愉和美的享受，但如果深入戏班住处，你会发现他们清贫寒微的生活，与帝王将相、才子佳人的华贵判若霄壤。

为了糊口，戏班要不断外出跑码头、赶台口，流动献艺。他们是吉卜赛一样的人群，虽然居住的不是帐篷，却是城乡间的古庙戏楼。往往在后台、走廊、过道，用竹夹泥壁或篾席间隔成一间间小屋，就是他们的住处。甚至在舞台上临时搭铺，一床蚊帐便是一个家庭。

佩环和师父、师娘住在一间陋室里，睡在地铺上。由于成天苦学强记，曲不离口，以至有天晚上睡着了做梦也在唱戏，下意识地进入戏剧环境，开口唱出声来。

深更半夜，佩环“梦唱”，惊醒了隔壁邻舍，长辈们暗中称赞佩环执着追求，苦心孤诣，是棵好苗子。“艺术大业，需要这样的艺徒来发扬光大啊!”

这时，意料不到的是，竟在邻近的一间小室里引发了一场“母女风波”。

邻室住的是李师娘，带着三个女儿：三姑、四姑、五姑。三个女儿也是随班学艺，平时和佩环一起串过彩女。这三姊妹贪耍，学戏不大用功，李师娘心中暗自着急。

佩环的“梦唱”，使李师娘受了触动，一脚把三个女儿踢醒，数说道：“看人家佩环，一天一个样，芝麻开花节节高，人家做梦都在练。哪像你三个瓜女子，成天只晓得疯，恍兮惚兮的；不学好戏，二天你们吃铲铲。”三位姑娘似醒未醒、一半还在梦中就挨了妈妈一顿打。

“梦中唱戏”和“夜半责女”，成了维新舞台戏班当天的头号新闻。

善良的佩环知道三姊妹挨打，心里很过意不去。想去赔礼，又不知自己错在哪里。三姐妹性情豁达，挨妈打已是家常便饭，她们并不介意，仍和佩环一道排戏，一道玩耍。

（十二）第一次领薪水

豆蔻年华的佩环，经过勤学苦练，功底厚，心思灵，扮相美，嗓音甜，演出的机会多了，在观众中影响也大了。

师父、师娘带着她，时常在同一戏码中演出。师父扮夫人，师娘扮小姐，佩环扮丫头。彼此小码口合得严严实实，细眉细眼处配合默契。三人组合，成了戏班里重要的一部分。比如《金钗钿》都是他们一家子常演的剧目。台上台下一家亲，让人们啧啧称赞。

由于佩环的突出成绩，维新舞台的主持者们特事特办，奖励人才，采取了一项非常措施：给未出师的艺徒佩环开工价。

于是，十三岁的佩环第一次领到了薪水。

20世纪三四十年代，戏班里师父收徒弟，也和当时的工匠、商店老板收徒弟相类似，要书写合同，有担保人、有证人，举行拜师仪式。

从拜师之日起，经过三年或更长的时间才能出师，出师时要给师父一笔酬金。此后，艺徒才可以独立地登台演出，到外面去搭班子、跑码头，开始自己的艺术生涯。

有一些师父，收徒弟后并不马上传艺，把徒弟当童工使唤，先指使做一些家务事，如扫地、挑水、洗衣、做饭菜，甚至还要倒马桶、抱娃娃。起早贪黑地忙碌，打“饭平伙”。遇到师父、师娘脾气不好，徒弟还要挨打受骂——这种行帮陋习，原是世代相传；师父们把自己学艺时受到的苛刻待遇，“转嫁”到徒弟身上。如此循环，人们已经见惯不惊了。

“人与人不同，花有几样红。”更多的师父不仅把徒弟视作子女，而且认识到他们是艺术上的传人，从而无私地传授艺术，生活上又百般呵护，帮助徒弟羽翼丰满、凌空飞翔。

钟琼瑶就是一个好老师。

戏班决定每月正式发给佩环三十元工钱。对这件很特别的事，如果是鸡肠狗肚、心胸狭隘的师父，便会心存妒忌，担心徒弟翅膀硬了不认老师，或者把三十元钱抓到自己手中。因为按合同，未出师的徒弟，演戏收入要归老师。

钟老师心肠特好，他由衷地为佩环高兴，立即让佩环每月拿十五元钱回去贴补家庭的花销。虽然钟老师也不富裕，佩环吃穿都由他管，将三十元全部收缴也合理合法，但他考虑到佩环的外婆、妈妈的境况比自己更困难。他叮咛佩环：“娃娃，这是你这辈子头一回靠自己演戏挣来的钱，你快拿去孝敬妈妈，买点好吃的东西，也不枉她半生的辛苦……娃娃，你还要记住：唱好了，吃戏饭；唱不好，吃气饭。要继续努力呀!”

师父的一言一行，深深地温暖着佩环的心，她感谢师父的慷慨和体贴，她要在舞台上不懈进取，光大师门。她当即匆忙赶到湖广庙侧那间简陋的小屋，将钱交在妈妈手中。妈妈转交给外婆，转过来抱住女儿，禁不住流出一串热泪，滴在佩环的脸上、发间。佩环噘起嘴在母亲怀里娇嗔道：“妈，人家回来孝敬您，您为啥反倒哭起来了?”

妈妈破涕为笑，说：“乖女，妈这是高兴得落泪啊!”母女俩问长问短，说不完的骨肉情话。

外婆手脚麻利，已从十字街头马家肉架子上割了好大一块黄牛肉回来，笑哈哈地说：“乖孙，今天婆给你弄几样自贡牛肉，给你补补身子。”

“婆，你们炖起吃吧。我今天还要上戏哩。”

（十三）去荣县演出

维新舞台在自贡演出结束之后，下一个码头是荣县。巡回演出开始，佩环第一次离开生她养她的故乡，离开亲人。

她背着小小的被盖卷，随戏班出发，行进在川南的乡村小道上。丘陵起伏，溪流蜿蜒；一层层梯田，一排排桑树，一座座竹林掩映的农舍，大自然的景色，吸引着女孩子的目光。触景生情，她哼起《宫人井》：“青山多雅秀，绿水荡悠悠。”从生活实景中领悟艺术情景。

中途歇息的时候，戏班里老师们七嘴八舌摆起龙门阵。谈的中心是他们将要抵达的目的地——荣县。佩环专心地听，对各种知识，她都如饥似渴地积攒，以弥补文化上的缺陷。

“荣县，地灵人杰，出了两个全国第一。”

“哪两个?”

“第一，辛亥革命期间，荣县独立在全国是最早的，率先建立同盟会员领导的县级政权，在时间上比武昌起义还早半个月。”

“第二件，跟我们川剧有关。”

“什么?”佩环闻所未闻，好奇地发问。

“荣县赵熙，赵尧老，前清翰林、文学家，他在荣县写作的川剧《情探》，成为精品，流行全川，妇孺皆知，黄泥巴脚杆都会唱。你们听。”

果然，山垭口上，赶场归来的三五人群，挑着空箩筐，有人在唱：“不该不该大不该，王魁做事不成材。感得她，千山万水一人来……”唱得虽不算好，但足见川戏拥有深厚的群众基础。耳闻目睹，对钟琼瑶、佩环教学的劲头更有激励。

1941年在荣县演出期间，师父、师娘对佩环继续采用了循循善诱、由浅入深的教学方法。这套办法分三个阶段：

在自贡拜师之初，佩环只在老师侧边扮个不开口的小儿女。如《秦香莲》中，钟琼瑶扮香莲，佩环和然松则扮演她的一对儿女。在台上听老师唱，看老师演；同时也随剧情进入角色，表现母子（女）之情。类似这样的跟师配戏，使佩环对舞台环境、角色表演等逐渐了然于心。

随后，师父、师娘安排佩环扮演有一点唱腔的角色，比如《孝女坊》中《桂姐修书》的桂姐。她在柴房上吊前有一段唱词，上吊后便躺在台上。白惠娟扮这折戏里的主角，有很长一段青衣唱段。佩环利用躺在台上的“闲暇”，静静地倾听师娘的唱腔声情，仔细地默记在心里。又如《泥壁楼》中，师父演嫣红，佩环演花蕊，师父带着徒弟表演，以身示范。徒弟见师父在侧，心底踏实，演唱发挥自如，角色完成得较好。同时，把师父的唱腔也学到手，垫下了她自己演唱青衣的功底。

荣县演出，开始了佩环师徒第三阶段的教与学。佩环给师娘配戏，演次要角色。比如《前帐会》《后帐会》，白惠娟扮演铁镜公主，佩环则扮演李氏夫人，与之配戏；唱腔应答之间，师徒配合默契。佩环在台上把白惠娟的唱做功夫仔细体味、默默记诵。在以后的舞台实践中，她不断扮演铁镜公主，在师娘示范技艺的基础上，按自身条件和剧情、角色的特定要求，加以淋漓尽致的发挥，达到更佳的境界。

荣县演出期间，赵熙一家来看过戏班的演出，并约请部分演员到他家去做客。师父、师娘带着佩环也应邀去赵府。赵熙的儿媳妇收佩环为干女儿，送给她一套粉色软缎褶子，上绣彩色蝴蝶。这是学者、文学家家庭成员对后起之秀的嘉奖。这种人间的真挚情感，像阵阵春风，推动她扬起生命的征帆，驶向艺术的海洋。

（十四）青衣江畔

维新舞台由荣县南行，到过犍为城关及清水溪等处演出，又经竹根滩，来到了夹江县城。青衣江水绕过县界，凤凰、天马诸山若舞若翥，下临平原，“两峰怀抱揖平川”。戏班老板徐正刚旅长的旅部就驻扎在夹江。

戏班为了解除佩环的后顾之忧，使她能安心演戏，特别允许她将家里的亲人接来，还将她舅舅安排在戏班守门，妈妈则在戏楼下摆了一个香烟摊摊，外婆在家里打杂。一家人团团圆圆，生活较为稳定了。

佩环不断拓宽戏路，从师娘白惠娟那里继承了《女探母》，胡琴唱腔，韵味十足。她又反串过《下游庵》的小生徐元宰。时装剧《孤鸿零雁》更使她名声大噪，轰动夹江。

《孤鸿零雁》剧中父亲由周孝平扮演，母亲由白惠娟扮演，佩环扮演苦命的女儿。剧本描写民国初年一户家庭的艰辛生活、悲惨境遇，中有女儿长街卖花的情节。根据剧情需要，在川戏唱腔之外要唱一首时兴歌曲《夜来香》。

由于佩环曾在柳浪歌舞团学过杂技、歌舞，团里的朱英老师教过她唱这类歌曲，所以唱起《夜来香》得心应手，很有魅力。年轻学生一传十，十传百，涌起来看戏。其中不少人原来只爱看电影、话剧，被老观众戏谑地称为“洋盘”。“洋盘”被吸引来看戏，戏班上把这种功夫叫作“擒洋捉盘”。

“擒洋捉盘”的佩环赢得了新老观众。内行们预感到：一颗璀璨的新星正在升起。

地处青衣江畔的夹江，是一座优美的县城，千佛崖使它闻名遐迩。抗日战争时期，一些省内外的机构、公司、学校因内迁、疏散来到这儿，县城逐渐热闹起来。电影、话剧、歌舞的演出也长年不断。电影与话剧名流的表演艺术，使佩环眼界大开。一有机会，她便要去观摩学习，借鉴兄弟艺术，吸收养分以充实自己。

戏班为了竞争的需要，也向话剧学习，试验着搞一些机关布景招徕观众。由于没有经验，难免出现失误。有一次，佩环在连台本戏里扮演观音。为表现观音的法力，要表演腾云驾雾，依靠绳子的牵引飞身云海，冉冉凌空。不料舞台工作人员设计不周，木架子长了，观音被身后的绳子绞起后，台后的人用力拉扯，绳子忽然将佩环的颈子勒住，险些将她勒闭气。事后，人们无可奈何地解嘲说：“观音菩萨撞了鬼。”

一波未平，一波又起。有天夜里，佩环刚演完《金钗钿》在后台卸装，忽听有人高喊：“佩环，快来，你师父遭人打了！”

佩环装还未卸完，拔腿便跑，顾不得披头散发，脸上红一团、花一团。她分开众人，看见师父鼻青脸肿倒在地上，凶手却已逃得无影无踪。佩环见状，心如刀割，伏在师父身上号啕大哭，一面哭，一面痛骂地痞流氓。她想到师父收留她、呵护她，无私地传艺授业，这样一个大好人，却遭受这等祸事。师徒演戏，戏里有包公、有清官，可是，黑暗的现实社会，有冤无处申，有苦无处诉，哪里有包公？哪里有拔刀相助的侠士？

她和艺人们把师父扶进住处，给他洗伤搽药，细声询问出事的原因。半晌，师父才叹口气说：“娃娃，你长大了，麻烦事就多了！”

日益懂事的佩环，难过得低下头来，预感到随着年龄的增长，她身边危机四伏……

（十五）困厄洪雅

佩环长到十四五岁，出落得一表人才，声、色、艺三者兼备，名声鹊起。然而，在旧社会，艺人没有社会地位，女演员处境更困难，注定会遭遇“红颜胜人多薄命”的境遇。

戏班巡回演出——跑码头，每到一处都要先到袍哥大爷、土豪恶霸的住地“拜码头”。开锣演戏，这些人耀武扬威来到，坐在特别安排的好座位上，颐指气使。他们要是看上了哪个旦角，便要叫去侍酒奉茶，叫去“拜干爹”。多半是黄鼠狼请小鸡，没有安好心。

佩环也被这些歪人盯住了。

开初，师父、师娘都以“佩环还小，不懂事”为借口，巧与歪人们周旋，或将佩环藏起来；或用戏班后台徐旅长的招牌震慑对方，千方百计为佩环遮风挡雨。

随着佩环一天天发育、长大，对她垂涎三尺的瘟神们日益张狂了。

于是，“皮条客”奉命来找钟琼瑶探听口气。有的说：某大爷愿用好多好多两黄金，买佩环去做小老婆。有的说，某长官新近丧偶，愿意用几挑鸦片烟，换佩环去做“填房”夫人。钟师父虽然不敢得罪这些说客，不得不面带微笑，但尽都用婉言谢绝，柔里有刚、斩钉截铁地告诉对方：“我们戏班子卖艺不卖身！”

皮条客碰了软钉子，自讨没趣，恨声不绝地走了。钟师父挨打，很可能是这伙流氓地痞的报复行为。

戏班只好忍气吞声，走向新的码头，离开这伙人的“势力范围”——“惹不起，躲得起”嘛。谁知道才离虎口，又入狼窝！

俗话说，躲脱不是祸，是祸躲不脱。佩环在 1944 年夏天遭遇一场横祸，险些丢掉了年轻的生命。

当时维新舞台分了一个队去洪雅演出，佩环是这个队的主要演员。洪雅是一个山清水秀的地方，在青衣江上游；有一条花溪水发源自瓦屋山，清澈碧莹。前人有诗赞叹这里的山光水色：“云堆雪岭铺银界，日射金仙照碧津。”自然环境十分优美，民风亦很古朴，观众对他们的演出也很欢迎。然而，由于地方闭塞，山高皇帝远，地方邪恶势力比通都大邑更为嚣张。

那天，佩环和陈淡然合演《长生殿》的《游园》一折。杨玉环仪态万方、天生丽质，唐明皇倜傥风流，殷勤地向贵妃娘娘灌酒。观众们看得入迷，正屏息静气之际，忽闻堂子内吼声骤起。原来是一群地痞流氓烂丘八在鼓噪，他们吹口哨，说下流话，指名道姓侮辱佩环，肮脏的话不堪入耳。戏演不下去了，观众敢怒而不敢言。

佩环忍无可忍，在台上说了一句："你们吃饱了。"那伙人更借机扩大事态，要找佩环肇皮（闹事）。他们走出戏园，从卖柴的商店里一人拿了一块块子柴，在门口排成火巷子，看样子起码有十多个人，歪戴帽子斜穿衣。

当年厨房燃料以木柴为主。店家将松木、杉木锯断，每段长约三尺，用斧头劈成几大块，一层层地架起出售。这块子柴有棱有角，打在身上还有活命？

这伙亡命之徒在门口高喊："佩环出来！再不出来，老子们打进来抢人！"

佩环只不过十六岁，何曾见过这等暴徒？又怕连累戏班同行，她又怒、又恨、又惊、又怯，不知如何摆脱厄运……

忽然，一件宽大的青衫飞向佩环，把佩环连头带人裹住。佩环正要挣扎，耳边听见熟悉的钟师父的声音："佩环，戏班里想了个办法，由这位师兄把你扛出去，扛到码头边上船。莫声张，快随他去……"

佩环心里一热，顿时感到人间的温情、戏班的义气。

这时天已擦黑，她被这位师兄从后台扛出，穿过小街窄巷，来到青衣江畔一只小木船上。

夜雾迷茫，江水呜咽。佩环伫立船头，想起自己飘零的身世、未卜的前程，黯然神伤。一颗颗晶莹的热泪，洒落在青衣江里……

二、初　航

（一）迷惘

1949 年冬天。巴山蜀水间电闪雷鸣，风云变幻。

中国人民解放军在刘伯承、邓小平、贺龙指挥下，由南北两路入四川。

11 月 30 日，重庆解放。大军向成都形成包围。

12 月 11 日，国民党西康省政府主席刘文辉、西南军政长官公署副长官邓锡侯、潘文华，在彭县联名发表 9 日签署的通电，宣告所部二十四军、九十五军起义。

12 月 27 日，成都战役结束。南北两线解放军在成都会师。

在彭县通电起义将领的名单中，有国民党新十七师师长徐正刚。

研究川剧班社史，一定不会忽视徐正刚先生创建"维新舞台"的业绩。当年杨淑英就是在维新舞台崭露头角的。

由于当时的社会历史环境，促成了徐正刚与杨淑英的婚姻。婚礼于1945年秋天在新十七师师部驻地眉山举行。这年，徐正刚师长四十五岁，先后还娶有张氏、米氏、刘氏和向秀梅。

成婚后，川剧舞台上的新星“佩环”一度隐去。她恢复了杨淑英的本名，在彭县濛阳镇徐家老宅和眉州县城居住了一段时期。

1947年秋天，杨淑英生育第二个孩子的时候搬进成都市，住居少城泡桐树街的一座小院里（最小的两个孩子也诞生在这里）。

杨淑英哺育孩子之外，有了闲暇的时间。家里买了风琴和留声机。她对音乐一往情深，自娱自乐。留声机唱片中，最吸引她的是京剧和当时大红大紫的歌星周璇的唱片。

她对京剧一听便上瘾，尤其喜欢京剧老生、青衣的唱腔，边听边哼，专心专意地领会其中奥妙——她迷上了京剧。

徐正刚的弟弟也是一个京剧迷，会唱京剧。京剧当时被尊为“国剧”，能登大雅之堂。所以，徐宅里也响起京胡伴奏声。徐正刚的弟弟教杨淑英唱会了《贺后骂殿》。

京剧老生声情并茂、行云流水的唱腔，听起来特别潇洒、熨帖。长日寂寂，杨淑英在深深庭院里情不自禁地唱起家喻户晓的《四郎探母·坐宫》：

> 某好比笼中鸟有翅难展，
> 又好比虎离山受尽了孤单；
> 咱好比天边的失群孤雁，
> 又好比浅水龙久困在沙滩……

唱时，她只能从天井仰望一小块被割裂的蔚蓝的天空。冉冉浮云，牵动她的思绪：“师父、师娘，你们可好？你们在哪一片云天之下演戏献艺呢？”她渴望展翅飞翔。

她唱京戏，借古人的酒，浇自己的离愁。此时此刻，她从另一个角度爱上了那些屡演不衰的传统剧目、那些听似平淡的唱词，它们往往寄寓着深刻的人生体验。

偶有机会，升任新十七师师长的丈夫也带她去看电影。赵丹、白杨、王丹凤……主演的影片，都令她倾慕。她暗中琢磨电影与戏曲表现手法之间的相同处和差异，领会内中的道理。

她特别醉心于周璇的表演和那副金嗓子。周璇唱的电影插曲《天涯歌女》《四季歌》《西厢记》（《花好月圆》）的唱片，时常摆置在杨淑英的房中，成了她的伴侣。每天，她都要聆听一代歌后的歌唱，边听边学，乐此不疲。这段时间，她又成了歌迷。

歌声驱散寂寞。歌声启迪智慧。

乐感很强、悟性很高的杨淑英从周璇的歌声开始，吸收到新音乐的养分。心细如发的她边听边琢磨，发现时兴歌曲讲究练字用情，与戏曲不谋而合。

犹如一位用剑的武士，一朝“封剑不用”改习拳法，表面上弃了所长，实则艺多不压身，艺有相通处。学拳对击剑有好处。杨淑英自娱性地学歌、学京剧，歪打正着，对她后来重返川剧舞台颇有裨益。

开始是低声细哼，继后是放声高唱，她要求自己的歌声要唱得像周璇那样动听。她又拿出幼年学戏那股韧劲，不达目的誓不罢休。吃饭走路都在学，梦中也有歌声相伴。

长年累月持之以恒地学唱时兴歌曲，杨淑英不只是学到几首歌，而且领悟了一些新音乐的知识，探得了它的一些规律。这为她以后重上舞台、一展长才提供了有益的养分。

1949 年 12 月成都解放，给杨淑英带来了新生，改变了她生命的航程。

如果没有那场天翻地覆的变革，她将在小院落里“坐愁红颜老”，她那一泻千里的演唱激情，光彩照人的艺术魅力，将永远无法展现。

解放初期，为适应新的生活，她也不免有所困惑和迷惘。

以往，按月都有徐正刚派专人送钱来支付开销，而今经济来源逐渐断绝——徐正刚起义后不久，便集中到重庆歌乐山学习，随后与杨淑英正式离了婚。

杨淑英婚后生育了一男三女四个孩子，当时都还是婴幼儿，一位婶婶协助她照看孩子、料理家务。

她感到沉重的经济压力，只有靠少量积蓄和变卖一点值钱的东西，节俭过日子。

不久，彭县濛阳的向秀梅又来投靠、求助。杨淑英感念旧日情谊，慷慨接纳了她，添人添筷子，让她留住成都一些时日，看病养伤。

由于她的特殊身份，严于律己的杨淑英总觉得自己的成分不好。虽然她在旧社会也是受压迫者，但在革命高潮中，谁能分辨呢？

她像一头迷途的羔羊。

幸运的是，基层组织了解情况后，根据党的政策并未给她划上地主成分。在减租退押中，她到农协会（设于成都桂花巷）按照政策退了押，并遇到一位和蔼可亲的农协会组长。这位组长在川南看过佩环的戏，他很客气地对她说："你是川戏演员佩环吧？"

"是的。你这位同志是……"

"我是一位忠实的川戏观众。你怎么到这儿来了？"

杨淑英将自己的境况告诉了他。

这位组长说：你这是协助退押。根据你的遭遇没有给你划成分，属于人民群众。二天你要求复业唱戏，农协会可以开证明。

虽然这时候杨淑英还没有复业的要求——旧社会唱戏留给她的创伤并没有愈合，然而，新中国成立后获得新生的川剧团、川剧艺术界的师友却没有忘记这位禀赋颇高、基础扎实的"小玩友"——佩环。川剧舞台需要她，时代和观众需要她。

新中国成立后，党很关心川剧艺术的发展。成都市军管会文艺处派出李青同志为首的工作组，全面接管了坐落在成都春熙路三益公大戏院的"蜀风剧社"，1950 年夏末将它改为成都市第一个公私合营的艺术团体——成都市实验川剧团。

1950 年秋，中共四川省委统战部副部长、成都市市长李宗林同志在东胜街统战部小客厅与实验川剧团部分同志开会座谈，体现了党对川剧艺术的关心和扶持。会上，李市长讲了加强戏曲界"改人、改戏、改制度"的意见。①

在这次会议的推动下，实验川剧团开始了动员杨淑英重返舞台的行动。

---

① 据徐文耀《艺人真正翻身了》一文，见《川剧学习》报 1984 年 8 月 1 日。

（二）春风化雨

党的阳光，温暖了川剧舞台。川剧艺术在复苏，流散的川剧艺人在归队。

曾在维新舞台搭班的同行们，想起了艺名佩环的杨淑英。首先向领导推荐她的是童年伙伴然松——李笑非。他深知杨淑英的艺术潜力，倘若珠埋尘土，太可惜了。

在维新舞台相识，他俩都不过十一二岁。一个演扒扒生，一个演小丫头（如四九、人心，冬哥、春妹），城隍庙的鼓槌——一对。稍后，二人合演过《小放牛》《打花鼓》《丑洞房》《打判官》等。

李笑非这时恰在成都市实验川剧团。1951 年初，他来劝杨淑英重返舞台。杨淑英由于坎坷身世，旧社会投在她心内的阴影还未消除，她还在犹豫。笑非留时间让她考虑。

以后，笑非去什邡演出，巧遇杨淑英的业师钟琼瑶老师，便向钟琼瑶谈了自己的想法。

钟琼瑶也正日夜为徒弟的现况和前途担心呢！能够进第一个公私合营的实验川剧团，再好没有了。他当即答应抽空回成都劝说杨淑英。

几天之后，钟琼瑶回到成都——他在什邡川剧团唱戏，居家还在成都——便专程到泡桐树街看望徒弟。

师徒相逢，前尘影事，兜上心来。

新旧社会两重天。师父向徒弟介绍说，新中国成立后人民大众翻了身，艺人重见天日，社会秩序很好。师父要徒弟重返川剧舞台，投入新的生活，为人民服务："现在艺人是文艺工作者，受到社会尊敬、领导重视。"

师父苦口婆心地劝说，又替杨淑英着想："你要是不复业参加工作，你怎么养活这几个小娃儿？"

杨淑英望着大的五岁、小的一岁多，大大小小四个嗷嗷待哺的孩子，心头一热，难过地低下头来。为了减轻杨淑英的负担，师父又慨然承诺："把三妹交给我带回什邡，我和师娘一定把她带好！"

师父把想说的话说完，又急匆匆走了。他就是这个德行，做事斩钉截铁，挽留是挽留不住的——三妹以后便被带到什邡，由师父带大，顺利成长。

过不多久，杨淑英又和静环（曹正容）相见，静环也极力劝告杨淑英复业。因当时的主要演员都要自带“行头”（剧装），恐杨淑英一时置备不及，静环友好地表示愿意借行头给她；所演剧目，如果记不清楚了，自己可以给她念剧本、念唱腔。这一句句滚烫的话语，温暖了杨淑英的心。

师恩、友情，鼓舞了杨淑英。新社会新气象，成都日新月异的变化，促使她下决心走出小院幽居，投身到川剧舞台，跟上时代发展的步伐。

于是，她来到桂花巷的农协会申请复业。工作人员热情接待了她，给她出具了“同意杨淑英复业”的证明。

这样，1951 年初，杨淑英进入了实验川剧团。

她开始了紧张的练功、默戏。离开舞台五年多了，听见川剧锣鼓她感到既熟悉又陌生。但她对自己充满信心，她要重振旗鼓，恢复靓丽的艺术青春。

剧团领导亲切地告诉她，李宗林市长要在百忙中抽时间来看剧团的演出，要她抓紧准备，加工好自己的拿手戏。

李市长送来了党的春风，全团上下深受鼓舞，排戏的劲头更足了。1951 年 4 月，李市长先后几次来到“三益公”看戏，其中有杨淑英主演的三个剧目：《开铁弓》《霸王别姬》《盘山》。

李宗林的眼光里交织着惊喜、赞赏和兴奋的神色。川剧史将记住这个时刻——伯乐发现了千里马。

（三）解开心中结

在新生活开始之际，杨淑英收到钟琼瑶师父从什邡托人带来的一个剧本《三娘教子》。

师父的文化水平很低，写字更吃力。《三娘教子》他和师娘都喜欢唱，可是要把剧本一字字写出来，却并非易事。杨淑英仿佛看见他老人家在一灯如豆的煤油灯下，一笔笔、一字字、一行行抄写的情形。

师父是要用剧本给徒弟“填肚子”，认为这出胡琴唱功戏适合她，能够发挥她唱腔的特点。再仔细一想，师父抄这个剧本送来，还有一层深意，就是希望杨淑英能像剧中主人公春娥那样，在艰难的处境下挑起抚育子女的重担来。杨淑英会心一笑，开始背诵《三娘教子》。她仔细琢磨剧情，推敲唱腔，以不负师父的苦心厚望。

1951年下半年，在“三益公”的地址上要修建人民剧场。实验川剧院的演职员工参加土改工作团，背着背包，去到邛崃乡下。这是党和政府对文艺工作者的培养和锻炼，让他们来到农民中间，参加社会改造。白天，他们参加发动群众、诉苦大会、斗争地主、分胜利果实……经历了“红旗卷起农奴戟”的场面；晚上，剧团巡回为农民演出。

杨淑英演出的剧目有《三娘教子》和另一个由徐文耀先生新编的配合土改的高腔现代戏《记着这笔血债》。

在乡下生活了一段时间之后，杨淑英不幸生了病。病发时，眼花缭乱晕倒在地。剧院领导关心职工，雇请滑竿抬杨淑英去看病，或随着剧院转移。

行军队列里，个别同志不能理解，开玩笑地调侃“太太坐滑竿”。

不知怎么，这话传到杨淑英耳中，自尊心很强的她感觉受到很大的委屈。于是，病发时她咬紧牙关撑持，不吭一声，任头上大汗淋漓。然而，好汉也怕病来缠，病魔肆虐，杨淑英突然休克在途中。

她被送回成都治病。

她病势减轻，在家调养期间，实验川剧院回到了成都。毕竟年轻好胜，她赌气没有及时回实验川剧院。

适逢成都华兴正街“悦来”的大众川剧院在当时川西区行政公署秘书长杜桴生的支持下，正四处物色角色。“大众”的当家小生王成康约她去他们那里搭班，与“实验”争角。

徘徊、犹豫，杨淑英置身在十字路口。

这时，她更多地想到“实验”的领导和同行。军管会工作组李青、夏阳对她的关照，编剧徐文耀与她的合作，演员、乐队对她的友好。单是以旦角同行为例：德高望重的阳友鹤，以及与她情如姐妹的静环、许倩云、廖静秋……自己从他们身上学到不少东西。从表演艺术到唱腔念白，他们都有某些独到之处，相互间切磋技艺，下乡演出中的同甘共苦，都给杨淑英留下许多珍贵的回忆。

的确，“实验”——此时因人民剧场修成，已改名为“人民剧院”的领导、同志并没有忘记她，特地派了李万镒在泡桐树街等候她。有天清早，杨淑英开门外出，便被李万镒“候”着了。李万镒向她转达了人民剧院领导的意见，左磨右磨，硬是立马把杨淑英“请”回了人民剧院。杨淑英心中的疙瘩，终于解开了。

（四）第一次进北京

1952年秋，由川、云、贵三省（包括川剧、滇剧、京剧等剧种）戏曲演员组成了西南区观摩演出团。其中川剧演出团以成、渝两地川剧演员为主组成，杨淑英名列其中。她又一次领会到党对她的关怀和培养。

西南观摩演出团经过紧张的准备，专程进京参加1952年10月在北京举行的全国第一届戏曲观摩演出大会。这次大会体现了党和政府对戏曲艺术的关怀和扶持，推动了“百花齐放、推陈出新”文艺方针的贯彻执行。川剧演员阵容强大、剧目丰富多彩，使川剧演出获得很大的成功，成为举国瞩目的传统深厚、人才辈出的剧种。

在观摩会演中，川剧界所获奖项甚多。计有：贾培之、张德成、周慕莲获奖状；《柳荫记》获剧本奖、演出奖，陈书舫获演员一等奖，袁玉堃获演员二等奖，谢文新、戴雪如获演员三等奖；《秋江》，周企何获演员一等奖，阳友鹤获演员二等奖；《评雪辨踪》，曾荣华、许倩云获演员二等奖；《五台会兄》，吴晓雷、陈淡然获演员三等奖；《赠袍跪门》，刘成基获演员二等奖。

杨淑英在《摘红梅》中扮演小姐，戏不重。在名角名戏、高手如林的会演中反响一般。她有自知之明，心态是平和的，能够参加这样的盛会，越过千山万水来到首都，参加国庆游行，受到毛主席和中央首长的检阅，观摩那么多艺术珍品，受到中央首长的亲切接见、鼓励，亲聆文艺界领导、专家的教诲，参观古都的名胜古迹……虚怀若谷的杨淑英，觉得“余愿足矣”。她整天沉浸在幸福之中。

她抓紧一切机会向兄弟剧种学习，她特别喜欢常香玉的豫剧《花木兰》，英姿飒爽，豪情如海；常香玉的用声和行腔刚柔相济，慷慨激越，给杨淑英很多启发。越剧艺术溢散着江南水乡的灵秀；评剧唱腔与现代生活节奏的接近，如行云流水，天然姿色……歌剧《白毛女》强烈的时代气息表现了阶级斗争的严峻。《白毛女》中喜儿在旧社会的悲惨遭遇激起了杨淑英的共鸣，她不时流出感动的热泪。“旧社会把人变成鬼，新社会把鬼变成人。”杨淑英对此感受很深，她对党的感情与日俱增。

第一届戏曲观摩演出大会是成功的。它展示了全国几十个剧种、成百个剧目，万紫千红花满园，使众多的演员得到观摩、学习的机会，吸收到有益的养分，并使他们下定决心，献身于人民的艺术事业。他们当中的许多人，在“百花齐放、推陈出新”方针指引下，不断攀登艺术高峰，在会演后有了长足的进步——这次会演中还不引人注目的杨淑英，四年之后再上北京献艺，便成了轰动艺坛的新星，令人刮目相看。

参加这次会演，还有一项成功的试验，在川剧史上值得大书一笔，那就是“女帮腔”的创始。在这以前，川剧是男声帮唱：由鼓师领唱，音乐人员合唱，俗称“齐呐喊”。排练会演剧目《柳荫记》时，演出团领导采取了群众提出的建议，为进一步发挥整个戏诗情画意、优美抒情的特点，试验以女帮腔代替男帮腔。经过推选，决定由竞华、杨淑英担任领唱。她二人克服了很多困难，反复练唱，密切与演员、乐队配合，终于不负众望，“帮”惊四座。特别是《访友》结束那句“鸳鸯一对两离分”，如泣如诉，一唱三叹，余音袅袅，不绝如缕，渲染了悲剧气氛。从此，女帮腔迅速在全川各个剧团推广。

（五）去留之间

会演结束，西南区观摩演出团又去沈阳、天津短期公演，然后回到山城重庆。西南军政委员会副主席贺龙同志在重庆大厦（今重庆宾馆）举行盛大欢迎会。

会上，贺龙宣布参加西南区观摩演出团的川剧艺术人员全部留下来，组建西南川剧院。

演员、乐员们人人兴高采烈。能参加大区一级的国营剧团，那是很荣幸的。

唯有杨淑英内心矛盾重重。她何尝不想留下？贺龙还亲自征询过她的意见。可是，除了艺术之外，使她牵肠挂肚的还有她的四个儿女。三妹随钟师父去了什邡，另外三个由婶婶拉扯着，日夜盼望着妈妈归去。留在重庆，孩子们怎么办？左难右难，母亲离不开相依为命的孩子。

这时，在李宗林市长的授意下，人民剧院派人到重庆来接原来属于成都市的川剧演员。

在这种情况下，我们能够理解杨淑英选择回成都的行动。

1953 年 3 月，西南川剧院在重庆成立，名单里没有杨淑英，她已经回到成都。

推开家门的一瞬间，孩子们望着她发呆了，分别几个月，显得陌生了。大儿子期期艾艾地喊声“妈妈”，眼泪便流出来了，两个女儿紧紧地抱住她，生怕她又要离去。

杨淑英暂时没有离家，但成天忙得来毛根不沾背。她报名参加文化学习班，读书、识字、写字；她要参加政治活动、政治学习，出席成都市青年积极分子会议。这一年，她被推荐为市政协委员。恢复练功，她起早贪黑，衣衫经常被汗水浸透。她还要听导演说戏，睡上床都还在背台词；在新修的人民剧场台上走线子（粗略排练），与同台演员交流。剧场外小花园里，音乐工作者杨为热心教演员们识简谱、练唱腔，杨淑英认真听课，如饥似渴地学习新音乐知识。

忙忙碌碌，却又朝气勃勃。全团上下拧成一股绳，排出了一台台好戏。

人民剧院又改组为“成都市川剧团”。这是第一个成都市属的国营剧团。这个剧团集中了一批台风好，对川剧艺术孜孜以求，努力贯彻党的“双百”方针的艺术人才。

杨淑英生活在这个艺术气氛浓厚、团结友爱的团体中，如鱼得水。她先后参加了一些现代戏和传统剧目的排练。

使她崭露头角、脱颖而出的是高腔戏《杜十娘》。

《杜十娘》描写李甲入京赴考，与名妓杜十娘相爱，为其脱籍。归家途中，风雪之夜船泊渡口，李甲心中担忧娶青楼之女触犯家法。盐商孙富探之，愿以千金将杜十娘娶去，李甲允之。杜十娘察觉李甲负义，乃将多年积蓄百宝箱内的珠宝抛入万顷波涛中，自己也投江自尽。

这出戏的悲剧性结尾——《归舟投江》一出有描写十娘心路历程的大段唱腔和细腻表演，极为精彩。杨淑英时值盛年，风华正茂，扮相俊美，演出时神形皆备，唱腔以声传情，声随情变，淋漓尽致地表现了人物的悲愤，“实可怜夜明珠落在污泥”。她的洁身自爱、宁为玉碎的行动，震撼了观众的心灵。这出戏连续演出了几十场，场场客满，剧院外还有许多钓票的观众。一时之间，杨淑英声名鹊起。她用自己的实力显示：川剧舞台上升起了一颗光彩夺目的新星。

（六）参加慰问演出

1953年冬天，杨淑英随中国人民赴朝慰问团第三分团演出团奔赴朝鲜。

抗美援朝的战争虽然已停火了，但一进入朝鲜，仍可以看见遍地的弹坑、被炸毁村落的断壁残垣。中国人民志愿军战斗英雄给演出团作报告，介绍他们浴血奋战的业绩、介绍中朝人民用鲜血凝成的友谊。杨淑英为战士们那些既平凡又崇高的形象所鼓舞。她和同行们一道，要用演出精彩川剧的行动来报答志愿军亲人，借以送去祖国人民对参加“抗美援朝、保家卫国”的子弟兵的慰问。

杨淑英主演的剧目有《桂英打雁》《秋江》《访友》（带《哭坟》）、《刁窗》，还有原来由胡小凤排演，胡小凤推荐杨淑英主演的《拾玉镯》。

由于战争环境，演出没有剧场，只能在大的坑道里、露天旷野里进行，临时用树木搭个简易的台子。

朝鲜的冬天很冷，冰天雪地，滴水成冰，气温常在零下二三十摄氏度。行走在厚厚的雪地上，脚踩下去，便被积雪埋住了。

在这样的严冬，穿上戏装，冷得打抖。演员们咬紧牙关，用满腔的政治热情驱走寒冷。杨淑英的双手经常被冻得僵硬，手指也捏不拢了，但她仍保质保量地完成演出任务。戏毕后，又坐在乐队里参加帮腔。

台下的观众，从将军到士兵，全都坐在雪地里，聚精会神地观看演出，不时爆发一阵阵热烈的掌声。他们英姿勃勃、不怯寒冷的形象，也感染着演员。台上台下，有一股无形的暖流在相互交汇，融成一片。

杨淑英和其他演员一样，与志愿军官兵结下了深厚的友谊。走到哪里，都会遇见看过他们演出的观众，向他们欢呼，把慰问品转送给他们。战士们看见杨淑英喜欢吃花生，便特地给她送来炒花生。于是，在朝鲜战地，杨淑英赢得了一个雅号：“花生堆栈”。

更有趣的是，志愿军战士碰见杨淑英，不呼其名，都用右手靠近左手臂摇动着，装作羞答答的模样，含笑说：“不要，不要……”

这一典故，出自川剧《拾玉镯》。

《拾玉镯》描写书生傅朋郊游到了孙家庄，巧遇孙寡妇之女、天真活泼的小家碧玉孙玉姣，二人相互爱慕。傅朋假意遗失玉镯于地作为定情之物，隐在旁边看孙玉姣是否拾取。玉姣心里欢喜，却又碍于礼法，娇羞脉脉，怕人瞧见，不便直接去捡。她先用脚尖将玉镯拨向门边，又假装手巾失落，借拾巾而取镯。刚戴上手，傅朋出现在她面前，她窘极了，口是心非地说："不要，不要……"杨淑英的眉眼、手势、声调，生动地表现了孙玉姣炽热的初恋情怀，给人印象很深。

所以，从师长到战士，每当看见扎着小辫的年轻女演员杨淑英，便模仿着她在台上的表演，边做边说："不要，不要……"

从这件事，杨淑英进一步领悟到细节处理的重要性。每一出戏，都必须深刻理解剧情，选择几处重点码口，精雕细琢，调动一切艺术手段画龙点睛地突出表现人物。这类例子在她此后上演的剧目中俯拾皆是。

慰问团分团领导、成都市副市长、著名作家李劼人看见杨淑英每天行军、练功、排戏唱戏又帮腔，忙得不亦乐乎，深有感触地说："多亏她天生一副金嗓子，经得起拖，久唱而不失嗓音的清亮，优美悦耳。"

（七）一曲《秋江》开先河

具有较为深厚的传统艺术功底的杨淑英，对于实验川剧音乐改革也是很热心的。

她在改革方面的业绩，自《访友》开始，而以《秋江》名噪一时。

解放初期，在川西区文联的组织领导下，选定《访友》作高腔加伴奏的试验，杨淑英饰祝英台，周文风饰梁山伯，晓艇、筱舫饰四九、人心。

音乐设计由韩铮同志担任。韩铮毕业于西南音乐专科学校，毕业后入省川剧团，逐渐熟悉、掌握了川剧音乐的规律。他和演员、乐员一道，勇做开路先锋。高腔加伴奏的《访友》获得了初步的成功，也考验了杨淑英对新音乐的接受能力。她获得了成功。

以后，著名音乐家、上海音乐学院教授沙梅在回川时会见杨淑英，谈到《访友》，沙梅赞许地说："杨淑英，你也是改革家嘛!"肯定了她的成绩。

1956 年 6 月，文化部举办第二届戏曲演员讲习会。成渝两地部分主要演员都赴京参加了这次盛会。讲习期间，举办艺术讲座，听专家讲艺术理论。参与讲习的剧种进行艺术交流，观摩戏曲、歌舞、话剧演出。

杨淑英同与会者经过三个月的学习，提高很大。

由于与会者都是各个剧种的学有所成的骨干人员，经过这次为期三个月的讲习，兼收并蓄，取长补短，对他们今后的艺术创作大有裨益。

对于杨淑英来说，收获更大一些。因为在讲习会期间，她又参与了一项重要的艺术活动——管弦乐伴奏川剧《秋江》的清唱。

节目的编配、指挥是西南音乐专科学校管弦乐系的胡静翔教授，他是著名的小提琴演奏家。他热爱民间音乐，对川剧也情有所钟，对管弦乐造诣尤深，受到学生和艺术界的尊敬。他改编配制过很多管弦乐曲在校内外演出。

按计划，1956 年 8 月在北京举行第一届全国音乐周，节目包括音乐、歌曲、民歌……戏曲清唱等。胡静翔教授编配了川剧《秋江》的管弦乐伴奏和合唱团伴唱。经过挑选，胡教授觉得杨淑英担纲清唱《秋江》最为合适，因为她嗓音清亮甜润，乐感好，对新音乐接受能力强。

当时四川省参加全国音乐周的有西南音专及省歌舞团、重庆歌舞团的乐队部分成员。他们组成临时乐团，抓紧时间、见缝插针加以排练。

杨淑英从讲习会请假到排练场，开始获得崭新的感受。她迈出了开创性的步伐，拓宽了演唱艺术的路子。

没有她长期熟悉的打击乐，没有锣鼓点子的配合，没有古典服饰穿戴、化妆以及程式化的表演，对戏曲演员来说，真是“破题儿第一遭”。这和唱玩友亦有很大不同。何况，还得在较为陌生的管弦乐大乐队的伴奏下清唱。

与杨淑英同在音乐会上清唱的有红线女（粤剧表演艺术家）等戏曲名家。

杨淑英那几天吃饭、睡觉都抓紧时间在练。她那刻苦钻研、勇于拼搏的精神，激发出一往无前的勇气。演出那天，她像歌唱演员那样，身着演出服，仪态万方地站在舞台中间，应着胡教授指挥的节奏，在管弦乐浑厚悦耳的伴奏声中，艺术感觉空前良好地唱起了“君去也，奴来迟，两下相思各自知……”

一抒歌喉，曲惊四座。满堂热烈的掌声，祝贺她演出成功。《戏剧报》刊登了她清唱的照片，刊发了消息。管弦乐伴奏川剧《秋江》，是川剧史上破天荒的第一次。

（八）与廖静秋的友谊

1951年杨淑英参加成都市实验川剧团时，实验川剧团旦角挂头牌的有阳友鹤（筱桐凤）、静环（曹正容）、许倩云（飞琼）、廖静秋（桂蕊）等。西南川剧院成立，阳友鹤、许倩云被调到重庆去了。静环、廖静秋、杨淑英成为“实验”旦角的主力。她三人均善表演，唱功尤见功力，各有千秋，呈三足鼎立之势。观众戏谑地赞誉道：曹“梭梭”，廖“新水”，杨“香罗”。

意思是：曹正容唱的高腔【梭梭岗】，廖静秋唱的【新水令】，杨淑英唱的【香罗带】，各自把该曲牌唱活了，唱绝了。

1953年，在李宗林市长直接关怀下，徐文耀先生改编了大幕戏《杜十娘》，李宗林还亲自参与了某些唱词的撰写、推敲。

《杜十娘》由杨淑英主演，连演了好几十场，场场满座，声誉鹊起。后来因为太累，嗓子实在拖不下去了，又让廖静秋排练全本（此前，廖只演《归舟投江》），作为杜十娘的B角，接着上演。以后，廖静秋身体健康状况愈来愈差，1956年发现已是癌症晚期。

1956年6月至9月，文化部举办第二届戏曲演员讲习会，川剧名家阳友鹤、刘成基、周企何、曾荣华、袁玉堃、陈全波、邓先树、张惠霞、竞华、杨淑英、许倩云、张海舟、李笑非等参加学习。这期间，阳翰笙同志代表全国文联关心廖静秋的病情，希望在她有生之年拍一部电影，将她的艺术保留下来。因此，阳翰笙征求大家的意见，廖静秋拍哪一部戏合适。

当时，有的同志提出拍《御河桥》（又名《鳌珠配》）。《御河桥》是1954年发掘的大戏，其中《杀桥》一场，剧中柯宝珠有一大段唱；《花园》一场，“三题三赶”，将前、后舞台连成一个表演区域，舞台调度很新奇。杨淑英曾在这出大戏里扮演二奶奶。她揣摩了一下，仗义执言：廖静秋演柯宝珠一角，戏不是很压秤，不能充分发挥她的演唱才能。《御河桥》女主角的戏不如《杜十娘》的戏饱满。杨淑英出于公心，发表自己的意见说：“我觉得给廖静秋同志拍《杜十娘》要合适些。”

领导上采纳了杨淑英的意见。北京电影制片厂迅速作好准备，导演要先来看戏。为了减少廖静秋的体力消耗，杨淑英自告奋勇地代替廖静秋“走线子”。于是她与袁玉堃（饰李甲）、周企何（饰孙富）、司徒慧聪（饰柳云卿）在小礼堂化装演出《杜十娘》。北影导演看完便拍板了。

电影紧张地投入拍摄了。廖静秋以惊人的毅力，忍受病魔带来的精神和肉体上的痛苦，在水银灯下完成了拍制《杜十娘》川剧艺术片的任务。

后来廖静秋知道是杨淑英建议她拍《杜十娘》的情况，心里很感动。在旧戏班子里，“同行是冤家”，角色都顾自己的戏，同一个班里，各有各的一槽戏，“互不侵犯”，仿佛约定俗成。照这种习俗，实验川剧团大幕《杜十娘》是杨淑英首演，约定俗成，这个戏是杨淑英的“打心锤锤”。可是她顾全大局，不谋私利。廖静秋因之感动了。

“是的，多亏杨淑英顾全大局。”市长李宗林曾对廖静秋说。不仅如此，李宗林还示意廖静秋主动去答谢杨淑英。于是，1957 年的一天，廖静秋备了一份礼物来看杨淑英，说到动情处，拉住杨淑英的手流下了激动的热泪。

“淑英，你的心好。我的身体快不行了。女儿（廖学秋）又还小，我把她托付给你，今后费心多帮我看照呀！……”

廖静秋不久去世了。杨淑英失去一个艺术上的朋友。她不负友伴的嘱托，时常关照廖静秋的女儿。杨淑英搬进离剧团很近的新街后巷子十二号小院居住后，廖静秋才三四岁的女儿常到杨淑英那里玩，有时吃过晚饭，便挨着杨淑英一块儿睡。

相交前人，照看后人。杨淑英以一颗仁慈的爱心，曾经给那位孤女以诚挚的温暖。

三、登　攀

（一）天时、地利、人和

1956 年新春伊始，李宗林市长便筹划着让成都市川剧团走出夔门，到省外扩大视野，扩大川剧的影响。

按照文化部安排的全国戏剧团体巡回演出计划，成都市川剧团将于 1956 年底去北京，赴京献演后还要巡回上海、南京、西安等地演出。于是，全团上下展开了紧张的排练工作。

在李市长的精心组织下，剧团先后排练了《谭记儿》《穆桂英》（又名《破洪州》）《拉郎配》《萝卜园》《一只鞋》《耐冬花》等大幕戏，以及《金山寺》《营门斩子》等折子戏。

这时的成都市川剧团是一个新型的文艺团体，具有旺盛的艺术创造活力。

经过参加“土改”“一化三改造”，文艺团体“改人、改戏、改制度”之后，成都市川剧团在李市长的直接关怀下，贯彻党的“百花齐放、推陈出新”方针，历年来取得了政治、艺术双丰收。剧团建立了党支部，吸收一批群众中涌现的先进分子入党。杨淑英这时已是候补党员。

成都市文化局派来驻团干部李青（解放初驻团的军代表）。剧团正副团长计有林捷、刘成钧、赵永康、李笑非、徐文耀等。

剧团演员阵容强大，颇具实力。主要演员计有：

旦角：杨淑英、静环、萼瑛、颜树、王淑琼、黄素芬等；

小生：易征祥、李玉璋、罗玉中、李桐君、李文德、周文林、潘侠飞；

生角：司徒慧聪、刘成钧、赵永康等；

净角：陈禹门、邓仕元；

丑角：李笑非、唐云峰、一笑、蒋永德、黄影。

音乐、舞美人员计有：陈敬忠、曾福昌、黄维贤、谭昌镕、熊小雄等。

编导人员计有：

徐文耀、夏阳、李笑非、刘成钧、吴伯祺、钟子勤、范光翔等。

成都市川剧团最大的强项还在于全团上下团结一心，有一股奋发向上的朝气，和衷共济的凝聚力——这是综合性艺术生产不可或缺的基础。如果一个剧团名演员很多，相互间钩心斗角，必然力量抵消，“龙多不治水”，势将不利于出人出戏。杨淑英常说：“一台无二戏”“虾兵虾将都重要”。她演穆桂英就离不开阳荣华、蒋立元、廖鸿钧、鞠明祥等当年的龙套的配合，她感激他们，长期配合得很好，缺一不可。

杨淑英归队以来，以团为家、爱团如家。由于她严于律己、宽于待人，从不以名演员的姿态“摆谱”，时刻记住党给了她第二次生命，给了她的众多荣誉——市民主青年联会委员、市妇联委员、市政协常委、省人民代表、全国青联委员、全国妇女社会主义建设积极分子等。她戒骄戒躁，严格以共产党员的标准要求自己，对工作无比热爱，用行话来说就是“恨戏”（川人说的反话，恨之极，爱之深也）。她每晚演出前，总是提前到后台，化妆、穿戴、默戏。大热天，有时要戴盔扎靠，当时又无空调，唱做念打下来，“裤腰带都拧得出水”，可她从不叫苦。出外演出，她和大家一样，背起背包走长路，在万年台[①]上摆地铺。群众看在眼里，记在心里，都乐于同她合作演戏。

静环与杨淑英亲如姐妹，处处护着她，为她排难解纷，为她念剧本说戏，有时还在经济上支援她。由静环、杨淑英、司徒慧聪主演的《女探母》《萝卜园》，配合得天衣无缝，满台是戏，给川剧老观众留下永不磨灭的美好回忆。司徒慧聪与杨淑英配戏很多，大戏如《杨贵妃》，折戏如《营门斩子》等，得心应手，珠联璧合，均为梨园精品。

笑非和杨淑英原是童年伙伴，现都成了成都市川剧团的台柱，他俩合作的《望江亭》《刺汤勤》最为观众称道。易征祥在《谭记儿》中饰白士中，李桐君在《穆桂英》中饰杨宗保，均与杨淑英精诚合作，配合默契，共同进入了艺术创造的最佳境界。

由于主观努力与客观环境极其协调，天时、地利、人和均已齐备，使得杨淑英在 1957 年初的首都舞台上脱颖而出，饮誉京华，为川剧赢得了荣誉。

她奉献给首都观众的主要是两本大戏——《谭记儿》与《穆桂英》。

（二）柔肠侠骨《谭记儿》

六百多年前，元代伟大的剧作家关汉卿创作了六十余种杂剧。其中存世之一的《望江亭中秋切鲙》，引发了年轻的川剧作家李明璋的兴趣。他于 1955 年将之改编为高腔《谭记儿》，发表于《剧本》月刊。改编本增强了戏剧性，扩大了表演空间，强化了川剧特色，发表后即引人瞩目。

成都市川剧团于 1956 初排演《谭记儿》，导演刘成钧，杨淑英饰谭记儿，易征祥饰白士中，李笑非饰杨衙内，静环饰白道姑，主要演员经验丰富，又长期合戏，人物间的交流达到了彼此默契的妙境。人物不多，

① 旧时人们为了祭祀与娱乐的需要，在神庙、会馆或是府宅、祠堂中修建的固定戏台。

交相辉映，演来满台是戏。

剧本情节一线贯穿，虽结构单纯，然而矛盾冲突尖锐，引人入胜。其故事梗概是：

年轻貌美的孀妇谭记儿，经观主白道姑的撮合与出任潭州太守的白士中相爱。好事多磨，当朝太尉之子杨衙内垂涎谭记儿美色，诬陷白士中并奉旨前来加害，以期霸占谭记儿。谭闻信，于中秋之夜巧扮渔妇，在望江亭侑醉杨衙内，盗走圣旨及尚方宝剑。

第一场《邂逅》，白道姑原来嘱咐侄儿白士中，待她与谭记儿说好后，咳嗽为号，白士中再出来相会。殊知白道姑刚刚提及作伐之事，谭记儿误以为她是为杨衙内说项，便欲告辞。道姑情急，无意中咳嗽不止。白士中飘然而出，谭记儿大惊失色，白道姑仓皇离去……几声误咳，引发强烈的戏剧冲突和悬念，把一对青年男女推上矛盾冲突的中心。

“山重水复疑无路，柳暗花明又一村。”当白士中发现姑母还未把话挑明，自己冒失求爱之后，深悔亵渎对方，忙求宽恕。嫌疑释去，谭记儿见白士中一片至诚，心中不禁泛起涟漪……

杨淑英在这一场戏里，通过多姿多彩的声音形象，配合表演，表现了谭记儿复杂的内心活动。在高腔曲牌【货郎儿】一段，她向白道姑唱道：

深羡你自幼出家，
未染尘缘；
怎似我飞鸿失伴，
只落得形只影单。
孤零零睹物伤怀，
冷凄凄夜伴愁眠。
倒不如掩了妆台，
卸了钗钿，
抛却粉黛，
披上缁衫，
甘随你朝念道德经，
暮诵三清忏，

一可免许多烦恼，
二可免狂蜂浪蝶扰素兰！

低回咏叹，揭示了她的凄凉身世、愁苦内心，唱得宛转悲凉。及至发现白士中儒雅纯正、风姿翩翩，绝不似杨衙内的轻薄佻仸，谭记儿芳心一点被触动，杨淑英用甜美的声腔，唱起【绛黄龙】：

……观此人轻薄无半点，
举止端庄体翩翩，
眉宇间灵气照人，
似曾相见，
酷似儿夫李希颜。
羞得我欲言又觉无话谈，
粉颈低垂弄罗衫。

在唱到“举止端庄体翩翩”一句时，在“体”字之前，杨淑英用了停气的手法，一刹那声音中断，娇羞脉脉，生动地表达出人物既庄重又羞涩的情感，把词情和声情都表现得真挚而深刻。

戏就是细，即细致地展示人物内心深处的底蕴。杨淑英常常说：“我演戏，不要废片。”所谓“废片”，主要是指可有可无的废话，也指那些“炮打四门”的“大路货”。她所追求的是艺术的独创，是角色在特定情景中的心路历程，是炉火纯青的画意诗情。文学就是人学，切忌千人一面，千人一腔。从杨淑英对谭记儿的唱腔设计，可见她对角色近乎痴迷的投入。谭记儿对白士中逐渐产生好感，用前腔唱出了她的宛转情思：

叹三年芳心如止水，
却怎么今朝意惹情牵？
莫不是亡夫又经轮回转？
莫不是三生石上姓字签？
奴本待去白穿红重举案，
犹恐怕乡里贻笑谈！

杨淑英在“又恐怕”的“恐”字上巧妙地使用顿音，充分表现她的矛盾心理状态。在“贻笑谈”的“谈”字收音时，处理得犹豫、迟缓，以声传情，使人闻其音而窥其心。

欲伸先屈，欲扬先抑。杨淑英深谙这一普遍的艺术规律。当角色用顿音、收尾音表达踌躇、困惑之后，突然，情感如山洪骤发，冲开了礼教的闸门，唱腔转为明快的“二流”：

说什么人言可畏，
非怪奴守志不坚。
想淑女卓氏文君，
奔司马佳话早传。

一收一纵，有张有弛。杨淑英用她那驭气自如、上下贯通的嗓音，唱得如行云流水、情满戏足。开戏第一场便引人入胜。

戏到高潮《望江亭》，谭记儿柔肠侠骨、剑胆琴心，为解丈夫困厄，扮作渔妇张二嫂，只身入虎穴，于中秋之夜来到杨衙内身边，切鲙侑酒，智赚圣旨。杨淑英成功地表现了人物巧与恶徒斗争的大智大勇。

1956年初《谭记儿》在成都上演，获得观众好评。剧作家李明璋在一次宴会上向杨淑英敬酒，满怀激情地说：“感谢你，你把谭记儿演活了。”说话时竟至热泪盈眶。此后不久，杨淑英去北京参加戏曲演员讲习班学习。1956年底成都市川剧团赴京演出时，她恢复排演《谭记儿》，以崭新面貌与她的另一台大戏《穆桂英》同时呈现在首都舞台上，在北京观众中顿时刮起一股争看川剧的旋风！

（三）武戏文唱《穆桂英》

新中国成立以后，川剧艺术欣欣向荣，其中重要的一项成果，是进行了卓有成效的川剧传统剧目鉴定。在党的文艺方针指引下，1955年5月，四川省川剧传统剧目鉴定委员会成立，成渝两地分别设立办公室开展工作，到1957年，先后在舞台上鉴定演出了近三百个剧目。内中许多传统剧目，拭去尘垢，如出土明珠，熠熠生辉。川剧《穆桂英》就是其中的代表作之一。

原来《讲花园》和《点将责夫》是若断若续的两部戏，鉴定演出后，一致认为基础很好，可以修改成为优秀传统剧目，并决定由成都市川剧团编剧范光翔、钟子勤根据鉴定意见加工整理，补充情节，使两部戏相互关联，前后照应，成为结构严谨、浑然一体的大幕——穆桂英大破洪州的故事剧。

整理后的川剧《穆桂英》虽是描写战争题材，抗击辽兵，然而着墨的重点却在写宋营内部的矛盾冲突，即：寇准“讲花园”，智激穆桂英；穆桂英挂帅，丈夫杨宗保屈居帐下先锋。杨宗保不服从将令，被妻子责打，小两口从闹别扭到和好如初，并马杀贼，力解洪州之围。

成都市川剧团排练了《穆桂英》，由杨淑英、李桐君、司徒慧聪、静环、李玉璋、赵永康、邓仕元等参加演出，导演为李笑非、夏阳。《穆桂英》具有武戏文唱、浓郁的喜剧特色和重在人物刻画的特点。比如，《花园激将》一场，八贤王赵德芳（李玉璋饰）和天官寇准奉旨来到天波府求发兵破辽。佘太君以朝廷薄待功臣，借口府中无兵将拒之。八贤王与寇准潜入天波府花园，敲响催军鼓、聚将锣，飒爽英姿的穆桂英跃马横刀，率兵而至。老谋深算、风趣诙谐的寇准，用“请将不如激将”的办法，给女将挽了些“圈套”。寇准故作昏庸，借讲当年大破“天门阵”之往事，有意颠倒胜负，夸耀辽军的军威，贬低宋军的战斗力，妙语双关，跌宕有致；八贤王从中搭桥，推波助澜；穆桂英又气又急，剥壳见笋地展现她好强争胜、初生之犊不惧虎的性格特点和以身许国、气吞残虏的巾帼胸襟。杨淑英、司徒慧聪、李玉璋配合得丝丝入扣，把这一出著名的川剧“讲纲戏”演活了。通过讲口对白、机锋妙语，眉眼表情、身段指爪，使人物毫发毕显，有声有色。使观众从中体会到川剧艺诀中“讲为君，唱为臣”的道理所在。

“智激”之后，穆桂英挂帅印、兵发洪州，丈夫杨宗保挂先锋印。大男子思想严重的杨家少爷，以为有失尊严，不服从妻子调遣，不仅点卯迟到，又违反军令私自出阵，兵败回营。为严肃军令，穆桂英“点将责夫”。剧本又给人物提供了一场笔酣墨饱的好戏。人物处在左右为难的激烈矛盾冲突中，给演员以很好的用武之地。

这一段戏，杨淑英先是从表演上刻意追求。如她在《艺无止境》一文中所写：

我在四十军棍的责打声中，使用了四个有层次、有发展的动作来突出她关怀丈夫的痛楚的心情。听见数“一十”，我将侧坐的身子急速地转向观众；数“二十”，我迅速地抛起右手的水袖；数“三十”，我把两只水袖同时高举，紧咬牙关，似乎和丈夫同时忍受着杖刑；直到数“四十”，我实在听不下去了，就趁势埋头伏在桌上。听见思乡、还乡来报：“先行请元帅验伤！”我急将翎子一抖，一个大转身，以表现内心的震动，急忙扶着椅背，痛楚得眼泪盈眶。我使劲将椅子按翻，往前一扑，险些摔倒……

杨淑英的表演，有分寸，有层次，有激情，通过形体动作，揭示了人物复杂的内心活动，给观众留下深刻印象和审美愉悦。

杨淑英闻听“验伤”，她用韵味醇厚的弹戏唱腔，放“冒子”转“一字”，唱出人物内心的真情实意：

思乡还乡进帐报禀，
先行官在请我去验伤痕。
责打他好教我心中难忍，
整军威焉能顾夫妻之情！
借验伤上前去把夫安慰，
须劝转犟性人才好行兵。
低声问少爷的伤势该不要紧？
打在了你的身痛在我心。

杨淑英的这段唱腔，在气息的多少与声音的高低处理上与谭记儿不同，因为穆桂英是武旦应工，气用得多一些，共鸣音使用得丰满些，推的力量大一些，声音显得粗犷些。同时，杨淑英在唱腔中注入了角色的全部感情，既要表现穆桂英元帅的威仪，又要表现作为妻子的体贴入微的爱意柔情。“整军威……”唱得威而有棱，“打在了你的身痛在我心”又唱得情真意切、感人肺腑，以声情动人，感化宗保。

接下来一段“二流”，对杨宗保晓之以理，动之以情，并为宗保的伤腿敷药，驯服了他的犟性，夫妻和好如初。

内部矛盾解决好了，同仇敌忾，上下一心，夫妻并辔驰驱，浴血沙场，终于力挫辽兵，洪州传捷，在武戏文唱中，塑造了穆桂英光照千古的英雄形象。

《穆桂英》在成都演出期间，也深受观众喜爱。成都市川剧团 1956 年年底进京，1957 年年初正式公演时，杨淑英接连主演两台大戏《谭记儿》与《穆桂英》，一文一武，交相辉映，饮誉京华。

（四）饮誉京华

1957 年初，成都市川剧团参加了由文化部统一安排的（包括一百多个国营艺术团体在内的）全国范围内的巡回演出。此前，虽然 1952 年川剧曾组团赴京参加过首届全国戏曲观摩大会，但作为营业性的全国巡回演出，这对新中国成立后的川剧艺术团体而言还是第一次。

成都市市长李宗林特别重视这次有关川剧声誉的出省、晋京演出，进行了精心的组织。剧团于 1956 年先后加工排演了《谭记儿》《拉郎配》《穆桂英》《萝卜园》《金霞配》《耐冬花》《芙奴传》《春灯谜》等大幕戏，以及《一只鞋》《美洞房》《营门斩子》《打神》等一批传统折戏。

成都市川剧团派往北京打前站的同志去到负责接待演出的部门联系，那里的同志急着发问："你们有哪些得奖演员？得奖剧目？"问得打前站的人无言以对。因为 1952 年曾参加过会演的川剧演员大都集中到西南川剧院（后改为四川省川剧院）去了。

成都市川剧团虽没有得奖演员，却拥有颇具实力的中青年川剧艺术人才，其中一些人后来成为著名的川剧表演艺术家（如廖静秋、杨淑英、静环、司徒慧聪、易征祥、李笑非等）。"腹有诗书气自华"，他们相信自己的实力，定会不辱使命。

成都市川剧团巡回演出经由四川广元、陕西汉中，于 1957 年春节前夕抵达北京。在李宗林市长的精心安排下，由成都市副市长、著名作家李劼人撰写文章《从"谦"德说到成都市川剧团来京演出》，于 1957 年 2 月 2 日在《人民日报》上发表，给川剧赴京做了宣传，并给全团上下以激励，同时针对上述接待巡回演出者的担心做了回答：

这个剧团的前身是“三益公”川剧团，得奖演员都调到其他几个川剧团去了……青年演员们已有相当的艺术水平、文化水平和政治水平。我相信，男女演员们绝无自高自大、又矜又骄的心情和态度。他们懂得“谦”为美德。我只担心他们“谦”得不合适……把仅有一点艺术上的自信心都“谦”失了，那才糟糕。假使如此，希望朋友们给他们一点鼓励、一点指示。

经过在中国青年艺术剧院排演场紧张的排练，征求首都文艺界专家、同行的意见后，剧团于春节前后在首都公演。演出剧场在“长安”“吉祥”及大栅栏、新街口等处舞台，平均上座率在百分之九十以上。

观众非常踊跃，他们冒着寒风排队买票。演出开始，观众为异彩缤纷的川剧艺术所吸引，台下气氛热烈。剧场上座率一直居高不下。2月5日，著名戏剧家张真在《光明日报》上发表《看川剧有感》一文，赞誉川剧具有独特的魅力，整个演出是“纯熟的川剧表演”。

2月10日《人民日报》第8版上发表了著名戏剧家李健吾教授《看〈谭记儿〉》一文，给在首都舞台掀起的川剧热潮推波助澜。李健吾盛赞戏中的几位主要演员。他说：“杨淑英长得好看，唱得好听，演得本分，都也罢了……她对人物的性格和内心活动的揣摩，通过细致入微的表演，却达到了富有强烈感染力的艺术境界。”接着，李健吾以浪漫主义的笔法赞道：“更让人念念不忘的是她的眼睛活、脸蛋活、嘴唇活。整个宇宙会倒在她前头，何况一个不才无学的小丑杨衙内!” “不仅她个人如此。……演杨衙内的同志甩袖子甩得又大胆又特饶有风趣。白士中的书呆子形象也反映出来。”“饰白道姑的演员她没有戏，也不另外找戏，她的存在就是戏。表演功夫已近炉火纯青的境界。”

几年之后，李健吾教授还念念不忘，他又撰文写道：

谁帮我想象活跃，我对谁表示好感。于是那年我看到了杨淑英和笑非演的《谭记儿》。这是关汉卿的《望江亭中秋切鲙》。现在这个剧目进了京戏，也进了河北梆子。不过最有力量撼动人心的总是第一次，正如童年的感受往往在老人的心头最牢实一样。杨淑英满足了关汉卿对妇女理想的憧憬，也满足了我对关汉卿的崇拜。[①]

艺术大师欧阳予倩看了《谭记儿》《穆桂英》，对杨淑英的唱腔作了高度评价，称她的唱“赋声于情，寓情于声，声情催人”。

其时，法国著名影星、《勇士的奇遇》主角杰拉·菲利普正在北京，看了《谭记儿》特别喜欢，特地来到后台看望了杨淑英等演员，祝贺演出成功。

中国剧协主席田汉为祝贺川剧入京，特设宴招待成都市川剧团，为同志们洗尘。

春节期间，中国文联主席郭沫若偕夫人于立群来看望剧团同志，并请大家吃汤圆，共度佳节。

春节之后不久，著名评论家戴不凡在《中国青年报》发表了《川剧〈穆桂英〉的表演》一文，盛赞这个戏“不但激动人，而且还风趣横生”。《讲花园》一场，杨淑英饰演的穆桂英：

> 那一股眉飞色舞之态，那些抒情中又带着慷慨激昂的歌唱，那些手舞足蹈的神情，不仅使人眼花缭乱、耳有余音，娇羞、天真、矜持和无比英勇之状……也都层次分明、异常亲切地浮现在我们面前。
>
> 她是从复杂的表情、优美的舞姿和歌唱中塑造了一个英姿勃勃、严明而又多情的古代女英雄形象。[②]

这样，杨淑英接连以两个大戏饮誉京华，成为1957年春首都戏曲舞台一道亮丽的风景线。

3月，成都市川剧团离京，先后去天津、济南、徐州、上海、南京、郑州、洛阳、西安等地巡回演出，向南北各地观众介绍川剧艺术。所到之处，均受到好评。这次巡回演出为期约半年，经历了陕西、河北、山东、江苏、河南五省和北京、上海两直辖市，总共演出了二百多场，为川剧争得了荣誉，提高了成都的知名度，在经济上也获得良好的效益，

---

① 李健吾：《川剧与我》，见《北京日报》1963年1月17日。
② 戴不凡：《百花集续编》，新文艺出版社1958年版。

并使全团演职员工开阔了视野，在思想上、文化上、艺术上都有不同程度的提高，向成都市党政领导和成都人民交了一份满意的答卷。

（五）送戏下乡

入党以后，杨淑英更加严格要求自己，学习党的文艺方针政策，按照党的指示深入生活，与人民群众相结合。

1958 年，正是大跃进年代，文艺团体掀起上山下乡、送戏上门的演出活动。成都市川剧团走在这个活动的前列。

杨淑英和全团同志一样，打起被盖卷往背上一背，往货车上一坐就出发。那次是往西行，去雅安、天全山区。有的乡镇不通车，便背起被盖卷，用一双脚走。翻山越岭，山路崎岖，杨淑英同大家一道咬紧牙关，跋山涉水。

行军途中，她还要默戏。有时要赶排新戏或宣传节目，她就更要抓紧时间背剧本，练唱腔，“走线子”。晚上她都有繁重的演出。

这一带边远山区比较闭塞。有的农民一辈子没有去过县城，看川戏的机会很少，许多青年还是第一次看大剧团来演出。

山里人热情好客，打起灯笼火把、拖儿带女、扶老携幼从村村寨寨赶到万年台。戏一开锣，观众情绪热烈，深深感动着演员。往往戏完之后，观众还迟迟不愿离去。杨淑英感到，川剧艺术之根深深扎在民间，这里是川剧工作者最深厚的源泉，是施展才华的广阔天地。

连续的行军、演出，人拖得疲倦极了。那天，去一个名叫紫石的地方，路远，又饿，途中没有幺店子，买不到任何打尖的东西。“人饿了，脚杆无力，毛桃子都想摘来吃……”杨淑英的脚走肿了，又酸又痛，挣扎着走拢目的地，人便倒下了。

同寝室的静环、莩瑛她们，连忙给杨淑英打来白酒，把她扶来坐起，教她用酒揉脚。临到演出开始，杨淑英的脚痛如刀割，硬是站不稳。静环便主动给杨淑英顶戏，代替她上去演了一场。

可是，观众仍不满足，场内高喊着“欢迎杨淑英，欢迎，欢迎！“我们盼了多久，要看杨淑英！”

面对老远跑来看戏的热情的观众，杨淑英心里一热，咬了咬牙，扶着墙壁站起来，头上汗珠直冒，挣扎着化好妆。

台下还在喧嚷，像锅里的滚水。

“戏场如战场”，杨淑英抖擞精神，在锣鼓间隙中，用她清丽高亢的嗓音，放出了马门腔。那嗓音有裂石之力，回荡在山水之间。

仿佛沸水中投入冰块，全场哗声骤息，顿时鸦雀无声。

“真是一腔定太平，名不虚传。”老观众低声嘀咕。

杨淑英振衣而行，一个漂亮的“亮相”获得一个满堂彩。山里人粗犷，连声高呼：“对的，好角色！”

送戏下乡，为普通民众演戏，杨淑英真是尽心尽力，不是那种蜻蜓点水般的“表演”。

1961年剧团到汶川，去那高高的矿山为矿工演出。归途中她不慎掉入雪坑，至今脚上还留下伤疤。

1962年，她又参加去川东大巴山革命老区的慰问演出，主演《江姐》。一天，因过于劳累，演到半中腰突然昏倒在舞台上。演出队负责人彭章俊连忙喊“拉幕，拉幕”。

观众在台下高喊：“扶住，扶住！找医生！”

杨淑英被抬往小屋休息。

观众纷纷涌来慰问，不少人买来了水果、核桃、点心，祝愿她恢复健康。一份份礼物，满蕴着大巴山人的深情厚谊。

杨淑英醒来，望着屋内外的乡亲，心想：“大巴山人多好啊，我要为他们多演戏、演好戏！”

（六）查铺与送烟

紧张的排练演出，马不停蹄地奔波，是这一段时期杨淑英的常事。1958年10月，她和四川省及成渝两地川剧界的名流又奉命组成演出团去武汉。轮船下长江、过三峡，演员们不惜牺牲欣赏舱外山光水色的机会，抓紧时间合戏，准备更多更好的剧目，做到有备无患。

这次组建的川剧演出团担负着特殊的任务：和其他一些剧种一道，为党中央的“武昌会议”演出，将在武汉待命一个月左右。

川剧团被安排在人民剧场的后台住宿，条件比较简陋。

杨淑英、静环和许倩云被分配到一间小屋里住宿，屋里只有三张小床，床上只有薄薄的棉絮，但是，她们也习以为常。这些年来她们在“大跃进”的年代，都少不了“送戏下乡”的考验。只要领导一声令下，背起被盖卷就出发，开始了跋山涉水。晚上摆地铺在稻草堆里躺下，觉得挺舒服。文艺为工农兵服务的观念已经在她们的心里扎下了根子。

那天是星期日，罗瑞卿将军到人民剧场看望川剧演员。他与演员亲如一家人，关心演员们的饮食起居。

罗瑞卿（1906—1978），四川南充人。当时任公安部部长（1959年任解放军总参谋长、国务院副总理），他很关心演员们的生活，与演职员工会晤之后，又逐个去看演员们的寝室。

将军按照他多年带兵的习惯，关心战士的生活。他想，演员们是特来为大会演出的，可要抓好后勤，别伤风感冒什么的，影响演出质量啊。他来到后台查看床铺，走进杨淑英她们的房间。“啊，板板床，薄棉絮……”比起他察看过的其他省市剧团的住宿条件，明显地要差得多。

将军皱了皱眉，笑着对负责接待、总务工作的同志说：“哟，名演员睡板板床。要是着了凉，川剧团咋个唱戏？”

将军的一席话，送来了真诚的关怀和温暖。当天，负责会议接待的同志便通知川剧团调整住处，搬迁至比较高档的璇宫饭店。

过了十多天，罗总长又约见一部分川剧演员。宾馆小客厅里摆着特制的“东风”牌高级香烟，味道好极了，吸后的烟灰也似乎是透明的。杨淑英不吸烟，也禁不住抽了支夹在手里把玩。心中想到：李宗林市长日夜为川剧操心耗力，我不妨借花献佛，给李市长带几支好烟回去。正在走神之际，忽听得罗将军爽朗的笑声：

“李宗林市长抓川剧，很有成绩。杨淑英，你带几包‘东风’烟回去，送给李市长。”

啊，将军与演员一样心情，不谋而合地想念起浇灌川剧之花的园丁。

在武昌会议期间，杨淑英为会议演出过《穆桂英》《拉郎配》《营门斩子》等剧目。为晚会第二次演出《穆桂英》时，毛泽东主席观看了全剧。这是她终生难忘的殊荣。

（七）“元帅点烟”

武昌之行，杨淑英怀有一个幸福的憧憬：希望能够再一次看见毛泽东主席。

从一个捡盐渣的女孩、一个挣扎在社会底层苦心学戏的艺徒，新中国成立后成了一名文艺工作者，在红旗下宣誓入了党，走过大江南北的许多城乡，眼界开阔，觉悟提高，杨淑英深深体会到“新旧社会两重天”。

杨淑英和所有戏曲艺人一样，有着强烈的翻身感。这种朴素的感情，推动她听党的话，在艺术上兢兢业业，不懈追求，努力攀登艺术高峰。即如这次，演出团领导决定排《拉郎配》，让杨淑英临时赶一个戏中的角色——张彩凤，她便一心投入背台词、记码口、走线子。在剧团里，杨淑英是以能“赶戏”出名的，像麻将牌里的“听用”。因为她戏路广、表现力强，上级点到的戏，都难不倒她。

紧张的排练余暇，她回忆起这之前两次见到毛主席的情景——

1952 年，她随西南戏曲观摩演出团进京参加第一届全国戏曲会演。时值国庆盛典，毛主席和中央领导同志站在天安门城楼上。当文艺工作者的游行队伍经过天安门时，毛主席挥手向游行队伍高呼：“文艺工作者万岁！”杨淑英第一次看见毛主席高大的身躯，听到毛主席的声音，禁不住热泪流淌，激动万分。

1958 年春，党中央在成都召开“成都会议”。一天，接市委通知，杨淑英与刘成钧同志迅速赶到金牛坝招待所。到达后，才知道是毛主席接见四川党政领导和各界代表。她和刘成钧被安排在草坪上排好队形。毛主席神采奕奕地出来了，含笑和大家打招呼，坐在前排正中与大家合影。

果然心愿得遂。这次“武昌会议”期间，杨淑英又获殊荣，与毛主席有了接近和交谈的机会。

对领袖的爱戴，化作对川剧献身的真挚愿望和果断行动。一年后，杨淑英奉命参加中国川剧团赴东欧四国演出，在更广阔的舞台上展现了川剧的风采。

（八）出访东欧

1959 年 7 月，杨淑英参加中国川剧团，在北京通过剧目审查后，准备出国赴东欧演出。川剧出国作剧场演出，这在川剧艺术史上，是“破题儿第一遭”的大事。

中国川剧团集中了活跃在川剧舞台上的一部分优秀演员、乐员、舞台工作人员，准备了《谭记儿》《芙奴传》《焚香记》三个大幕戏、《玉簪记》和《穆桂英》两个中型戏、《拦马》《柜中缘》《射雕》《百花赠剑》《秋江》《金山寺》《人间好》《放裴》《打神》九个折子戏。杨淑英主演的剧目是《谭记儿》和《穆桂英》。

中国川剧团于7月30日启程，12月18日返回北京，先后访问了波兰、捷克斯洛伐克（1993年1月解体成为捷克和斯洛伐克两个独立的国家）、东德（德意志民主共和国）、保加利亚四国，在华沙、东柏林、索菲亚等三十五个城市共演出六十九场。通过舞台演出、广播、电视、座谈等形式，向国际友人介绍了川剧艺术，进行了文化交流，传播了友谊，为祖国赢得了荣誉。

杨淑英和他的同行一样，开初担心由于语言的隔阂和生活习俗的差异，外国友人是否能看懂川戏，特别是大戏。随着演出的进行，这种顾虑逐渐消失。波兰观众反映：川剧艺术充满了诗情画意，是精巧、细腻而优美的。在特尔诺沃上演《谭记儿》时，不仅座无虚席，而且应观众要求卖了很多站票，剧场气氛显得更热烈。观众屏气凝神，用心地看戏，被演员的表演所吸引。

在布拉格上演《谭记儿》，演到《拆书》一折休息时，观众在休息厅内议论纷纷，猜想剧情的发展，担心着谭记儿（杨淑英饰）和白士中（袁玉堃饰）的命运。待看到《望江亭》一折，由谭记儿装扮的张二嫂盗了杨衙内（李笑非饰）的圣旨和尚方宝剑以后，台下骤然发出热烈掌声。第二天，在捷克斯洛伐克戏剧家协会举办的座谈会上，国家剧院的著名演员说："我喜爱《谭记儿》，我也喜爱杨淑英、袁玉堃同志的表演。"

在柏林，《玉簪记》《焚香记》《谭记儿》演出后谢幕都多达二十次以上。《柏林报》发表文章说："喜剧《谭记儿》一开始就赢得了柏林观众的掌声。"皮什纳副部长在《德意志报》上撰文说："我们看到杨淑英的《谭记儿》，是十分精彩的，是何等的有魅力！何等风趣！何等聪明的角色表演！……"①

赴东欧演出中，杨淑英还在《射雕》中担任庹氏一角。《射雕》系传统大幕《梵王宫》的一折。描写元朝末年安西王之妹耶律含嫣与嫂嫂庹氏同至梵王宫进香，含嫣见花荣武艺不凡，人才出众，顿生爱慕之情。

① 明朗、朱丹南：《遥寄祖国》，原载《四川日报》1959年11月3日、12月20日。

天真活泼的含嫣与花荣四目相对时，两情缱绻，互视出神，秋波间拧成一股无形的情丝。庹氏牵动这条情丝，一双儿女随牵着的情丝而颤而动而摇晃，终至惊醒。这一特殊的表现手法，画龙点睛般揭示人物的一往情深。由余果彬饰含嫣，肖又和饰花荣，杨淑英饰庹氏。庹氏牵动情丝，花荣、含嫣仿佛被“遥控”得如痴如醉的表演，给国外观众留下了很深的印象。每当与外国友人相会，他们便学着杨淑英表演“牵情丝”的手势，向她打招呼，然后开心地大笑起来。于此可见川剧传统表演手法的精湛和影响深远。

（九）“研究生班”进修

赴东欧演出结束，回到成都便过春节。春节刚好休整一下，料理家务，照顾孩子，看望亲友，再回复到日常生活之中——当然仍有不少的剧场和晚会演出活动。由于原四川省川剧院二团下放到成都市，与原成都市川剧团共同组建了成都市川剧院，杨淑英担任副院长，她肩上担子加重了。

用马不停蹄来形容这段时期杨淑英的生活最合适不过。未过完大年，领导上又通知她接受新的任务。

原来，文化部为了提高戏曲演员的理论和演出水平，继承发扬戏曲遗产，委托中国戏曲学院举办京剧大师“梅兰芳表演艺术研究生班”，抽调全国主要戏曲剧种的部分优秀演员入京培训。

经领导安排，成渝两地这次选送三名川剧演员，即成都市川剧院副院长、川剧名旦杨淑英和名丑唐云峰、重庆市川剧院著名生角徐又如。此外，成都市川剧院副院长、川剧名丑刘成基（艺名“当头棒”）被聘任为业务教师。他们于 1960 年 3 月初先后到了北京。

“梅兰芳表演艺术研究生班”由梅兰芳任班主任，张庚为副主任，授课教师有著名表演艺术家尚小云、荀慧生、俞振飞、刘成基等。

杨淑英感激党组织的培养，抱着虚心学习、博采众长的态度，进入“研究生班”，决心当一名好学员，珍惜这个千载难逢的好机会。和杨淑英一起的旦角同学，有汉剧陈伯华、越剧袁雪芬、豫剧常香玉、粤剧红线女、京剧言慧珠……荟萃了当代艺苑英才，花团锦簇，极一时之盛。

学习开始，梅兰芳先生等专家亲自授课，晚上经常安排名家名戏的示范演出。观摩之后，学员们要认真进行讨论，还要写心得，加深对示范演出的理解。

杨淑英和同学们一起，兴致勃勃地观摩学习了绝代精品：梅先生的《宇宙锋》、尚小云先生的《昭君出塞》、荀慧生先生的《红娘》。并聆听了大师们讲授艺术，现身说法。他们整天沉浸在高雅艺术的濡养之中，拓宽了视野，亲承謦欬，立雪程门，大快平生。这是中国戏曲史上的一次盛会。

从大师们的示范演出中，学然后知不足，杨淑英深深感到天外有天，人上有人，绝不能故步自封，自己距离老师所达到的境界，差距还很不小。艺无止境，需要自己毕生努力，孜孜以求，不断地吸收养分，不断地加强艺术修养、提高文化水平，力争达到具有雅俗共赏的大家风范。

一面向老师学，一面又向同学学。杨淑英在1952年第一次全国戏曲观摩演出大会上，就很喜爱豫剧演员常香玉主演的《花木兰》。常香玉飒爽英姿的表演，酣畅遒劲的“登腔”，给杨淑英留下了难忘的印象，并且加以吸收、消化，糅进了自己在川剧《穆桂英》的唱腔之中。这次，能与常香玉同学，朝夕相处，促膝谈艺，友谊增进，杨淑英虚心听取她介绍舞台艺术经验，深为受益。

常香玉在日常生活中也显得粗犷豪迈，直爽热情，同学们都很愿意和她亲近。另一位，上海越剧院的袁雪芬，大家亲昵地称呼她为“孝女”，因为解放前袁雪芬的妈妈久病未愈，袁雪芬曾经“割肉奉母”，手臂上留下了永久性的伤疤。姐妹们为之感动，因而以“孝女”称呼她。

汉剧演员陈伯华，表演很细腻，唱腔运声方法多样，擅于变化音色、音区，把人物内心演得活灵活现。杨淑英喜欢听陈伯华练唱，从中揣摩、领会，学习运声和唱腔技巧，两人结下很深的友谊。有一次，杨淑英与陈伯华一道逛王府井，杨淑英听得走了神，不防脚下有个小坑，一下拧了脚，痛得一蹄一跛的。陈伯华连忙上前搀扶，一直护送她回学校。

在研究生班期间，杨淑英患过一次阑尾炎。病发后，研究生班组织上和同学们送她去协和医院住院治疗。住院期间，领导和同学姐妹纷纷前来看望她，使她感到大家庭般的温暖。

进修半年，杨淑英开阔了眼界，补充了“营养”，同时，留给她许多终生难忘的回忆。她把这些收获带回巴山蜀水，决心在舞台实践里更上一层楼，以回报师友。

（十）《夫妻桥》饰何娘子

1962年冬，杨淑英接受了赶排川剧《夫妻桥》的任务，饰何娘子一角。任务紧，准备年底晋京演出。

由李明璋编剧，李明璋、钟曦修改的川剧《夫妻桥》，剧本基础较好，导演熊正堃充分运用川剧传统艺术手法，“创而不伤其肤，改而不失其华”，阐述主题，突出人物。

1961年排练时，何娘子由陈书舫扮演。这次因书舫同志另有任务，领导上决定由杨淑英顶上，其他演员大都是原班人马（亦有少数演员因另有任务，略作了变动）。蓝光临、周企何、薛少林、静环、司徒慧聪……仍参加了这次演出。

临时换女主角重排，时间紧，任务重，连杨淑英这个出了名的会“赶戏”（排戏）的演员，也觉得压力大，感到棘手。特别是《抗官》一场，几个人的“牛掉尾”唱，一环扣一环，要唱得丝丝入扣、流畅自如比较难。领导上鼓励杨淑英迎着困难上；周企何、蓝光临给她鼓励壮胆。周企何说：“淑英，不要怕，《抗官》那场，我们每天多对几次，天天练，熟能生巧嘛！”周企何不厌其烦地帮她对戏，杨淑英很受鼓舞。《夫妻桥》上半场蓝光临（饰何先德）和杨淑英（饰何娘子）的戏比较重，蓝光临原来演过多场，体会人物比较准确、深刻，他主动和新顶上来的杨淑英配合，促使杨淑英加深对人物的理解和表现力。

杨淑英熬更守夜背台词，记“码口”，全身心投入。杨淑英分析剧本，理解到《夫妻桥》这出生旦戏不同于一般描写离合悲欢的爱情戏。它以架设索桥、造福乡里为中心事件，展现何先德夫妇力斗邪恶势力、前仆后继的精诚浩气。一桥连万众，因而拓展了戏剧环境和社会生活层面。

何先德修桥之举，触犯了码头上的邪恶势力。曾锡武、范老幺跳在台前阻挠；周继常（县令）、冯沛卿则阴一套、阳一套，吃“两头旺”。

在复杂的社会背景之下，杨淑英逐步展示塾师之妻何娘子的性格特征、变化历程。

何娘子的“起点”，仅是贤惠的妻子——烹鱼买酒、剪烛挑针，希望丈夫乡试中举，泥金报传。因而，她对丈夫放弃考试，上禀帖请修桥之举不理解、不支持。虽不忍心悖丈夫的意泼冷水，但也委婉劝阻过。塾师家里的平静开始被打破了。

在《拒胁》前半场，小夫妻为是去“赴试”或是去“修桥”发生龃龉。

剧情一转，曾锡武、范老幺突然到来，先用哥老会的礼数“拿言语”，后又软硬兼施、绵里藏针，对何先德进行威胁利诱。面对恶徒流痞，何娘子早将夫妻口角置之度外，她理所当然地挺身维护丈夫的尊严：“人情可昧，天理难容，倘若再碰我先生一根毫毛，我上刀山也不惜身遭剐，下火海哪怕骨成灰，闯阴司、滚五殿，也要与你们拼到底!”杨淑英斩钉截铁、铿锵有力的讲口，掷地有金石之声。

外柔内刚的何娘子，在情节发展的关键时刻，展示了内蕴的疾恶如仇的侠骨。在环境的压力下，何娘子的人物性格发生了转变，她合情合理地放弃了劝夫“赴试”的初衷，被吸引向“修桥”的群体。当恶势力挑动学生家长退学逼款，何娘子毅然拔下头上的玉簪抵债。这玉簪乃是她父母所遗的一点妆奁，伴她漂泊千里，相佩六年。一个女子，不慕虚荣，将仅有的一件装饰品舍弃。何先德为之感动时，她颇有深意地说：“身外之物，何足为惜；妾只愁狐鬼满路，你一介书生……”杨淑英用她善于表情的眼神，流露出她有了某种不祥的预感。

不幸而言中。《桥断》之后，官府豪绅狼狈为奸，将何先德冤斩，而且是深夜秘密行刑。何娘子跪地膝行、踉跄而至，冤魂已渺：“恨妾一步晚，晚至不忍看，碧血溅……”唱得哀婉欲绝。

悲剧使人生充满了严肃。何娘子没有被流血所吓倒，她在血泊中站立起来，坚定起来。没有过多的抢天呼地，更没有轻生念起，往江里投身跳去。她比一般烈性女子多一分明睿、多一分强韧。从唐瑞儿（何先德的学生）那里，她听到亡夫的遗言：

“昔日里禹王之父……”秀外慧中、留心诗史的何娘子理解丈夫罹难前的隐语。

化悲痛为力量，继承夫志，重架索桥。为这点心愿，她像衔石填海的精卫鸟。她“春祭”坟前，嘤嘤泣诉：

两年来遗言刻刻鸣耳畔，
两年来食不甘味寝不安，

两年来灌县县衙常往返，
两年来地形水势常察看。
情痴耿耿君洞鉴，
恨不能高架索桥造福乡里为夫雪沉冤。

得道多助，何况修桥是造福大众的善举。乡民们会聚何先德墓前，残烛为笔，孝帕为纸，滴血同把姓字书。

天心见我民心，天听视我民听。民众的意志必将排除万难。一如一泻千里的岷江激浪，百折不挠；而山崖横阻，水石相激，于是回澜迭现、美景层出。《夫妻桥》的情节之线，交织出一幅生动的《抗官》图，更加凸现了何娘子的剑胆琴心。杨淑英声情并茂地发挥了她娴熟的演唱才能。

公堂上，何娘子、吴泽江与县官周继常那一大段的“牛掉尾”讲唱，针锋相对、笔酣墨饱。一边是义正词严，一边是理屈词穷。县官无奈，只能用“百日修桥”来搪塞，并逼何娘子立下军令状。何娘子早将生死置之度外，发出了感天动地的绝唱：“百日新桥未妥善，愿将人头献台前!”

精诚所至，金石为开。桥按原图造成，即是丈夫冤白之日，因栽诬他们的是设计不周。然而，好事多磨。踩桥之际，复又险象环生，恶徒锯坏桥架，烈妇又将蒙冤。何娘子此时此际，已与索桥化为一体，清纯至极，了无纤尘。

杨淑英常说：“唱腔必须合乎人物的身份、情感。”戏演到这儿，她情思婉转地唱道：

我今一死无他虑，
虑只虑，这一座桥呵……
何年何月，何日何时，
重修重建，安然在江面立，
不怕洪水冲，
不怕猛浪击，
不怕风雨打，
不怕流沙袭。

任人行走，
任马奔驰。
那时节，夫愿偿，奴愿足。
伏龙渡口双厉鬼，
同化长虹护桥基。

其心志皎如明月，闪耀着诗的光辉，美丽得令人心痛。至此，何娘子丰满的艺术形象塑造完成。否极泰来，天道无私；恶势力的阴谋终被揭出，逼使周继常、冯沛卿“舍车保帅”，将曾锡武、范老幺处死。何娘子在欢庆桥成的鼓乐声中捧起亡夫灵位，喃喃自语道：“亡魂有知，可以无恨矣。”

重排的《夫妻桥》彩排后受到领导、专家、观众同声赞好，认为与1961年的演出各有千秋。

1962年底，成都市川剧院演出团赴京、沪等地巡回演出。

这次组建的演出团阵容强大，计有周企何、谢文新、杨淑英、司徒慧聪、笑非、唐云峰、静环、薛少林、胡小凤、筱舫、晓艇、蓝光临、蒋立元、阳抚、田卉文、阎传凤等。剧目有现代戏《红岩》第一本、新编传说故事剧《夫妻桥》《望娘滩》以及《燕燕》《秀才外传》《白蛇传》《萝卜园》等。演出团于1962年12月26日抵京，到1963年3月9日去天津，共在首都住了七十二天，公演三十六场，观众二万七千多人次。另有多场晚会、联欢演出。

杨淑英这次主要担纲演出的是《夫妻桥》（以下简称《夫》剧）。为广泛征求意见，演出团进京后，于1963年2月14日在全军总政排演场彩排《夫妻桥》。中国文联阳翰笙副主席、解放军总政文化部陈其通副部长观看后特地上台祝贺，并称赞说：“剧本写得好，演员演得好，导演与前几年相比进步很大。《桥断》《冤斩》导演的处理和蓝光临的表演唱腔很有特色；《春祭》《桥成》给杨淑英有用武之地。”剧场公演《夫》剧时，著名京剧表演艺术家马连良看后，十分兴奋的到后台看望蓝光临、杨淑英。称赞蓝光临“扮相好、功夫好，是不可多得的人才”。著名画家叶浅予在《光明日报》上发表了他速写的《夫》剧中六个主要人物形象并撰文赞扬“剧本编得好，演员表演好，产生了感人的效果，给人留下深刻的印象”。

著名美学家、评论家王朝闻撰文说："《夫妻桥》主要的几场戏都很出色，演出已经产生了震撼人心的效果。"并指出："作为旧时代的现实的评价的这些作品，通过观众的联想类比和再评价的欣赏活动，它就可能成为有助于思想改造的教育的教材，而且是不能被直接对当前的现实生活作评价的作品所能代替的教材。"叶浅予、郑拾风、唐振常等专家也都撰文对《夫妻桥》的创作和演出作了很高的评价。叶浅予撰文说："扮演何老师的蓝光临和扮演何娘子的杨淑英，把浑身功夫和唱腔都使用出来了。""要不是川剧具有那样独特风格的演技和音乐伴奏，恐怕很难达到如此感人的效果。"①

《夫妻桥》是杨淑英施展艺术才能的新的里程碑。她正在艺术创作道路上继续攀登。可惜，"文化大革命"的灾难降临神州大地，她不得不离开心爱的舞台，岁月蹉跎，幽居十年之后，才盼来党的十一届三中全会拨乱反正。

四、晚　晴

（一）小平同志的关怀

1978 年，拨乱反正刚开始不久，全国戏曲传统剧目仍在禁锢之中，百花园尚待解冻。1 月 31 日，邓小平同志访问尼泊尔前路过成都，住在金牛坝招待所，明确提出要看川剧。

当天晚上，邓小平同志兴致勃勃地观看了一场川剧优秀传统折子戏，仍感到不满足，因为有的名角、名戏没有安排演出。

他问："为什么杨淑英没有来呀？"

"她生病在家。"剧团领导回答说。

小平同志望了剧团领导一眼，关心地发问："是真的生病了，还是被打倒了？"

"真是生病了。"

第二天——1978 年 2 月 1 日，小平同志便派人来到杨淑英家，用小

① 参见罗渊：《梨园诗草》，《罗渊戏剧诗文集》，四川人民出版社 2001 年版。

车把她接到金牛坝招待所，由小平同志的保健医生仔细地为她诊治。服药后，杨淑英一下子感到病情减轻了许多。她又一次感受到党的温暖。

杨淑英决定当晚参加川剧晚会演出，上演《杜十娘》中《归舟》一折，这是一出唱功较重的戏。剧团老艺术家阳友鹤怕她病中体力不支，坚持不下来，甘心为她作后盾，也化好装坐在后台，以防她万一病发，也好由他临时“抢场”，接着演下去。

为了保险，在杨淑英出场前，小平同志的保健医生再次给她服了药。杨淑英亮相登台，“戏场如战场”，她精神饱满，一丝不苟地演唱，那得天独厚的金嗓子唱得清亮圆润，婉转自如。她顺利地完成了演出任务，赢得热烈的掌声。

晚会结束，小平同志上台同演员们一一握手。小平同志关切地问杨淑英：“怎么样?”

“很好很好，感谢首长的关怀。”杨淑英握住邓小平的手，激动地回答。

接连三天晚会，演了三场川剧。小平同志对四川省的领导讲：“这么好的戏，可以对群众演出嘛!”小平同志的指示，像一声春雷，动摇了极左路线的禁锢，催开了戏曲百花，迎来了戏曲艺术的又一个春天。

1978 年 11 月，党的十一届三中全会在京召开之际，以邓自力为团长的四川省川剧团赴京作汇报演出。演出团阵容强大，集中了省、市川剧界代表性人才。

有一天，邓小平办公室电话通知邓自力团长，小平同志点名要看杨淑英主演的《点将责夫》。那天的晚会，安排了《迎贤店》《请医》《点将责夫》等折子戏。

邓自力在《小平解放川剧传统戏》一文的回忆中，讲到小平同志对杨淑英扮演的穆桂英以及她的唱腔艺术有过精辟的评价。

小平说：杨淑英演穆桂英很有气魄，英姿飒爽，武打干净利落，嗓子宽厚明亮，吐字清楚，听得懂。

杨淑英的这些艺术成就，川剧观众都有同感。小平同志用几句话作了高度概括，言简意赅，画龙点睛。单就艺术欣赏这一点来说，小平同志也是代表了民众的心声。

1983 年 10 月，杨淑英随剧团又一次赴京作振兴川剧汇报演出。这期间，她又一次犯病。在小平同志的指示下，她被安排到国内技术条件最好的301医院住院治疗。当时，小平同志的妈妈和秘书也在这儿住院，小平的夫人卓琳和女儿毛毛每次来医院探望，都买了许多水果，分成三份，分别送到三人各住的单间病房。小平同志的母亲见杨淑英眼睛不好，还把自己一副精制的老花眼镜送给杨淑英。

每当想起邓小平的关怀时，杨淑英都深有感触地说："我这一生，永远不会忘记小平同志和他们全家对我的关怀。我很清楚，小平同志的关怀绝不仅仅是针对我杨淑英个人，而是对整个川剧界、对川剧艺术的扶持和鼓励!"

小平同志逝世后，杨淑英沉浸在巨大的悲痛里。1997 年 10 月，中央电视台到成都拍摄专题片《丰碑》，缅怀小平同志的丰功伟绩，杨淑英成了摄制组重点采访的川剧演员之一。杨淑英热泪盈眶地表达了她对小平同志的崇敬和怀念之情。小平同志生前对川剧艺术的关怀、扶持，必将化作振兴川剧的巨大动力，推动川剧艺术的继承、发展和繁荣。

（二）爱心传递

"师恩难忘"。杨淑英在艺术探索进程中攀登一个又一个高峰之暇，总是怀念着业师钟琼瑶老师，感激他发现自己并授以技艺，苦心培植，情同父女。

杨淑英认同民族传统美德，投桃报李。80 年代以来，鉴于老师退休金偏低（于什邡县川剧团退休），杨淑英每个月寄给钟老师生活补贴，多方照顾好老师的晚年生活。

1983 年，杨淑英参加四川省振兴川剧汇报演出团去北京。她征得李致团长的同意后，自己负担路费邀请钟琼瑶老师同机飞往北京。飞机上，怕老师头晕，杨淑英给他喂防晕的药片；抵京后，将钟老师的食宿安排在一位友人家里，为他买了公共汽车月票。她千方百计让这位为川剧艺术贡献毕生心血的老艺人，能到首都各处名胜古迹逛逛，观光游览，实现他的夙愿。杨淑英还抽演出的空闲时间陪老师乘车到颐和园游览，徜徉在湖畔的长廊里，回首师徒邂逅自贡街道，栖身古庙戏楼，天不见亮便开始练功、叫嗓的往事。可惜，师娘白惠娟亡故多年，不能与他们同游。如她泉下有知，当为他们祝福。杨淑英望着日益衰老的恩师，亲切地问道："老师，你还有什么愿望，你给我说。"

钟琼瑶望着湖光山色，慈祥的眼睛里蒙上一层湿雾。"淑英，我这辈子还有一个梦，想去看杭州西湖。""老师你好好保重，今后有机会，我退休了，和你一道去杭州旅游。"

杨淑英尊师的行动，感动了著名鼓师王官福。王官福说："钟琼瑶收了一个好徒弟，不枉他当年辛苦一场。"

这次赴京演出结束回川不久，杨淑英便患了严重眼疾，几乎失明。两次手术下来，遵医嘱要安静休息。从此她退出舞台，安居南城九如村。钟琼瑶老师曾于90年代初来这儿看望过徒弟，旋即回到什邡。

那次回去，钟琼瑶老师身体更差，1995年病重。杨淑英闻讯，驱车赴什邡，在老师弥留之际，拜望老师于病榻之侧。回天乏术，黯然神伤。几天后，老师辞世。

师恩难忘！杨淑英把老师的艺德和对徒弟的爱心继承和发扬。尽力所能及传艺授艺，将爱心传递下去。

杨淑英没有嫡传弟子，她本着"有教无类"的精神，凡是来请教学艺的人，不管是成都市川剧院的中青年演员，或是外专县剧团的演员，她都一视同仁，耐心地讲授演唱经验，将自己用心血凝聚的拿手好戏的"卯窍"无私地传教。有的青年演员要向她参师，她婉言谢绝，总是嘱咐她们孝敬好自己的业师："我们虽无师徒的名分，但我愿意无保留地传授经验。"此外，四川音乐学院还聘请她去做过民族音乐方面的讲座，曾为学生示范和传授了现代戏《四川白毛女·思亲送柴》。

50年代，成都市川剧团学员中有的女娃娃幼失怙恃，无依无靠，把杨淑英的家当作自己的家。杨淑英把她们当自己的女儿对待。每月只象征性地收她们几元钱伙食费，管她们伙食，还给买衣服。这些娃娃现在都年过半百，成家立业了，逢年过节，经常来看望杨淑英，感谢她的爱心。

"她与人为善，真诚待人。"和杨淑英接触过的人，都这样异口同声地称赞她。

返璞归真、朴实无华，是杨淑英为人处世的作风，也是她的艺术特色之一。

（三）幽闺姐妹《双拜月》

80年代后期，杨淑英年过花甲，岁月不饶人，更为恼火的是眼疾愈益严重，视力模糊，上台演出困难很多，离告别心爱的舞台的日子愈来愈近。

这段时期，演出大大减少了。只是，有一次折戏演出，却迸发出灼目的火花，给观众留下难忘的印象。那便是她和重庆市川剧院著名演员许倩云联袂演出的《双拜月》。

杨淑英于解放初复业，到成都市实验川剧团参加演出时，许倩云也在这个团。许倩云热情开朗，二人年龄相近，逐渐增进了友谊。有一次排现代戏《小女婿》，导演原来决定杨淑英演陈惠芬，许倩云演香草，许倩云为照顾杨淑英的演出特点，从实际情况出发，给导演建议：陈惠芬这个角色带有摇旦味，杨淑英演纯朴秀雅的香草更合适些。导演采纳了许倩云的意见。杨淑英从这件事看出许倩云关心他人，能从演出整体着想，待人真诚。

以后，许倩云调至西南川剧院，西南大区撤销，又随西南川剧院合并到重庆市川剧院。二人分别属于成、渝两市，不常在一块。可是，每当共同担当出国、出省的演出任务重新聚会时，彼此都感到分外亲切。她二人只要有机会，便一块进出，交流技艺，甚或联床共话、抵足而眠，情同姐妹。

一次，许倩云因事到成都，应邀到锦江剧场演出一场。排出的戏码是与杨淑英合演《双拜月》。

她俩都已年过花甲，二人双双被推誉在川剧四大名旦之列。因之，戏牌挂出，全场爆满，门口还围了许多钓票的戏迷。

《双拜月》源于元朝关汉卿杂剧《幽怨佳人拜月亭》。描写异姓姐妹蒋瑞莲、王瑞兰夜游花园，瑞莲见姐姐无精打采，疑其思念姐夫，却遭到瑞兰指责。瑞莲认错后退下，却暗中偷听了姐姐瑞兰焚香拜月时祝福夫婿的话。瑞莲“有理不饶人”，盘根问底，借故刁难；瑞兰则先倨后恭，向妹妹求饶。剧本以细腻手笔，将两位闺阁少女的曲折心态描写得淋漓尽致。高潮处笔锋一转，揭示出原来瑞兰思念的意中人儿蒋世隆，正是瑞莲的亲兄长——姐妹本是姑嫂。整折戏富有浓郁的生活气息和喜剧色彩，为前辈艺术家千锤百炼之精品。

杨淑英饰演王瑞兰，端美明艳，充分发挥了帮、打、唱紧密结合的特点，或叙事或抒情，无不曲尽其妙，感人至深。王瑞兰三炷香的祈祷，祝愿圣朝有道，爹妈康宁，夫妻重逢，唱得情真意切，恰如王瑞兰官宦之家闺阁的身份。随着戏的进程，当角色唱道：

> 我与你兄长分别，
> 那正是寒冬腊月，
> 在那车儿前，马儿边，
> 推来呀推去，我们在抢，
> 在抢伞……

令观众情不自禁地叠印起大幕戏《幽闺记》前面《踏伞》一场的情景：战争、离乱、风声鹤唳中一双风尘儿女的相识、偕行、共患难，从而产生慕恋的传奇人生。戏的内容饱满，唱的情感也分外波澜起伏。

许倩云扮演妹妹，把她擅长演唱闺门旦的“瓜、嗲（四川话读 nia）、秀、媚”的特点发挥得恰到好处。围绕三炷香的“案件”，“报复”心机等一系列有趣的细节刻画，把一个活泼少女的机智、逗趣、佻侻，在姐姐面前的撒娇、放泼、做媚，表现得惟妙惟肖。

杨淑英与许倩云的同台演出珠联璧合，相得益彰。这不仅成为她俩告别舞台前的一次成功合作，而且是川剧舞台的一件盛事，深深印在川戏迷的记忆里。

有幸的是，星辉（中国）娱乐唱片有限公司将她俩的《双拜月》录成磁带，发行量比较多，反映甚好。在 1997 年 10 月成都举行第五届中国艺术节期间，又将此节目推出，作为配合艺术节的音像制品，再次发行。

（四）告别舞台《三跑山》

正当杨淑英重振雄威，积极为川剧事业再作贡献之际，不幸她的双眼患上老年性白内障。加之多年积劳，一朝暴发，病势来得很猛。演员在舞台上，要不断地受到强烈灯光的刺激，视力不可避免地会受到伤害。杨淑英因为戏路宽、演出场次比较多，时常站在中场口，所受刺激愈加大；再加上身体内部的原因，逐渐形成眼疾。到了 1984 年夏季，她的视力大损，几尺之外便模糊一片，最怕上街，过街穿马路都要人牵。

她的心情很难过。双眼严重白内障威胁到她的艺术生命。作为一个演员，她对舞台演出有太多的痴迷、眷恋。特别是经过十年“文革”禁锢，川剧备受摧残。近年来，乘改革开放的春风，在邓小平等中央领导同志的关怀下，艺苑百花开始复苏。记得有选择地重新开放川剧传统剧目不久，市艺术馆组织了一场川剧清唱晚会，观众异常踊跃，全场客满不说，连两边过道都站满了人，艺术馆外面的门口、街边也围了一大群人，静听喇叭里传出的川剧唱段。演员和观众情感交融，一同沉浸在巴蜀本土文化——川剧艺术的声腔里。成都锦江剧场率先开放了一批川剧大戏，杨淑英、蓝光临等主演的《夫妻桥》，连续满座，盛况空前……进入 80 年代中期，川剧百废待兴，又面临多种艺术样式特别是流行文化的挑战，作为川剧演员，身上肩负的担子更重、观众的期望更深。中共四川省委为贯彻中央的指示，发出了“振兴川剧”的号召，杨淑英多么希望再贡献出自己的一份光和热啊。可是，病魔无情，一上舞台，眼前完全是一片浑浊，辨不明方位。“完了……”她难过得流下泪来，意识到行将离开戏曲舞台演出，销声匿迹，出于不得已，心犹未甘啊！

1986 年夏天，成都市文化局主办了“成都市川剧艺术抢救继承演出”，组织上来征求杨淑英的意见，看能不能参加演出一场。

杨淑英沉吟不语，只能说：“等我想想看。”

在她一生中，从来没有因为演戏而犯难。仅以新中国成立后三十多年来说，哪一次不是只要一声令下，打起被盖就出发？无论是战火纷飞的朝鲜、风雪覆盖的川西高原还是烈日如火的大巴山区。可是，今非昔比，年近六旬、双目几乎失明，还有那缠身已久的头晕症……在最需要她驰骋沙场的时候，却“马失前蹄”了。

有一天，李笑非告诉她，他将在此次川剧艺术抢救继承演出时上演《五子告母》（饰阎君，林其彬饰麻乌嘴），并关心地问杨淑英的戏定下来没有。

面对这位童年时一起学戏的小伙伴，杨淑英苦笑着说：“要我演，只怕要人牵上台哟。”

“那就选一出有人牵的戏演嘛。”笑非说得风趣。

一言触机。杨淑英脱口而出："《三跑山》。"

人们不能不钦佩川剧传统剧目的丰富多彩。需要人牵上台，偏偏就有一个《三跑山》，写两个女儿和妈妈相依为命，互相搀扶、亡命天涯的戏。

这个戏，杨淑英并不陌生，幼小学戏时，早已作为发蒙戏之一记熟了。那时，师娘白惠娟演妈，杨淑英与另一位小演员演小姐妹。想不到几十年后，自己告别舞台的戏又是这个《三跑山》，"母女奔崎岖"。

不过，有变化的只是当年自己演的是少女小红，而今则要演乔夫人。乔夫人因丈夫被明末大奸臣魏忠贤杀害，为避祸逃生，携带二女奔走荒山丛莽。母女三人在险途中有许多妙趣横生的讲唱，悲剧内容以喜剧手法出之，令人发笑；而在笑声中又含有酸辛苦涩，启发观众"苛政猛于虎"的思索。

一双天真活泼的女儿娇养惯了，逃难途中还在撒娇，乔夫人拿她们没办法，只好诓她们、哄她们、吓她们、鼓励她们、调侃她们，目的是让她们姐妹走快些而勇于风雨兼程。从特定环境、人物关系出发，适当凸现了乔夫人"醒豁豁"的，表面风趣，骨子里仍疾恶如仇、负重待时。杨淑英演这个角色是以花旦应工，她安排这个剧目，就戏路说来是进一步拓宽。著名生角演员赵永康开玩笑地说："吔，杨淑英，你还有这一手!"杨淑英也风趣地回答："是呀，霍元甲的密宗拳。"当时正在播映电视片《霍元甲》。

《三跑山》告别演出有条不紊地进行。演出前，人们向饰翠红的雷变影、饰小红的刘泽湘反复交代，要她们在舞台上照顾好几乎丧失视力的杨淑英老师，特别是上、下弓马桌子——象征翻山越岭的时候，要假戏真做。

当晚的戏很成功。一般观众察觉不出风采依然、声情并茂的杨淑英已经有眼无神，看不清配戏的演员、看不清她那些忠实的观众——艺术的知音。

但她却从台上台下融成一片的氛围里，感受到观众的热情。谢幕时观众的掌声似比以往任何一次都响亮，它将永远在她的记忆深处回荡。

（五）手术前后

双眼严重患疾，视力每况愈下，杨淑英不仅不能胜任演出，而且影响日常生活、饮食起居。眼疾使她焦虑万分、忧心如焚。

虽然亲友们对她多方安慰、劝解，但一时也难以尽释她万一失明之虞。

眼睛是心灵的窗口。特别是演员，那是她从小就着意练习、千锤百炼过的重要器官，善解人意的眼神，风情万种的睇视，表达喜怒哀乐的眼色……瞎眼无光，演员的艺术生命便完结了。离开了艺术事业的滋润，好像兰蕙变成了纸花，芳馨散尽，华彩俱失，生活便少了乐趣。杨淑英当时有一种“愤不欲生”的惨痛。

亲友们行动起来，为她四处访医生，求单方，著名女画家朱佩君给她送来药方，嘱她服用，满蕴着柔情。在较长期的医治过程中，杨淑英所在的单位成都市川剧艺术研究所的同志们十分关心她，曾介绍去空军医院眼科打针，单位派车接送，由王淑琼、姚仲甫护送。随后，为了根治，亲友们说服她接受手术治疗，好友姚仲甫为她奔走联系，约请眼科专家、当时任四川省人民医院副院长、省民盟副主委的张国辉大夫主刀。

恰在此时，原国防部部长张爱萍将军也牵挂杨淑英的眼疾，特地托因事进京的川剧表演艺术家张巧凤带信来向她推荐、介绍大夫。不谋而合地，将军介绍的也是张国辉大夫。领导的关怀、师友的慰勉、医术高明的大夫主刀，大大增强了她对手术的信心。

在准备手术的过程中，适逢成都市艺术馆太空音乐音响中心策划推出一批川剧录音磁带，邀请川剧名家参加。好在只是清唱，不用化装，灯光也不直照，视力不好关系不大。为了川剧事业，为了热爱她的听众，杨淑英以带病之身毅然同意录音，接受邀请参加录制。

杨淑英先后录制了为数甚多的唱段，反映了她戏路甚宽、“昆乱不挡”的艺术创造活力。

粗略统计，她录的磁带有：

《谭记儿》《贵妃醉酒》《金殿审刺》《长生殿》《金水桥》《桂英打雁》《别宫出征》《夫妻桥》《三跑山》《点将责夫》《营门斩子》《凤仪亭》《三娘教子》《双拜月》《前帐会》《后帐会》《貂蝉拜月》。

和她合作，分别配戏录音并担任主角的川剧名家计有：许倩云、蓝光临、杨昌林、崔亚鸥、李桐君等。

由于太空音乐音响中心刚刚起步，设备简陋，录音时没有隔音的装置，以至有时候天上过飞机，组织者便要高喊“暂停”，等飞机过后再录。

为抓紧时间抢救录制宝贵的川剧艺术资料，演员、乐员和编辑、工作人员克服了重重困难，终于胜利完成任务。这批磁带由中国录音录像出版总社出版，广大川剧观众踊跃购买，很快便销售一空。

录音之后，在市艺术馆大厅里还举行了几场名角名戏清唱对外公演。海报贴出，观众奔走相告，座票很快售完。这次演员阵容强大，在成都的省、市川剧界名家都参加了，计有陈书舫、竞华、许倩云（重庆）、杨淑英、周企何、笑非、崔亚鸥、李桐君、蓝光临、杨昌林、何伯杰等，可谓热闹非常。

开演前，市艺术馆外面围拢许多钓票的观众。为满足没有买到票的观众的希望，这次清唱的组织者还专门在大门外临时安上扩音器，使大家能一饱耳福。一时，剧场外伫立了众多观众，路为之塞。听到动情处，他们兴高采烈地大声叫好，情绪异常热烈。

根据张大夫的精心诊断，在做好充分准备后，杨淑英于 1986 年秋天做了第一次白内障摘除手术；一年之后，再做了第二次手术。医护人员医德高尚，技术精湛。手术期间，杨淑英得到各级领导的关怀。手术之后，她重见光明，生活上方便多了。尽管如此，为防眼病复发，她不能受强光刺激，不得不遵从客观规律，忍痛离开她长期战斗过的七彩舞台。

（六）卸甲之后

多年来，以娇姿艳色叱咤在川剧艺术舞台的“穆桂英元帅”，不得不在年过花甲之后解甲归田。

开初，她心有不甘，又无可奈何。手术后视力有所恢复，但需得长期将息；还有伴她多年的头晕症……使她感到欣慰的是，一批有实力的川剧后起之秀开始涌现出来。

退下来后，闲居家中，子女们都很孝顺，可他们都有自己的事业、家庭，只有在节假日来看望她、安慰她。

本来，她在舞台上塑造过那样多的艺术形象，可供她晚年回忆、记录、总结，可她遇到了困难。她曾说："我就吃亏在文化低，还是解放后上的扫盲班，在五月文化社（当时扫除文盲学习的地方，后成都总府街成都市艺术馆）学会识字的。还有，许多事都记不清楚了。年轻那阵子，全部心思都扑在戏上面，出死力啦！"

"全部心思都扑在戏上面"，这确是杨淑英舞台生涯的高度概括。自1952年以来，她几乎每年要新排几个大戏，有时是一个接一个，还要天天坚持日常演出传统折戏，压得她喘不过气来。就拿演《穆桂英》来说吧，大热天演出时，头戴帅盔、身扎靠子，手上还要提把子。"内衣从来没有干过，裤腰带都拧得出水！"在台上逞强，可回到家里便瘫起了。腾不出时间写写画画。保留的一点剪报、评论资料，"文革"都遭抄家、烧光了。

正在她为总结艺术的事犯难的时候，姚仲甫女士的出现给了杨淑英很大的安慰。很快，她们成了情同姐妹的密友和艺术事业的知音。

姚仲甫，四川成都人，1933年出生于教师世家，自幼受到良好的家庭教育和文化熏陶，1954年毕业于西南音乐专科学校（今四川音乐学院）声乐系，分配在成都市艺术馆工作。

1953年，姚仲甫与她的音专同学、后又同事的车荣德先生结为伉俪，夫唱妇随、琴瑟谐和。夫妇俩的爱巢在时代的暴风雨中飘摇，运动不断，险象环生，他俩相濡以沫，度过了几多的风朝雨夕。"文革"结束，他俩追求艺术事业的步履坚实而豪迈。车荣德调到成都市曲艺团任作曲和音乐指导，姚仲甫调到成都市戏剧学校任音乐课教师。

为了教好民族音乐，姚仲甫情有独钟地对杨淑英的唱腔艺术进行了探索和研究——此前她看过许多川剧演员包括杨淑英的戏。

从工作的需要开始，姚仲甫专程拜访了杨淑英。那是1982年春天，地点在杨淑英家中。姚仲甫带上录音机，两人娓娓谈心，一见如故。杨淑英把从艺的往事一一叙出。

姚仲甫利用与杨淑英友谊日增的机会，同在一起喝茶谈天、散步叙旧，启发杨淑英摆谈往事及对艺术的体会。点点滴滴地积累，枝枝蔓蔓地摭拾，关于杨淑英少女时代学艺的材料，记录了厚厚一册（后因姚仲甫生病中辍）。

同时，姚仲甫协助杨淑英做总结唱腔艺术的工作。

全面系统地研究杨淑英唱腔的，姚仲甫是第一人。姚仲甫撰写的《杨淑英唱腔艺术》一文，被四川人民广播电台采用，录音播放经年，后又由中央人民广播电台向全国转播，准确地介绍了杨淑英在《谭记儿》《穆桂英》《杜十娘》及现代戏《朝阳沟》中几个唱段声情并茂、情深韵长、声美腔淳的特点。

姚仲甫的研究成果正待源源不断地推出之际，她却被病魔缠身。天不假年，她过早地撒手人寰，留下了太多的遗憾。

（七）人间重晚晴

尘世沧桑、世途机遇，总是那么难以逆料。

1987 年 10 月 20 日，姚仲甫辞世的噩耗传来，杨淑英沉痛万分。她失去了一个经常相聚、促膝谈心的挚友，失去了一个共同探索艺术的知音。她骤然感到孤独。

姚仲甫之死，对车荣德带来更强烈的心灵冲击，几十年间同甘共苦，夫妇俩膜拜那灵奇的音乐艺术殿堂，怀着朝圣者般的献身心情。

中途孤鸿失侣，他感到分外地哀伤和孤独。

岁月缓缓流逝。两个孤独的老人，孤独和多病之躯，都需要关怀和扶持。

逝者长已矣，生者的路还在延伸。两个挚爱艺术的孤独者同病相怜，心弦共振，这是传奇般出来的机缘，这是心灵契合的黄昏恋。

机缘。杨淑英成为名作之一的《谭记儿》里，唱过千百遍的一段【绛黄龙】跌宕在她的耳际：

> 叹三年芳心如止水，
> 却怎么今朝意惹情牵？
> 莫不是亡夫又经轮回转？
> 莫不是三生石上姓字签……

朦胧迷茫，分不清是杨淑英在唱谭记儿，还是谭记儿在劝杨淑英。

不波古井，起了心潮。电光石火般，她回首了生命的轨迹。人，总得受环境的制约，有时难免身不由己……

在剧烈的时代变革和命途拨弄下，她的人生之旅经历了过多的坎坷！

“天意怜幽草”，她的生命之舟被推涌进一个安静的港湾。她在深思。

“涸辙之鲋，相濡以沫”，这是一种诗的境界。谁能抗拒呢?

“这次是我自己的选择，我选的是人。”杨淑英自言自语，她一旦决定与车荣德先生结合，便义无反顾地行动。

他们安居在成都城南九如村。居室布置得朴实、雅洁，客厅墙上悬挂着的书法名家柳倩先生题赠的《七律·彭眉道上》条幅、国画名家张采芹先生画赠的《墨竹》以及苏葆桢先生画赠的《葡萄》，使厅内平添文化氛围。

杨淑英在这个安谧的环境里，安享幸福的晚年。夫妇相濡以沫，结伴行进，忆往事、谈人生、说戏剧、论音乐，相辅相成乐融融。有时相偕到郊外园林与大自然亲近。当然，也不离人间烟火，用杨淑英的话说：“先生当采购，我做厨娘。”说这话时，她显得乐天、知足、朴实无华。

他们的子女都已成家立业，对父母很孝顺，常利用假日回家来看望。

车荣德先生是一个有心的人，他把杨淑英平时摆谈的有关她的艺术经历、艺术经验的只言片语，认真记下来。“集腋可以成裘嘛！杨淑英记性不好，要她一套一套地说个子曰，那可不成。她只能演戏！”车荣德成了杨淑英的得力助手。可惜的是，他身体欠佳——1976年前后，曾做了几次肠道手术，手术后体力衰弱。经过多年养息，至今虽有好转，但尚不堪重负。他把集得的有关杨淑英艺术生涯的资料，无私地交付笔者使用，是为本文极为翔实的参考史实。

车荣德先生与笔者自1958年开始在成都市文化局共事，后又在成都市曲艺团合作词曲，相知颇深。因此，在相当程度上促成了这篇《艺事回眸》写作的完成。絜果兰因，文字缘分，亦有定乎！

（本文根据杨淑英口述材料并参考多种报刊史料及专访笔录撰写，写作中曾参考姚仲甫同志的部分遗稿，特此说明，以志不忘）

◎李笑非

从小搭档到老合作

——我所认识的杨淑英

我认识淑英至今已有六十个春秋了，淑英还没有学川戏时我们就相识了，我叫她杨旦（儿），她叫我松娃（儿）。没想到几年后我们便成为梨园小搭档，若干年来，我们经常联袂演出，竟又是川剧舞台的老合作，大概这也算是艺术的缘分吧！

初识淑英

1938年春末，我随第二个老师陈淡然到三益公戏班的分班起民剧社演出，地点在自流井湖广庙剧场。从正街到湖广庙要经过一段陡坡，走完陡坡的左侧有一排两层楼的街房，楼下是茶铺，二楼上是旅店。老师、师娘（白丽娟）和我住在二层楼的两间房子，推开窗户的正前方是往后山坡的小巷，淑英的家就在右侧的矮小平房内。我们住处的左边，上十几级石台阶有一个小石坝，再上十几级石台阶，有一个很大的石板大坝。正前方有三个大圆门的古建筑群——湖广庙，中门前有一对大石狮子，狮子的座子都比我高，中间和右边的圆门平时都关着，剧社的人进出都走左边的圆门到后台，演出时开中门，戏完后或有什么紧急情况才开右边的圆门。石狮子的中间和石狮子右边的大坝是我同淑英与其他小朋友会面玩耍的地方。

我在楼上能看到她出门、上石台阶、到大坝，有时我跟着就去玩，有时她在大坝招手，我赓即就去，有时我以手示意："老师在家，我走不了。"见面时她总是问我有没有戏，今天演些什么戏。要我带她进去看戏。如果还没有开戏，她就要我带她走后台到剧场戏园，她躲在女厕所内，等开戏后再出来，饿起肚皮等戏看。

我们玩耍还有一个内容——打弹子（玻璃珠子）进洞，谁先进完三个洞谁就赢了。她聪明好胜，求知欲很强。她"高吊打得准，击死打得狠"。高吊是手不沾地打对方的弹子，击死是赢家对输家的惩罚，这一击，自己的弹子在原地，输家的弹子起码被打到几米远。有一天，剧社正演大戏《目连传》。那天"放五猖、捉寒林"，寒林已锁在戏园门口，我们还在那里打弹子，她一下将我的弹子打得很远。这时，一位捆彩女的男旦何幺娃捡了我的弹子不还，有意逗我；陈禹门的兄弟陈四花脸正在石狮子上磨一把小刀，不平地过来要何幺娃还我弹子，手一晃，小刀就在何幺娃脸上划个大口，鲜血喷得多远。他们到医院去了，很多人在那里议论："今天'放五猖'不清静。"淑英听到后，总是"打破砂锅问（纹）到底"："什么是'五猖'？为什么要'捉寒林'？"……我一知半解地讲给她听，她听得津津有味，全神投入，那时我感觉到她对川剧就有那么热爱。

那时淑英不过十来岁，她的形象特征我还记忆犹新，头发乱蓬蓬的，还背了一根扎得不紧的毛辫。弯弯眉毛下一对大眼睛，眼珠子黑得似漆地乱转，显得那么灵活与天真。端正的、薄薄的、轮廓分明的小嘴，托起一只清秀的"一根葱"的鼻子，长得真是十分可爱；但常流清鼻涕，从没听她说过冷字。嘴爱斜起吹着没有修饰过的前额的刘海，因它常与睫毛打架而妨碍视线。皮肤不白不黑是淡黄色，但她的脸蛋和嘴唇却糅上了大红，色泽更加红润。她走路总是脚尖先下，十分灵敏地跑跳，还带得有点野马式的男孩味。若是发威，口手都会出动来保卫自己。印象最深的是：她衣服穿得单薄，那是一件大人穿过、又未改做、极不合体的蓝布长衫，长衫的前后底襟都已挂烂，看上去巾巾吊吊。湖广庙地势很高，风吹过来，那些巾巾吊吊的前后底襟随风飘动，好似戏曲舞台上皇后或公主穿的、由很多飘带组成的"宫装"，所以我戏称她"穿宫装的杨旦（儿）"。她也不示弱，她戏称我是"穿须子铠的松娃"！"须子铠"是戏衣名，卫士的服装，各色马褂样式加须子，故叫“须子铠”。因当时剧社成立了军训队（敌机空袭时出来维持秩序的组织），队长是陈淡然老师，副队长是陈敬忠。我是老师的勤务兵，也发了一套军服给我，下装丢了，上装没有改过，穿起长了，下面垂齐脚背，烂得巾巾吊吊，所以她形容为“须子铠”。虽然这是生活中的小事，说明她看戏仔细，还知道戏衣的名字，同时，反映了她思维敏捷，随口就来，真是智慧过人。这时，我已十二岁了，还有两年多的艺龄，在唱娃娃生，有时也说不过她；她学戏后，我俩为了“抢锅”（伙食团有饭无菜，都要用伙食团的锅灶为老师做菜）还打过架咧！

同班学戏

起民剧社到泸州我们没有去。维新大舞台在贡井起班，老师被聘请参加该班，然后到内江等地演出，1940 年又回到自流井。淑英经资阳河的名净韦步云老师的学生李小均介绍，拜钟琼瑶老师为师，改名佩环。她的师娘白惠娟，我的师娘白丽娟，同是白牡丹的徒弟，因此她叫我然松师兄，我叫她佩环师妹。

淑英练功刻苦，学戏认真，悟性很好。维新大舞台有位很有名的女演员叫祝素卿，是傅三乾老前辈的学生，戏演得很好，特长是常演全本“本子戏”，如《黄金印》《琵琶记》《红梅阁》《中三元》《三孝记》等。观众说：“祝麻女（脸上有点白麻子）硬是个表情种子哟！”可是她只能演高腔戏；名旦白惠娟五种声腔都唱得好，而且各门类旦角还演得很好，可是就不能演武旦；还有位很有名的男旦叫筱花兰，武功、跷功都很好，能踩上跷翻长短跟斗，翻得又高又飘，可是演文戏唱做都差。钟老师根据这些情况，一心想把佩环培养成能文能武、唱做皆优的全能坤伶。为此目的，他们师徒起早贪黑，全身心地投入。他们住的一个小旅店的楼上，梯梯是能移动的木棒棒做的。她在家里做家务都踩着跷，特别是钟老师要淑英端一盆水上下楼，并且不能浪一滴出来，还要她一只脚站在楼梯的棒棒上练“独脚式口”。到荣县后，钟老师还请武功演员杨玉清教她的武功。这时，我们每天就在一起练功了，早晨除腰、腿、顶常功外，还得练“把子功”和“毯子功”。一次她练“吊高猫”跌伤了颈椎，暂停

“毯子功”而强化“把子功”，将两只椅子背靠背放着，人在中间耍各种棍花，要求棍不能沾椅又不能沾身。初练时经常头和脚杆都被打伤，不管多痛，她总是咬紧牙关坚持练下去。

钟老师要她什么戏都演，还要与她找好搭档，我就是其中之一。1940年，十二岁的佩环在自流井湖广庙第一次登台演的戏是《斩四姑》，佩环演何四姑，李侠林演赵匡胤，我演丑袍子。以后我同佩环由演《铡美案》的冬哥、春妹，《访友》的人心、四九，逐渐演些“对对戏”，如《装盒盘宫》《挑仙》《清和藏舟》《重台分别》《小放牛》《裁衣》《打花鼓》，等等。又如《九龙屿》《开铁弓》都是武旦戏，他都分别另请老师教；我记得李小均还带着她演过《九龙屿》。由于佩环聪明、刻苦，悟性又好，短短四年时间她演了很多大中小剧目和很多不同类型的角色，我们那批同班学戏的艺徒中，她应该是最高分的获得者。淑英取得这样好的成绩，除了教和学双方努力外，还有钟老师的教学有经验，对学生的总体规划、教学顺序、适时安排、找好搭档和努力实践，也是大有关系的。

“到科班学戏要有好老师，随班学戏要到大班子。”这是前辈们总结的经验。好老师、大班子，淑英都遇上了。她十分珍惜这个好机遇，除了认真刻苦学习外，还不放弃任何机会努力争取多看戏，看旦角的戏，看所有行当的戏，看名演员演的、看所有演员演的。维新大舞台本班各行当的阵容就很强，还经常聘有名演员、艺术家来示范演出，她通不放过。比如小生行，本班有周竹风、余海廷、袁玉堃、赖祥林、华子才、安俊邦等，还请来曹大王（俊臣）、宋书田（袁玉堃的老师）；须生有陈淡然、周孝平、冯志开、杨文斗等，还请来天籁和龚建章；花脸本班有于心田、白醒吾、李小均、李冲霄，还请来韦步云、杨海廷、徐鸣刚；丑行演员本班有龚兆麟、筱花头、杨世民、田焕堂、陈鸣扬、杨鸣泰，还聘来资阳河名丑、外号人称叫花婆的龚吉升、通天教主王国仁；旦角行本班有男旦钟琼瑶、向爱君、盖天红、筱花兰，坤伶有祝素卿、白惠娟、白丽娟、周竹芬、筱蜀蓉，以及唱做很好的老旦詹子清，等等，这样强的阵容，还聘请了杨云凤来演出。琴师有荣德昭、魏俊明，鼓师有叶炳成、魏甫周，还请来了资阳河的著名鼓师左大王（青云）。以上这些人，对淑英的进步都曾起过潜移默化的作用，还有很多是他老师邀请直接教过淑英的。

淑英归队

1950年秋，钟老师把我请到他家谈佩环的事，他说："佩环学习了新婚姻法，要自立自强，已与起义将领徐正刚离婚，一子三女由她抚养，目前生活有了困难，以后的生活又怎么办？她想归队仍作川剧演员，又怕跟不上，想听听你的意见。"我说："佩环的条件好，基本功又好，应当出来，只有归队才能解决生活问题，今天叫为人民服务；旧戏好多都没有唱了，大都在唱'解放戏'（老区带来的新戏）了，我们都有个再学习的过程，她聪明，赶得上。"我还把我出席川西区第一届文代会的所见所闻告诉他说："现在不是旧社会的戏班子，而是新社会的文艺工作者——国家的主人了。"钟老师接着说："现在就是不一样了。事情就这样定了，佩环那里我去说，诸多事情要请你帮忙。"我向李青院长和李宗林市长都作了汇报，李市长说："叫她先演几个戏看看。"

几年没有演过戏的佩环心里有些怕，我同她老师心里也无数。现在嗓子怎样？这是最关键的！身上的功夫问题，由于她基本功扎实，练一段时间就可以恢复，嗓子是我担心的大问题。我请郑伯昌（琴师，是我小学的同学）去与她吊嗓，使我们格外惊喜的是，她的嗓子比原来还好：音域宽广，音色优美，行腔流畅，声圆腔满，甜润清脆，咬字轻盈，收音纯正，余音袅袅，真是声情并茂。我们心里的石头一下就落了。问她为什么嗓子和唱有如此进步。她回答说："这几年我在京戏票房唱老生，不知怎么唱了本嗓还使小嗓唱起更加舒服。"她报了三个戏：《开铁弓》是大幕胡琴戏，以刀马旦应工，我请杨世兴（武净）到他老师家与她反复合戏，使她的把子功很快得到恢复并有提高；第二折是《座府金殿》，高腔唱功戏；第三折《大盘山》是弹戏唱功戏。这三个戏演了之后，得到观众的欢迎、内行和领导的赞许，紧接着又演了《春娥教子》《霸王别姬》《刺汤勤》《泾河牧羊》等戏，领导十分高兴，尤其是爱才的李宗林市长，他决定通过统战关系接纳淑英，要当时的副院长游建初执行，并安排曹正容（静环）对淑英多多帮助。很快，淑英被吸收到国家剧团做一名正式演员。这时我才知她叫杨淑英，我就改称她为淑英同志，她也才知道我改名笑非，当然她也叫我笑非同志。

成绩显著

淑英参加工作后，党指向哪里她就走向哪里。她积极参加土地改革工作和演出，不论大小角色都认真完成。1952 年参加全国第一届戏曲观摩演出大会，领导安排她和另外几个同志去帮腔（女帮腔刚开始），她就努力地去完成；1953 年参加赴朝慰问团去朝鲜慰问最可爱的人后，又紧接参加全国人民慰问解放军活动，还多次积极参加到工厂、农村和山区的演出活动，曾多次晋京并参加全国巡回演出。1957 年晋京和全国巡回演出，著名戏剧理论家、评论家李健吾先生在 1957 年 2 月 10 日《人民日报》发表的《看〈谭记儿〉》一文中谈道：

> 杨淑英同志把可敬可爱的形象创造出来了。长得好看，唱得好听，演得本分，都也罢了，因为这本来都是她这一类歌剧演员应备的职业条件。她对人物的性格和内心活动的揣摩，通过细致入微的表演，却达到了富有强烈感染力的艺术境界。她乔扮渔妇，盗骗圣旨、尚方宝剑，一时一张脸，一转身几个表情，手活、身子活，且不说它，更让人念念不忘的，是她眼睛活、脸蛋活、嘴唇活。整个宇宙会倒在她前头，何况一个不才无学的小丑杨衙内！她从性格掌握上，使观众相信她一定成功。

著名作家艾芜在 1957 年第 4 号《戏剧报》上发表的《看〈谭记儿〉演出后的感想》一文中又写道：

> 大家看了之后，还把剧中人的形象、思想感情很久的留在心里，作为富有兴味的话题。这里还得说一下，《谭记儿》演出的成功实在应归功于成都市川剧团的同志们，因为好的剧本没有好的演员，是很难获得观众赞赏的。杨淑英，我看过她的《穆桂英》和《屈原》中的南后，《斩应龙》中的樊梨花，《御河桥》中的二奶奶，《萝卜园》中的梁月英……都给人一种生动的印象，觉得她善于演聪明能干或者是泼辣调皮的女性，这次她演《谭记儿》是很合适的。谭记

儿和白士中相见的第一场，需要忽怒忽喜，神色聪明的决断。丈夫接到京中来信后，她用计激恼他，赚出信来，需要的调皮；在望江亭内和杨衙内相会的场面，需要的泼辣……她都很好地表现出来了。再加她的声音是非常嘹亮、婉转。李劼人同志很赞赏她的嗓子，他对我说过，杨淑英到朝鲜去慰问中国人民志愿军，每天演两三次，声音从没有干哑过，堪称歌唱优美而又善于表现人物的铁嗓子。

说起她的嗓子和唱，1957 年 3 月 31 日山东《大众日报》刊登孔孚的《艺术上独特的创造——看川剧高腔〈谭记儿〉》一文是这样说的：

近日看了川剧高腔《谭记儿》，使我联想到《老残游记》白妞说书那一段。饰谭记儿的杨淑英同志的唱腔正是“像一线钢丝抛入天际”，“于那极高的地方，尚能回环转折，几转之后，又高一层。”就这样接连三四迭，节节高起。老残形容白妞说书时，比之曰：“恍如由傲来峰西面攀登泰山的景象：初看傲来峰峭壁千仞，以为上可通天；及至翻到傲来峰顶，才见扇子崖更在傲来峰上；及至翻到扇子崖，又见南天门更在扇子崖上——愈翻愈险，愈翻愈奇！”现在加之于杨淑英同志，是再恰贴没有的了。但是设若仅有此“高”，亦不为奇，奇在于极高处陡然下落。亦如老残所说的：“极力骋其千回百折的精神，如一条飞蛇在黄山三十六峰半中腰里盘旋穿插，顷刻之间，周旋数遍。从此以后，愈唱愈低，愈低越细，那声音渐渐听不见了。”这样一“低”，就愈觉得先时之“高”。所以虽然是“低”了，但那线“钢丝”却好像更高了。真个是愈低愈高！魅人处正在此。观川剧归来，真的，我一直不能排除那线“钢丝”；至今那线回环于天际的音丝犹然在耳。我不能不说——美极了！

我与淑英配演《梁红玉》中的鸨儿，有这样一段台词：“我那女娃子的嗓子又好，唱点曲子，高的时候高入云天，低的时候呀低入水底，不是说的话嘛硬是说的话，就是有那么好！”淑英的音质、音色、音域、咬字、归韵、收音等，这些在前面已经谈过，对淑英用气我想多谈两句。我们戏曲界有句谚语：“有声无气，不能唱戏。”《乐府传声》中谈到：

"气者，音之帅也。"我们的行话说："好嗓子不会用气唱不好，坏嗓子善于用气唱得巧。"淑英除了自然条件好之外，就有善于用气的功夫，这是她唱功技巧最重要的因素之一。比如她在《望江亭》一折戏中谭记儿唱："先把他君王圣旨盗……""圣旨盗"三个字，她用低音，愈低愈细，低得观众渐渐听不着的感觉，同时加上颤抖之音，表现谭记儿第一次做这样危险的事，再加上表演：谭轻轻地、颤抖地和用目光死死盯住杨衙内，一步一步向杨走去，锣鼓也由重转轻。此时剧中人紧张，观众也为谭记儿紧张。刚走近杨衙内，杨翻身，谭吓得"反跳卧云"，较长地停顿，杨打呼噜后再度熟睡，谭记儿才慢慢松了一口大气。低音要靠气息去托，颤音用打气技法去打，这就是：打气气不断，托气一根线，这根线渐渐听不着，然而气未断。谭记儿接唱："再把尚方宝剑摘"的"宝"字，杨淑英用了由低到高、由收到放的直音满腔，以刚劲有力的声势去表现谭记儿下定决心、以不畏艰险的心态去夺取胜利。不论高音还是低音都要靠充足的气去充、去托，我们的行话叫"存气"。淑英不管唱起高、低音都很松弛，毫不费力，其原因就是她存气的功夫好，她能储备充足的气，并能放声不浪费气，唱起不费力。她使用气是根据音量的大小、音节的长短，明白需要多少气，呼出多少气。

音准是每个演员应有的用声基础。昆腔、胡琴、弹戏、灯调很多演员都没谈头，因有器乐伴奏，唱高腔无器乐伴奏，所以有很多演员容易跑调，包括有的名演员。川剧高腔的起腔有昆、平、放三种形式："昆"是用笛子伴奏起调，"放"是演员放腔领腔者接腔定调，"平起"则由演员定调。一出戏总是有讲有唱，唱了一段又讲，讲了一段又唱，有时讲了要隔很久才唱，由演员起唱，因此很多演员就犯跑调毛病。淑英是唱是什么调，讲也是什么调；唱若变调，讲也随之变调，不管隔多久再唱，她都不会跑调。

有人说：淑英只是"本钱好"（嗓音好），不会唱，没有某某唱得好。我认为某某唱得好，淑英也唱得好，这才是公正的评议。我以为"本钱好"、唱法好，还要韵味好才能说是全面的好，韵味又是其中的重要环节。什么是韵味？我认为是否把剧中人物的感情传达得精当、深沉、浓烈和恰到好处。人的感情包括喜、怒、哀、乐、惊、悲、愁、恨、焦、闷等多种变化，这就要求演员去体会词意、曲情，找到这个角色是什么行当扮演的什么人物，这个人物是在什么情况之下的感情；找准了这个感情后，再准确地、富于艺术地、更以自己的表现方式给予表现，这便更具有自己的韵味、更完美地表现给观众。“本钱好”而又唱法好是表现人物感情的手段，不是目的，目的是演好人物。有的人把技巧看得过重，具体体现时就把目的忘了，当然说不上什么韵味。

演唱风格是演员多年来所演剧目的积累逐渐形成的。杨淑英在《屈原》中演南后，《絮阁藏梅》中演杨贵妃，《开铁弓》中演苏云庄，《穆桂英》中演穆桂英，《谭记儿》中演谭记儿，《刺汤勤》中演雪艳，《春娥教子》中演王春娥，《梁红玉》中演梁红玉，《杜十娘》中演杜十娘，《夫妻桥》中演何娘子，《玉簪记》中演陈妙常，《营门斩子》中演樊梨花，《金霞配》中演红儿，《泾河牧羊》中演舜华等；还在现代戏《江姐》中饰江竹筠，《朝阳沟》里饰银环，《李双双》里饰李双双等。这些人物都用不上她童年曾经学曲艺学过的“哈哈腔”和“打得儿”的唱法。成都市川剧艺术研究所承办抢救继承演出时，淑英唱了个《三跑山》的摇旦，她用上了“哈哈腔”和“打得儿”的唱法，观众多次鼓掌。这说明这些演唱技巧她会唱，而且还唱得好，她为什么不用呢？她认为：技巧是为人物服务的，不能乱用，更不能滥用，只有在准确表现了人物的基础上，才能体现自己的演唱风格，而丢掉表现人物去单纯地追求所谓风格，这不能算唱得好。

1958年5月，杨淑英在上海演了《穆桂英》，清末曾当过四川道台、在成都搞娼（管制娼妓）、厂（兴办实业）、唱（改良戏曲）、场（开辟劝业场）的周孝怀老先生，看了淑英演的穆桂英，赞不绝口地说：“演得好，演得太好了！你们比我那个时候搞得好多了。”1959年我们到东欧演出，原民主德国（德意志民主共和国）文化部副部长皮尔纳在《新德意志报》上以“美与现实”为题，撰文赞扬淑英说：“我们看到杨淑英演的谭记儿是十分精彩的，是何等魔力，何等风趣，何等聪明的角色表演！”还有《新柏林晚报》写道：“喜剧《谭记儿》一开始就赢得了柏林观众的笑声……剧中两个演员杨淑英和李笑非就是这卓越演出的例子……总的来说我们看了一场美而内容丰富的演出，它富有诗意的魔力，给我们留下了深刻的印象，它之幽默，使我们心满意足地回家。”从国内外观众反映的列举不难看出，杨淑英同志的成绩是显著的，贡献是大大的。中央好多领导和老帅十分喜爱她的表演，认为她朴实无华，自然大方；演贵妇人端庄华丽，演武将刚劲英武，演淑女雅不露俗。她反对哗众取宠、矫揉造作、装腔作势、脱离生活的表演。她把保持浓郁的生活气息、含蓄隽永，作为自己表演的座右铭。

我与她合作多年，由《铡美案》的冬哥、春妹……到《谭记儿》她演谭记儿我演杨衙内，《秋江》她演陈妙常我演老艄翁，《梁红玉》她演梁红玉我演鸨儿，《刺汤勤》她演雪艳我演汤勤，我们演出十分默契。她从没有临场使用过“杀手锏”（临场表现自己，意欲压倒别人），若有新的想法都事先提出研究，并征得同意后再改；与她同台演过戏的人普遍反映淑英戏德很好，是学习的榜样。

1998年10月15日于北京

◎艾 芜

看《谭记儿》演出后感想

约在晚上十一点多钟，我和两个同志从中国青年艺术剧院的排演场出来，不顾寒冷的北风，还在街头站了好一阵，非常兴奋地谈论《谭记儿》的情节。这是我们第一次在北京看川剧《谭记儿》的彩排，深深受到了感动，觉得成都市川剧团的排演是很成功的。许多年前一个勇敢、富有智慧而又美丽的妇女谭记儿，异常生动地再现了出来。在封建社会里，妇女处于奴隶地位，但谭记儿她却能决定自己的命运，把幸福掌握在自己手里，又能使丈夫的困难处境转危为安。而那任意为非作恶的恶霸杨衙内，带着皇帝的圣旨和尚方宝剑，有着雷霆万钧的力量，来摘取白士中的脑袋，也被她降伏下来，变作了阶下囚。这可以看出谭记儿是个稀有的女性，令人崇敬。同时就整个剧情看来又是一个富有人情味的传奇喜剧，使人激动。川剧演员杨淑英（扮演谭记儿）、李笑非（扮演杨衙内）、易征祥（扮演白士中）、曹正容（扮演白道姑）都是富有经验的演员，有着优良的演剧技术，这次他们极尽扮演的能事，把各个人物的思想感情，十分细腻地表露出来，使整个剧情深入人心。

第二天，我忍不住放下了别的工作，就把关汉卿的原著《望江亭中秋切鲙》杂剧和川剧改编本《谭记儿》（李明璋改编，登在 1956 年 9 月号《剧本》上）读了一遍，觉得关汉卿原著的精神以至剧情结构，大都在川剧里面保存着的，只是川剧使其更加生动丰富，而人物的性格，也显得更加完整。在《望江亭》里面，谭记儿和白士中初次相会的那一场，谈到两人的婚事，白道姑对谭记儿是施加了压力的。白道姑和白士中约好，只要谭记儿答允婚事，就咳嗽一声为号，让白士中出来见面。但白道姑咳嗽的时候，记儿只是说："我也曾想来，若有似俺男儿知重我的，便嫁他去也罢。"还并未同意就与白士中结合。因此，当白士中出来见面，她就反对白道姑的撮合。白道姑便故意板起面孔向白士中说："兀那君子，谁着你这里来?"白士中有点耍无赖地说："就是小姑子着我来。"谭记儿便生气地回答："你倒将这言语脏污我来，我至死也不顺随你。"白道姑便威吓她："你要官休也私休?"又说："你要官休呵，我这里是个祝寿道院，你不守志，领着人来打扰，我告到官中，三推六问，枉打坏了你。你要私休，你又青春，你又少年，我与你做个撮合山媒人，成就了你两口儿，可不省事。"川剧《谭记儿》就把这一情节改变了。川剧里也是以白道姑咳嗽为记，让白士中出来和谭记儿见面，只是白道姑咳嗽的时候是由于提起婚事，谭记儿误会是与杨衙内撮合，气愤要走，白道姑一时急了，忍不住连声咳嗽起来。因此白士中一出来，白道姑觉得糟了，赶忙托词走开。白士中却以为白道姑已把婚事说妥了，便向谭记儿说："家姑母之言，句句是实。士中倘有二意愿盟誓剖心。"接着还说："观看夫人尚未置信，这一点心迹是该表白的。"最后还真的下跪发誓："……蒙姑母作伐，与学士夫人谭记儿永订百年之好，共缔琴瑟之缘，日后我若负心，天厌之呀，天厌之。"谭记儿一时莫名其妙且又羞怒交加，婚事至此，已成僵局。但因同时谭记儿看出白士中一片至诚，并无半点轻狂之态，便当机立断作诗表示愿意百年偕老。这样一改，把白士中、白道姑等人表现得很是可爱。同时也把谭记儿的聪明才智描写得非常鲜明突出，而且显得她对于自己的终身大事，是完全出于自主的，是个有着独特性格的女性。至于情节，也很曲折，富有风趣。川剧传统的特点之一，便是在许多戏剧里面加入喜剧情节，且又非常合情合理。《谭记儿》的改编者李明璋，是能掌握这一传统的（据陈翔鹤同志讲有川剧《望江亭》的老本子，他曾看见，不知改编者是否根据过川戏老本子）。不仅在谭记儿和白士中初次相会的场面表现出来，就在杨衙内到清安观去找谭记儿，到潭州去拿白士中都增加了很有兴味的喜剧情节。同时也由于原著者关汉卿在《望江亭》内，有些地方布置了喜剧情节，川剧的一些传统艺术手法就更容易得到发挥。在望江亭内，杨衙内去拿白士中，原要摸出皇帝的圣旨来，却是摸出调寄【西江月】的淫词。川剧《谭记儿》则不只要摸出圣旨，却摸出胡闹的诗，还多来了一下；要拿出尚方剑，却反而摸出匕首，可以说增加得很好的；又川剧里杨衙内的丑恶、可厌，也比原著写得更为突出。《望江亭》的杨衙内还能作比较通顺的词，川剧《谭记儿》内便把他描写成一窍不通、勉强胡诌的诗令人喷饭。

《望江亭》改编为《谭记儿》是改编得好的。但有的人看了《谭记儿》彩排出来，对谭记儿和白士中的结局，不免感到担心。原因就是改编者删去了原著收尾的一段。收尾一段是让皇帝发现“杨衙内妄奏不实”，叫巡抚湖南都御史李秉忠前来查访，认为谭记儿“赚金牌亲上渔船”（川剧把金牌改为圣旨）是对的，并把杨衙内“杖八十削职归田”这一段删去是好的，因为没有这一段，就更加暴露出过去专制时代，统治阶级的荒唐胡闹。关汉卿所以在剧尾要加这一段，是可以理解的。当时如果不加这一段，统治阶级就不会允许演出。现在川剧删去了这一段，只增加白士中要到京城“面求李志恩师，一同拜谒龙颜、剖陈冤屈”，便使人感到谭记儿和白士中还不安全。因为杨衙内既然知道谭记儿就是上船盗圣旨和尚方宝剑的张二嫂，他难道不会向他身居显位的父亲报告事实经过？而盗圣旨和尚方宝剑又不能不是一件犯罪的事情，那么官司还得再打下去，究竟谁胜谁输，还很难料定。有的人就因此感到担心，觉得二嫂不要上堂告状，谭记儿也不要出来同杨衙内见面，就比较好些。因为这样便使杨衙内丢失圣旨和尚方宝剑，如同哑子吃黄连，有苦说不出。但在几天以后，我又同另一位看过《谭记儿》的同志谈到这件事情，他却主张不改的好，谭记儿向杨衙内表明她就是盗去圣旨和尚方宝剑的人，便显出她勇气倍人，光明磊落。

以上引用文艺界一些同志们的话，目的并不是要对剧本提什么意见，主要是说明《谭记儿》在北京的演出，是怎样地激动了我和文艺界一些同志，大家看了之后，还把剧中人的形象、思想感情很久的留在心里，作为富有兴味的话题。这里还得说一下《谭记儿》演出的成功实在应该归功于成都市川剧团的演员同志们，因为好的剧本没有好的演员，是很难获得观众的赞赏的。杨淑英，我看过她演的“穆桂英”和《屈原》中的南后，《斩应龙》中的樊梨花，《御河桥》中的二奶奶，《萝卜园》中的梁月英……都给人一种生动的印象，觉得她善于演聪明能干，或者是泼辣调皮的女性，这次她演《谭记儿》是很合适的。谭记儿和白士中相见的第一场，需要忽怒忽喜，神色聪明有决断。丈夫接到京中来信后，她用计激恼他，赚出信来，需要的调皮；在望江亭内和杨衙内相会的场面，需要的泼辣……她都很好地表现出来了。再加她的声音是非常嘹亮、婉转。李劼人同志很赞赏她的嗓子，他对我说过，杨淑英到朝鲜去慰问中国人民志愿军，每天演出两三次，声音从没有干哑过，堪称歌唱优美而又善于表现人物感情的铁嗓子。这次《谭记儿》的演出，使这本以女角为主的歌唱剧本，能得到成功，杨淑英的歌喉是重要原因之一。曹正容（艺名静环）是个老演员，能扮演多种性格的老年妇女，在《萝卜园》中演的黄妻，在《一只鞋》中演的女医生，在《菱角配》中演的母亲，在《御河桥》中演的柯夫人，都使人感到她艺术十分纯熟，创造了不少年纪大的妇女形象。这次她在《谭记儿》中演白道姑，戏虽不多，可演得细腻动人。演杨衙内的李笑非，把一个丑态百出的恶棍，表现得很生动而且渲染出旧社会那种罪恶气氛来，因此使《谭记儿》这部传奇喜剧，在观众中引起深刻的印象这也是另一个重要的原因。易征祥演白士中，演得很纯熟，一个诚朴淳厚的形象，恰如其分地表现出来了。在《谭记儿》演出中，其他的演员，也是非常认真的，没有一点苟且的地方。像演送信者的潘侠飞，只在台上出现一会儿，但那送信事件的严重性却充分而又深刻地印在观众脑里。

最后我对《谭记儿》的文字，倒是要提点意见。我觉得有些对白，尤其是唱词，还太文了一点。外省看过川剧的同志，对一般川剧也有这个意见。关汉卿这个作家，在用语言这一面，我是佩服他的。他能把当时人民口头的语言，大量用在对白和唱词里面，很恰切而又生动地表现人物的思想和感情。以后根据旧剧本来改编，希望注意到文字方面。到底是20世纪50年代，不妨使用一些现代人一听就懂的语言进去，尤其在唱词方面。

（本文原载《戏剧报》1957年4月号）

◎熊正堃

一位“五匹齐”的艺术家

中国戏曲艺术，是一种综合性极强的独特艺术，它的表现形式有别于世界上一切舞台艺术。比如说，话剧是以讲白、歌剧是以唱、舞剧是以舞蹈为主要表现形式的，而中国戏曲则把类似话剧的念白、歌剧的声腔、舞剧的舞蹈以及哑剧的表演、杂技的技巧等有机地联系在一起，加以综合表现的。根据一出戏的剧情表达和塑造人物形象的需要，当用唱则唱，当用讲则讲，当舞则舞，当打则打；各种表现手段交替、综合使用。总的说来，中国戏曲是以载歌载舞来演绎故事，这种极强的综合性表现方式，使演出精彩纷呈，具有极高的观赏价值，因而中国戏曲被许多外国人赞誉为独特的艺术奇葩。

独特的艺术，便给其表现者——演员以独特的要求。演员除了要达到中国戏曲艺术的总体要求——综合唱、念、做、打等多种表现手段以外，还要具有自身的地方特色、演唱风格、舞蹈技巧等艺术风貌。在川剧艺术中，戏路宽广、文武不挡、昆高胡弹灯五种声腔都能演唱至较高水平的演员，被行中人尊称为“五匹齐”先生。真正达到这种要求的演员虽然不至于凤毛麟角，但也并不多见，这是因为“五匹齐”先生在艺术表现各个方面都要有较高的造诣，因而在观众中他们往往享有较高的知名度。杨淑英同志就是一位堪称“五匹齐”先生的著名演员。

首先，从杨淑英长期在舞台上演出的保留节目来看，她所塑造的各种各样、性格迥异的鲜明的人物形象，足以证明她的戏路宽广，是一位多面性的演员。如她在《穆桂英》中塑造的穆桂英，是一个充满爱国主义激情的巾帼英雄。拿川剧行话来说，这是一个“打得靠子、耍得把子”的武旦角色；杨淑英在《谭记儿》中刻画的谭记儿，则是个多才多智、巧斗杨衙内的女中孔明；而她在《夫妻桥》中扮演的何娘子，是个清贫人家的秀才娘子，为白丈夫冤屈，矢志不渝地重建索桥，勇敢地战胜官绅刁难等各种险阻。这两个角色都属于青衣旦，但她们身份不同，性格各异。杨淑英在《屈原》一剧中饰演的南后，是个阴险奸诈的贵妇人，与上述所有角色都截然不同。无论是《三娘教子》中贤淑善良的王春娥，《营门斩子》中威武但不失诙谐的樊梨花，还是《杨贵妃》中雍容华贵却命运曲折的杨玉环，这些角色性格差异很大，行当属性不同。杨淑英在塑造所有这些人物时，准确、鲜明、贴切地把握住了其性格特点，充分显示了她在艺术创造上的多面性。淑英同志不仅在这些古代戏中塑造出性格不同、行当差异的人物形象，而且善于在现代戏中刻画众多的栩栩如生的鲜明可爱的人物。如《江姐》中令人肃然起敬的革命者江姐，《李双双》中大公无私、泼辣爽朗的农村妇女李双双，《四川白毛女》中苦难深重的农民女儿罗昌秀，《朝阳沟》中朝气蓬勃的知识青年银环，等等。仅从上面列举出的这些人物谱来看，杨淑英这样一位旦角演员，塑造出如此众多的古代的、现代的，已婚的、未婚的千差百异的妇女形象，真不简单！川剧老观众中流行着这样一种说法：“十年能中一个状元，十年难出一个演员。”充分说明要成为一个戏路宽广、艺术精湛的演员之难，成为一位“五匹齐”先生则更难！这不仅依靠得天独厚的自身条件，更要在长期的艺术实践中刻苦磨炼。

杨淑英在刻画人物时所把握的分寸感及准确度充分显示了她那不平常的艺术功力。就以她的代表作之一《谭记儿》中《邂逅》一场为例，一出场就给人一种端庄秀丽、举止大方、如诗如画的女诗人形象。杨淑英紧紧把握住谭记儿这个人物出身诗礼之家、才貌双全、丈夫是有名学士的身份特点，以及此时孀居三载、青春无依，又被杨太尉之子杨衙内纠缠不休，因此避祸清安观的复杂的内心情绪。在与观主的侄儿白士中邂逅一段看似平静、实则心底波澜翻滚的戏剧冲突中，极有层次与分寸地传达出人物的心声。白士中来访，当姑母白道姑知他丧偶，以他的人品才学论，欲为记儿、士中成就美好姻缘。提亲前，白道姑向士中说，你先回避，事若有成，我咳嗽一声，你便出来。白道姑向记儿提亲，不是直说而是诱导，却被记儿误以为是杨衙内弄鬼。白道姑急于解释时喘咳不止，白士中闻声赶来，白道姑赶忙回避。这时白士中与谭记儿见面，便产生出一段妙趣横生的喜剧来。

白士中急说："小生白士中见过学士夫人……小生才疏貌鄙，薄德鲜能，谬蒙夫人青睐，不拒愚忱，当算三生有幸！使下官受宠若惊……"

谭记儿听到此话，感到突然，急问："……什么？你这位大人说的什么？"

白士中还诚恳表示："家姑母之言，句句是实。士中倘有二意愿盟誓剖心……"

谭记儿更莫名其妙，白士中急说："观看夫人尚未置信，这一点心迹是该表白的：（下跪）菩萨呀菩萨，下跪弟子白士中，汴梁人士，现年二十七岁，今科会进，出授潭州纳民。只因亡妻去世三载，蒙姑母作伐，与学士夫人谭记儿永订百年之好，共缔琴瑟之缘。日后我若负心，天厌之呀，天厌之……"

白士中的这段台词表白得非常忠厚诚实，杨淑英的表情是既有羞涩腼腆之味，又不失端庄大方之态。谭记儿的复杂情感都包藏在"哎呀，谁叫你盟誓啊！"这句台词之中，杨淑英在语调、音色、节奏的处理上恰如其分，包含着谭记儿由不理解到理解、由理解到愿与白士中结合，同时自责把事情弄错，逐渐对白士中萌发爱意的心理过程。继后，白士中深感唐突失礼，连连施礼谢罪。他的真诚打动了谭记儿，使她"叹三年芳心如止水"，今朝却"意惹情牵"，以"愿随君去"的藏头诗，同意了白士中的要求。这里虽是才子佳人、一见钟情的情节，而杨淑英却表演得不落俗套，以准确的分寸、鲜明的层次传达人物情绪，使这段戏成为不是一般的谈情说爱，而是以人物高洁的恋爱情操表现浓烈的诗情画意。所以，杨淑英塑造谭记儿形象，在第一场短短的一段戏就让人感到光彩照人，观之难忘。

杨淑英在她的另一代表作《穆桂英》中，塑造了一个英姿飒爽、威风凛凛的女英雄形象。人们都喜欢看她演出的《点将责夫》。的确，在这场戏里，杨淑英运用声腔演唱、表演技巧，把穆桂英这位元帅严格执行军法与责夫、爱夫交织起的矛盾，表现得非常鲜明、可信。杨宗保无视军令私自出兵，违背军纪，穆桂英感到很棘手：不以军法处置，难以服众并将影响行兵；若按军法处理，她理解丈夫想尽快消灭敌寇、解除洪州之危的心情。但杨宗保自以为是，看不起穆桂英，未免过分地把用兵大事当成家务小事来耍一点丈夫脾气。因此，穆桂英不得不责打杨宗保四十军棍。杨淑英在表现这些矛盾冲突时，层层递进，说理、劝解、争论直到执行军令，把穆桂英的元帅风度表演得很充分，但又处处流露出对丈夫的关心爱护，因而使人物可亲、可信。穆桂英虽然打的是杨宗保，但是痛的却是自己的心。杨淑英的这段表演也是很动人的。当一声“请元帅验伤”喊出，她一个转身，手扳翎子，用激动的声音放腔唱出“思乡还乡进帐报禀”这句“倒板”，身子微往前倾，众将与兵卒上步欲扶，她轻轻挥手，令兵士们退下，然后稳定住自己的情绪，接唱下面向杨宗保继续开导、劝解的大段“一字”唱腔。在这段唱中，她一面看视丈夫的伤情，一面说理，终于使杨宗保明白醒悟。杨淑英这段表演有理、有情，很有生活味，虽是武戏而不武，武中有情情意浓，令人感动。

在《穆桂英》中另一场戏《杨府求帅》即人们常称的“花园激将”中，杨淑英所展示的却是穆桂英这位女英雄的另一侧面。八贤王赵德芳与天官寇准奉宋王之诏，前往天波府请帅调将，以解洪州之危，却被佘太君以无兵将可调挡回。寇准想尽一切办法，得知杨府不但有兵，而且有帅。于是用激将法激励穆桂英甘愿挂帅出征。杨淑英在这场戏里，把穆桂英的大将风度、打败萧天佐的强烈自信，与年轻人在长辈面前说话的一点稚气结合得非常好，我非常喜欢和赞同这段戏的表演。穆桂英面对的一是她的舅王，一是寇老公公，她纵有天大本事、盖世奇功，也不敢在二位长辈前耍骄。可是寇准一再追问，她又不敢不说，当说到大破天门阵时，自然流露出武将特有的威武与锋芒，她又有所警惕，注意不要失礼，这就难免有些窘态出现。杨淑英准确地体会人物个性，将人物关系很鲜明又很有生活情趣地加以表现，在又讲又唱、又有招式动作与边讲边舞、边唱边舞中，讲、唱、舞紧密结合，淋漓尽致地展现了人物风采，使自己文武双全的表演艺术得到了充分展示。

杨淑英有一副得天独厚的好嗓子，音色甜美、音域宽广，表现力极强。在长期的艺术实践中，她不断摸索、磨炼，形成她独有的沉厚扎实的演唱功夫和明亮、朴实、热烈、优美的演唱风格。无论高腔、弹戏、胡琴或昆腔，她都能尽情展现她的演唱功夫与演唱风格，成为刻画人物、塑造让人难忘的艺术形象的有力手段，因而当之无愧地可称作“五匹齐”的演员。在她演出的《夫妻桥》一剧的最后一场《桥成》中，有一段长达三十多句的唱词。这段唱非常充分地证明杨淑英同志的高腔演唱功力。从《桥成》这场戏的关目来看，给人一种戏毕之感，因为没有多大的戏剧矛盾，不大可能成为全剧的最高潮。但是从戏的结构、事件变化和情绪冲突多方面来看，是满有戏的。其规定情境是：官绅与群众都沉浸在桥成的喜悦气氛之中，县官踩桥时突然二次桥断！这时台上的人们和台下的观众一同大惊色，桥为什么又断了呢？同时何娘子又被捆绑起来，眼见杀身之祸来临！这当然可认为是戏的高潮来了。这种非常富于戏剧性的结构给演员提供了展示技能的极好机会，但这里的戏又不好演。为什么？问题在艺术表现上，这里安排的是蕴含着人物强烈而复杂的思想感情的一大段【端正好】唱段，如果唱好了，戏的高潮完成了，何娘子这个人物也完成了。而何娘子在前面已经演了很多的戏，尤其是《抗官》一场，情绪激烈，演唱的全是快节奏的“风头板”，演员已经累得气喘吁吁，紧接此时爆发式的情节转变，激越悲愤的大段唱腔，如果演员没有扎实的功底、充沛的精力，心有余而力不足，便难以完成。杨淑英凭着她扎实的功底和充沛的精力，绰绰有余地完成了，而且唱得非常动人。这段长达三十多句的唱段，她分为三段处理，分别使用“一字”“二流”和“快二流”等板式。第一段从“承遗志此心无愧对天地”到“桥架断根由在哪里？英灵不昧告你妻”，是何娘子向亡夫哭诉她的委屈和艰辛，杨淑英唱得情切切，意绵绵，如泣如诉，真切动人。第二段，她告诉学童唐瑞，你小小年纪，哪里知道官场黑暗、仕途坎坷，何况无有真凭实据，要洗清冤屈难呀难呀！这一段唱得情真恳切，令人下泪。第三段，何娘子表示：我纵死无所畏惧，只是这桥呀——后继有人把它修建起来，便是我最大的安慰了。整个唱段把何娘子的内心感情表现得淋漓尽致。第一段最后两句“只说是功成得把亡夫慰，又谁知盼来盼去、盼星盼月、盼到如今新桥落成，哎呀呀，才是我的屈死期！”后面这二十七个字的“连把句”一气呵成，真是唱得荡气回肠，催人泪下，使观众的心与何娘子的感情紧紧相连。杨淑英同志每唱到这里，台上台下鸦雀无声，完全沉浸在剧情中。这是她的演唱艺术征服观众所取得的艺术效果：演员、角色、观众三位一体，融合为一，这是艺术创造的极致境界。

杨淑英不仅演唱高腔非常精彩，其他声腔形式她亦应付自如，演唱得得心应手。例如她在《贵妃醉酒》中，用昆腔演唱“海岛冰轮”、高腔中糅进昆腔的“高力士一声禀”“人生在世如春梦”“高力士你听知”等唱段，以她甜美的声音、饱含人物情绪的唱功，把杨玉环的华贵、骄矜以及孤独失落、哀怨愤懑等复杂的情态鲜明准确地表现出来，并让观众从唱腔中品味出川昆的典雅与优美。杨淑英同志的弹戏、胡琴演唱更是别具一格。前者如《穆桂英》《朝阳沟》，后者如《杨贵妃》《三娘教子》《前帐会》，等等，都鲜明地表现出她热情奔放、朴实自然的演唱风格。尤其是依照弹戏形式谱写新腔的《朝阳沟》，听杨淑英演唱的知识青年银环的唱段，一股青春气息扑面而来，热烈而优美，婉转动听，因而至今仍被一些人传唱。

杨淑英同志的演唱造诣深厚，塑造人物生动传神，无论声、色、艺都符合一个好演员、一个真正的艺术家的标准，但她的整个舞台艺术还有着更高的境界，这就是她声音好不故意卖弄，扮相好不低级媚俗，艺术好不矫揉造作，而是依照人物情绪行腔，按照剧情需要做戏，这是一个纯粹的“正宗”的艺术家所走的创作道路。无疑，这正是杨淑英同志成为著名川剧表演艺术家的正确道路。

◎夏　阳

既是“红花”　也当“绿叶”

——谈淑英同志在舞台上的创造精神

昨天，晓飞同志又给我挂了个电话，要我今天来参加文化局召开的淑英同志的表演艺术研讨会。昨晚，我才仔细地想想，50 年代到 60 年代初，这十二三年中我排过淑英同志十三个整本戏：《陈三五娘》《玉簪记》《杨娥》《杜十娘》《穆桂英》（与笑非合作）、《屈原》（与笑非合作）、《关汉卿》《袄庙火》《江姐》（《红岩》连台戏之二）、《百丑图》《望夫云》《四川白毛女》《夺印》等。按理说，对淑英同志表演艺术的特点，应该说得出个“子曰”来。不知是什么原因，到现在我都还理不出一个头绪。而且还不知从哪里说起好。我想，现在只能就我和她在排练场的合作中，在我看她演出的一些戏的感受中，在和她这几十年的交往中，凭记忆谈一点零星的感受而已。

排练场内

《穆桂英》这个戏是淑英同志代表作之一。特别是其中《点将责夫》这场戏的排练情况，至今都还记忆犹新。因为这场戏反复排练，时间最长；剧本反复修改，次数最多（民盟中央委员范朴斋先生 1955 年回成都时，还参加了这场戏的修改）。可以说，剧本是在舞台上正式公演后才最后定稿的。由于淑英同志对剧中人物关系的发展变化有深刻的理解，在整个排练修改的过程中，积极地提出了不少修改的建议，和我们共同完成了川剧穆桂英这个“温柔的妻子、威严的元帅”的独特而丰满的人物形象。对一个导演来说，和这样的演员合作是非常愉快的。

这里，从穆桂英下令责打其夫杨宗保四十军棍这个情节说起。

杨宗保的夫权思想很严重，瞧不起妻子穆桂英当了元帅，因而对桂英妄自尊大，傲慢无理。此时，私自出阵交兵，结果大败而回。在三军面前，自己不思认错请罪，反而处处出言顶撞桂英，骄横无理。桂英逼得无法，为了维护元帅威信，整顿军纪，团结军心共同御敌，咬牙下令：“（唱）将先行与我用绳捆，候我的令下才……才问斩刑。”在众将官跪地给宗保求情的情况下，才“死罪已免，活罪难饶。拉下去责打四十军棍!”对桂英此时的心情来说，打的是不服军令、私自出兵打了败仗归来的先行官；但这个先行官毕竟又是自己了解的性格倔强、心高气傲不服输的丈夫。如何表现桂英此时微妙而复杂的思想感情？如何表现这种特殊的人物关系？这四十军棍，应该是表演上抓住的一个重要而关键的情节。但是原有的剧本写得过分简略，几乎是没有什么提示。为了说明问题，不妨摘抄一段穆桂英和杨宗保的一段台词：

穆桂英　死罪已免，活罪难饶。来呀！

众　军　（应声）喳！

穆桂英　拉下去责打四十军棍①！

杨宗保　（内唱“倒板”）
　　　　四十棍打得我站立不稳，
　　　　（接唱“三板”）
　　　　穆桂英执法认了真②。
　　　　思乡弟还乡妹进帐通禀，
　　　　请你家穆元帅来验伤痕。

……

① “军棍”二字，排练时淑英同志提出删掉，念起来才“上口有力”一些。
② 后改为：“心儿内恼恨那桂英无情”。

剧本写得过分简单了。内场连打人的吼声都没有，外场的穆桂英更没有什么提示。我没有看过老戏这个地方是怎么处理的，“照本宣科”，按照新写的剧本来看，只感到杨宗保被拉下去责打四十后，马上紧接上场起唱，观众的时间观念转不过来。戏太假了。我把这个想法提出来和笑非同志谈。笑非同意我的想法，马上处理为杨宗保被拉下去后，内场发出“一十、二十、三十、四十”打人的吼声。当时要求穆桂英只是很难受地低头偏在一边就是了。

没有想到，在我们第二次重排这一段戏时，在“一十、二十……”的打人声中，淑英同志自己抬头看了内场一眼（打人吼声之处），手还微微发抖。淑英同志这一表演细节，给我和笑非很大的启示：这个内场打人的效果声，不只是解决观众时间观念的过度问题，主要是揭示穆桂英此时内心微妙的思想感情，表现这种特殊的人物关系。于是，我们马上把戏暂停下来，和淑英同志一起来研究穆桂英在“责打四十”的效果声中如何表现内心活动的戏。

当我们问她：“你听见你丈夫被军棍责打时，你心中是怎么感受的?”“我心里当然还是不好受，我们毕竟是年少夫妻嘛。”“你应当怎么表现你心中的难受呢?”淑英这时很直率地说：“我没有地方表现嘛。”

是的，没有地方表现，但又在什么地方表现呢？几经研究，反复思考，最后才决定在“一十，二十，三十，四十”四次打人的吼声中，每一次停顿一拍，加上锣鼓点。演员就在这四次吼声中用程式技巧来表现。要求内场的四次打人声一次比一次有力、一次比一次声音大，动作由淑英同志自己选择。最后确定了：

“一十”：穆桂英抬头注视内场，立刻低头。

“二十”：站起，猛然抬头。要求要表现“帅盔”上的翎子功。

“三十”：右手掸水袖，微微颤抖。

“四十”：木然地坐下，难过地低头偏向右边。

当思乡禀报“先行请元帅验伤”时，演员在板胡一声“浪音”中，一个转身（微微偏倒）定像后起唱“倒板”转“一字”一大段抒情的唱段：

思乡、还乡进帐报禀，

先行官在请我去验伤痕。

……

虽然在排练场上，“责打四十”这节戏的反复处理，排了两个上午才最后定下来，但它让我们和演员都明确认识到这个场面的处理，对桂英紧接下边一大段劝慰杨宗保的抒情唱段在感情的铺垫上起了很大的作用，从而深化了川剧穆桂英不但是个威严的元帅，而且还是个温柔妻子的独特的人物形象，使这场戏更富于感情色彩，更有生活气息和人情味。特别是淑英对紧接的大段唱词的修改和唱腔处理的建议真是意想不到的。

桂英在“思乡还乡进帐报禀，先行官在请我去验伤痕”两句唱词后，原词是“怪只怪他不该违误军令，常言道不正己焉能正人”。淑英同志当场提出：“我现在觉得这两句唱词不太合乎穆桂英此时的心情。”我问她：“穆桂英此时应该是什么样的心情呢?”淑英说：“这时两边的将士都下去了，只有我们夫妻二人，我应该首先想到的是这四十军棍不知把他打成什么样子了。因为刚才在责打他四十军棍的时候，我心里就不是很好受，穆桂英此时首先想到的是关心丈夫的伤势，而不是老觉得自己水平高、执法正确。”淑英同志的意见非常好，排练中暂时就把这两句词删去了(后两句台词作者也同意删去)。紧接的两句唱词是：“借验伤上前去把夫慰问，还须要以大义劝转夫君。”淑英同志又提出：“还须要以大义劝转夫君”这句词我不喜欢，什么道理我说不出来。不过，我觉得我这时想到的是，他这个犟脾气，我要怎样劝说才好呵!”

后来，我们把淑英同志的意见和作者一起反复研究，才把“还须要以大义劝转夫君”改成了现在演唱的“须劝转犟性人才好行兵”。

记得1957年初我们在上海演出时，几位非常关心川剧的四川籍艺术家在一起谈到穆桂英这个形象时，一位搞创作的同志非常赞赏“犟性人”这句台词。认为“通俗易懂，无限深情，出在此时穆桂英口中，含蓄地点出了她性格中温柔的一个侧面，也反映出杨宗保的性格特征”。一位导演插话说：“什么叫文学性？这就是文学性。因为‘犟性人’深化了人物的特殊关系。”当我告诉他们，这是淑英同志在排练场从人物关系的感受中提出来的时(当然还谈到其他唱词修改的地方)，那位导演兴奋地说：“与这样的演员合作真幸福、真愉快啊!”

正是由于淑英同志对人物关系和人物性格有深刻的理解，因而她对唱腔的处理也有她自己的独到之处。这里，我就不再啰嗦举例了。

淑英同志在《艺无止境》那篇文章中已经回答了她为什么会把穆桂英这个形象塑造得那么有血有肉、栩栩如生。这使我联想到她在五六十年代这十几年中，在川剧舞台上塑造的穆桂英、谭记儿、何娘子、杜十娘、朱帘秀、罗昌秀、江姐等古今妇女形象，为什么都塑造得那么真实感人，唱腔都那么动人心弦。当然，“梅花香自苦寒来”，这和她在创造角色的过程中，是与刻苦地辛勤耕耘分不开的。但是，我感到最可贵的是她从不在角色中去表现自己，而是认认真真地在演唱中去塑造角色。谁都知道，淑英同志的嗓子非常好，清脆、圆润，高低自如。但是，几十年的演出中从未发现过她在舞台上拉过一次“警报”（故意把唱腔拉得很长，直到观众鼓掌后才收腔）。再如，她会唱京剧，也会唱扬琴。但她从不把这些“腔”生硬地搬到她的唱腔中（在《杜十娘》中，糅合过一点扬琴腔，但丝毫不生硬）。更不会像有的演员那样，故意用花哨的“小腔”去取悦观众，以求博得观众廉价的掌声。严格说来，这本来是普通的知识，但讲起来容易，做起来却是有点难啊!

排练场外

《杜十娘》这出戏排全本时，是淑英同志担任杜十娘这个主角。1954年在成都上演时反映很好，卖座不衰，《成都日报》发表了不少评介文章。后来该剧于1955年的“花会”一直连演了五十多场（有时一天演两场），直到淑英同志的嗓子疲乏得快嘶哑时才暂时停演。后来，廖静秋同志因患癌症，领导提出要抢救她的艺术，要她来担任《杜十娘》的主角（因她1952年在北京演出过《归舟·投江》，反映很好），准备拍电影。这时，剧团内风言风语甚多，甚至有人给淑英同志鸣不平（意在要淑英同志去拍）。淑英同志不但没有去听这些闲言杂语，反而在我给静秋同志排戏时，怕静秋同志身体不支，主动去替她“走场口”。戏排完后，淑英同志又把她拉在一边说“身段”。整个戏排完后，两人的关系处得非常好。这是淑英给我的一个印象。

川剧《柳荫记》被正式决定为参加全国第一届戏曲会演的剧目后，为了加强和提高女帮腔的质量，我把竞华、杨淑英、廖静秋、胡漱芳、胡小凤、颜树等女演员集中起来，参加帮腔的训练。当时有的演员心中不快，站在那里一腔不发；有的边唱边说风凉话，有的时而来参加，时而又离开……淑英同志一言不发，准时到场，认真帮腔。直到我们离开北京，在天津、东北等地巡回演出时，淑英同志始终坚持每场参加帮腔。这是她给我的又一个印象。

1951年初，淑英同志刚来剧团不久。那时她演出的《春娥教子》《桂英打雁》《金殿审刺》已得到了观众的好评。当笑非告诉我淑英八年没有上舞台的一些情况时，我感慨地说："难得啊！八年没有演出，今天保持有这样的水平，不容易呀！"紧接着，是我们剧团分成两个队，参加土地改革宣传。我们是第二队，淑英同志安排在这个队里。但临时没有适合她演出的剧目，因为"土改"下乡的戏都是过去在"清匪反霸"中演熟了的现代戏《记着这笔血债》《赵老板娘》《劈金匾》《金凤哪里去了》等。怎么办呢？后来，才决定她来演一点这些戏中的小角色，台词不多，换演起来容易。难得的是，淑英同志演这些小角色毫无怨言，而且演得认真——直到她在铁溪乡昏倒在地，才把她送回了成都。这是淑英同志给我的再一个印象。

剧团出外巡回演出，演职人员都要精打细算。有的戏，台上的群众角色多，不管你是名演员或行政人员，都要去填补一个。如《白蛇传》的第一场，如来佛在雷音寺大雄宝殿"讲经说法"时，两旁站着的、坐着的罗汉、神将都有三十七个。这时，很多行政人员和有的名演员都要去"穿个罗汉"，因为十八罗汉身披袈裟，头上戴有硬纸壳做的罗汉面具，只需坐在那里就行了。观众看不出这个、那个演员的真面目，当然更不需要什么"身法、指爪"了。淑英同志当然穿过很多次罗汉。可是在另一种情况下，名演员"穿角（即龙套）"就不一样了。记不清楚是哪一年了，我们在北京演出《闹齐廷》。那天我在司幕，看见淑英和另一位名演员，一个拿"提炉"，一个拿"掌扇"（皇帝的侍卫）跟随皇帝出场，紧接着就站在皇帝的两旁像菩萨一样地不动了。这时，我看见那位名演员时而把头偏在一边，时而把头低下来。总是东张西望、心神不安，好像是生怕有人在台下认出了她，最后用"掌扇"来遮着自己的面孔。相反地，我看见淑英同志非常认真，站在那里一动不动地站完了这段戏。这是淑英同志给我的再一个印象。

一次，两次，三次……印象不断地加深。几十年来，我对淑英同志总的印象是：在川剧舞台艺术的创造上，她不但是一朵鲜艳的红花，也是一匹耐寒的绿叶。这也是成都市川剧院五六十年代倡导的一种精神。淑英同志是这种精神杰出的代表者之一。正是这种红花绿叶的精神，造就了一批至今还使人怀念的中、老年艺术人才。因为他们曾经为成都的川剧创造过一个黄金时代。我看今天的舞台上这种既是红花又是绿叶的精神还是值得倡导的。

1998年11月29日于成都

◎黄宗池　口述／图斯　整理

春风生淑气　艺苑发英华

——记杨淑英二三事，兼怀川剧界诸老友

著名川剧演员杨淑英是我的自流井小同乡。我在青年时期对她就“先闻其声，后闻其名”，只可惜从未谋面。直到20世纪50年代末期由于共事的原因，我才面对面地正式认识了她。

记得那是在抗战初期1938年一个寒冬的清晨，我和我幺爸黄象离躺在热被窝里还未起床。忽然一句“青山多雅秀——”的川剧高腔长声悠悠地传来，驱散了我的睡意，接下来只听见那悠扬清脆的嗓音继续唱着，袅袅的余音从后山坡的湖广庙经过我家大巷子门口直向最繁华热闹的正街飘去。我从小受父辈大巷子“黄氏弟兄”玩友世家的熏陶，对边走边唱的“过街玩友”是屡听不鲜的，可这次居然听到的是一个女孩儿在唱。我不由得推醒身旁的幺爸：“听到没有？过街玩友，还是个女的呢!”谁知幺爸却见多不怪地说：“这女娃儿本来就是个玩友嘛。她叫杨淑英，是后山坡湖广庙坎下杨家的独生女，小名‘杨大儿’。虽是贫家小户，本人资质颇高，很爱川剧，经常到停云社来听我们打围鼓唱玩友。一来二去，大家就送她一个外号：‘小玩友’。”“这小玩友有多大喃?”幺爸笑着说，“站起要比茶桌子高个脑壳。怕有十来岁吧。”我很惊奇：“哟！声音那样大，年纪倒那样小啊!”

幺爸接着介绍说，别看杨淑英年纪小，可胆子大得很呢，就是刚才唱的那折《宫人井》，她就曾经一个人跑到停云社（自流井的玩友组织）来

唱过，还是停云社的权威鼓师杨敏庵给她打的小鼓。杨大爷赞不绝口，夸她大方、灵醒、中气足、“叫叫”（嗓音）响。她的音色优美，字准音亮，特别是爱问好学，确实学到不少东西，得到了不少真传。幺爸感慨地说：“从小看大。如果有名师指点，杨淑英将来很有希望成为川剧舞台上的一块招牌。”幺爸这一席随口摆谈的闲龙门阵，使小“杨大儿”在我心目中留下了最初的却极为深刻的印象。

那一两年日寇飞机频繁疲劳轰炸成渝两地，迫使许多川剧班子撤离大城市而纷纷疏散到偏僻边远的小城镇来演出。自流井本是川剧四大“河道”之一资阳河系的“戏窝子”，又是当时誉满全川的名武生曹黑娃、名须生张德成土生土长的地方，所以那一两年先后到自流井献艺的名角很多，如曹黑娃、张德成、当头棒、周海滨、傅幼麟、筱桐凤、陈淡然，还有女角胡蝶、张惠霞、陈凤珠、石元秀、戴素芬，等等，可谓极一时之盛。许多川剧名角都说：“唱戏的（职业演员）是正神，唱玩友（业余演唱）的是散仙。”自流井当时号称“品仙台”，正是名角和玩友高手荟萃之地，各路艺高人胆大者都乐意前来试试道行，显显神通，接受“品仙台”的品评，过了此关，才算得上是过得硬的好先生。如此众多的名角高手云集自流井，使得小淑英受益匪浅，只是那时她还没到能在社会上交往的年龄，所以我一直没见过她。随即我离乡外出工作，以后又断断续续听我三爸黄巨良谈过一些她的经历：她为了学唱戏很吃了些“牵瞎子，钻格子”的苦头，但她从未动摇过拜师学艺的信念。最后终于拜在川剧男旦钟琼瑶门下，开始了在恩师严厉教诲下勤学苦练的艰苦生涯，从此走上了实现献身川剧艺术事业的正道。

新中国成立后，人们的生活节奏加快了，时光也飞快地流逝，弹指间近十个年头过去了。1958 年秋天，我从成都市话剧团调到成都市川剧院二团任编导。我原来搞的是“斯坦尼”（斯坦尼斯拉夫斯基戏剧体系），而川剧作为戏曲剧种以往基本上没有导演制，我去了彼此能适应吗？到任之初又听到不少流言，说戏曲团体行帮习气严重，大圈圈内有小圈圈，名角师傅们各带领一帮小徒弟，彼此看不起，互不相让，导演工作难做得很。闻此我更加担心，想找人摸摸情况。正苦于人地两生之时，忽然想起杨淑英就在团内，而且已是名噪一时的演员。见见慕名已久从未见过面的小同乡并借此了解一下真实情况，这不失为一举两得的好办法。

于是我便约她和团内另一位名演员静环一起在团内的艺术室谈过一次话。也许是初次见面的原因，她虽然有问必答，但言语不多，与其说她不善言谈，倒不如说她不爱信口雌黄，很难从她口里听到评论谁是谁非的褒贬之辞。她倒谈了不少新文艺工作者和编导人员对川剧的改进带来的好处，正是这么几句诚恳的话语一下子打消了我心里的种种顾虑：看来川剧界并没有传说中那种可怕的行帮习气，名演员也很谦逊真诚。这使得我对川剧导演这一新工作感到了兴趣，增添了信心。

来到川剧院二团后，我和杨淑英有过几次愉快的合作，这更加深了我对她的认识和了解。1959 年我第一次同易征祥合导徐文耀编剧的《文成公主》，最初拟定杨淑英为文成公主的饰演者之一。后来由于要为国庆十周年献礼，市长李宗林将省、市川剧人员分成三组：一是赴东欧演出，一是晋京演出，一是留蓉接待观摩国庆献礼节目的客人。杨淑英被分在出国组，文成公主一角便由留蓉的颜树出演。演出后组织上又指名我和周静、吴伯祺、黄世泽重写剧本，由周学如主演文成公主，为国庆十周年献礼。等杨淑英从东欧演出回国后，李市长提出仍然希望她能主演此剧，她欣然接受了任务。当时我作为编剧之一，提出文成公主进藏途中在日月山上暗自思念长安以及勉励随行百工技艺应全力为松赞干布效劳的那一段戏，应突出表现文成公主的远见卓识和深厚感情，要求根据内容重新组织更为优美动人的唱腔。杨淑英不仅自己积极参与设计唱腔，还十分诚恳地提出，希望请阳友鹤老师来指导组织唱腔。她谦逊地说："阳友鹤老师经验丰富，见多识广，虽说不是我的业师，对我也从未吝惜过指导。他和我的业师钟琼瑶是同时期的平辈人，我也一向把他当成自己的老师一样敬重。"果然，在我们和阳友鹤老师一起研究组织唱腔时，大家感情十分融洽，杨淑英完全服从安排调度，阳老师组织的唱腔不论小腔变化多少花样，她都能一丝不苟地还原唱出。嗣后阳老师对我说："看来你的担心是多余的。虽然唱腔变化多，难度大，但杨淑英音域宽广，高得上去也低得下来，她刚柔兼备，声音也好听，听着像吃了新疆的葡萄一样，果汁又多，又有酸甜适度的回味儿……"我也问过杨淑英："阳老师组腔变化那么大，你怎么记得下来哟?"她说："阳老师的唱腔我听得多，也记得多，还有牌子是【清水令】，万变不离其宗，是有规律可循的。我这个人就是这样，不论谁的唱腔，我喜欢的就容易记住。我同辈的同行，好多柔腔、小腔、花腔，我都爱学，平时学来急时用嘛。凡事不是生而知之，总是学而知之。当然我的唱腔是根据我自己的嗓音呼吸条件而定的，但其中不少是偷经学艺得来的。我并不是自身条件特别好的天才，更不是什么生下来就无师自通的‘鬼才’，那是哄人骗鬼的！人不能忘了授业的恩师，也不能看不起同行。有了点名气动辄就‘打翻天印’和狂妄自大的人，是最没有人品和艺德的。”虽然后来由于种种原因，杨淑英并未演成文成公主，但通过这次艺术合作，她给我留下了很好的印象，感到她是个很有戏德、不假不装、不吹不夸、尊师重道的老实人。这是艺术家最难能可贵的品质。

60年代初，我和易征祥再次合作导演刘成钧根据湘剧移植的《生死牌》，市川剧院各团和文工队老、中、青演员都相继排演了这个戏，效果不错。后来这个戏进一步调整演员加工排练，二团的好演员杨淑英、司徒慧聪、李文德、白美琼、萼瑛、王淑琼、阎传凤、赵永康、李桐君等都参加了演出，阵容更加强大，实力更加雄厚。以前我们认为《生死牌》只是一个歌颂海瑞、黄伯贤的清官戏，在加工时发现应该进一步强调突出以黄秀兰为首的姑娘们那种舍己救人的高尚精神，以深化剧本的主题，因而将“三女抢牌”作为了重头戏。这场戏台词不多，我们便提出应该加强三姊妹在黑夜中争抢“死牌”时的动作设计。演员们和易导演都想了许多办法，但我觉得还不够，我要求在这场看似静悄悄的戏中要像哑剧一样用大幅度的形体动作来表现出三位姑娘为冤女顶死、为黄伯贤解除危难而甘愿自我牺牲抢夺“死牌”的人道主义精神。不过，我不太懂具体的程式技巧，便又邀请阳友鹤老师临场指导。阳老师是唱做兼优、文武双全的高手，更有倾囊相授诲人不倦的精神。根据我们的要求，他一样一样地为我们设计了黄秀兰从弓马桌上翻下地的“高抢背”、平地跃上弓马桌的“高坐莲”等高难度动作。这可苦了黄秀兰的饰演者杨淑英，她在排练“高抢背”时不止一次地摔痛了背部；练“高坐莲”时又屡屡把两腿和踝骨碰伤，累得腰酸背痛，碰得青一块紫一块的。可杨淑英从不叫苦，从不泄气，坚持排练，一丝不苟，连我这个自以为比较严格的导演也禁不住想叫她们休息了。我试着问她们累不累、吃得消吗？杨淑英回答说：“台下不练功，台上一场空。不抓紧练好，到时候怎么上台表演呢？自己喜欢学、需要学的功夫是自己心甘情愿学的，再苦再累也不觉得。”杨淑英就这样苦练不辍，终于以最短的时间掌握了阳老师设计的各种高难度动作，出色地完成了演出任务，使得那场戏感人至深，精彩纷呈，掌声四起，好评如潮。从那次演出的成功中我又一次看到了阳友鹤和杨淑英两代艺术家性格上的闪光之处，那就是：对观众认真负责，对表演精益求精，视艺术如生命，绝不当名不副实的艺术家。

杨淑英不仅为自己的演出付出了辛勤劳动，更热心于为争取集体的荣誉而贡献力量。1962 年我们上京演出后又经津、沪、汉巡回演出，抵达上海时正遇到上海大刮“不演天，不演地，只演十三年”之风，即禁演传统戏、鬼神戏，只准演现代戏。那时我们的看家戏中现代戏只有《红岩》，所以演员笑非便从上海越剧院傅全香那里要了一个东娃写的剧本《两块六》；当时《剧本》月刊又发表了我的川剧剧本《两亲家》；吴伯祺在蓉也改编出了川剧《李双双》。有了这些剧本，1963 年巡回演出回到成都以后，大家便一窝蜂地倒向演现代戏了。然而那时用戏曲来表演现代生活，的确有诸多问题存在。比如无论怎么演总也免不了“话剧加唱”和“现代人踱方步”的批评，观众也大都反映现代川剧没什么看头。为了争取观众，解决问题，我们确实花费了心思，想尽了办法：首先是一批著名的表、导、演艺术家认为应该在演出形式上吸引观众，即应该安排最佳的演出阵容，让名角演最好的传统折戏和现代小戏，各占一半，同台演出，宜古宜今，以取得最好的演出效果。当时《两亲家》的导演是熊正堃，演员有周企何、薛少林、阎传凤；我导演的《两块六》，演员有静环、谢文新、杨淑英与司徒慧聪；《李双双》的导演也是我，演员是杨淑英、司徒慧聪、周文林和王淑琼。这些名演员在表演上抓得住观众，导演也尽量启发他们改造所掌握的程式技巧来创造性地塑造现代戏中的人物。如《李双双》，在表演和音乐锣鼓方面，牢牢掌握住形体动作与韵律节奏的紧密配合；舞美和服装设计也尽量照顾到戏曲的特点，如加宽放大服饰衣袖的尺度，以便于演员发挥运用程式；在布景上加上了门帘。李双双的饰演者杨淑英在锣鼓点中撩开门帘上场亮相和随着锣鼓节奏走圆场，由于她有深厚的传统功底，戏路宽，一行一坐都有戏曲的程式规范，不像有些人那种自然主义的表演。由于举手投足都有音乐旋律的节奏控制着，讲白也朗朗上口，在同一节奏中转为唱腔，这样一来，演员在台上比较自如，观众在欣赏的投入中不再感到别扭，也慢慢抛弃了

"话剧加唱"和"现代人踱方步"的成见。但是，作为戏曲演员特别是名角，最初敢于积极主动参与演出难度大、观众少的现代戏，并对自己几十年驾轻就熟的演技程式进行改造创新，是很不容易的事，如果没有"大胆上前把命废"的精神，是不愿因演砸了现代戏而毁了自己的招牌的。而杨淑英、司徒慧聪、静环、谢文新等都是敢冲敢闯、大胆创新、富于自我牺牲精神的勇士。比如在演出《两块六》时，杨淑英和司徒慧聪便密切合作，即兴创造了一个饶有兴趣的艺术处理：司徒慧聪在剧中演一个农村赶脚的老头，在半路上贪心地敲了尚未过门并不认识的儿媳妇的竹杠，收了两块六毛钱。等回到家来，一见全家人正在亲切地接待儿媳妇，并纷纷议论着那个敲竹杠的老头，他见状大惊失色，尴尬万分，踟蹰门外无颜进屋。杨淑英演的儿媳妇看见老头后并未说话，也未给老头难堪，只是看似随便地朝大门迈了一步，恰好堵住了大门，又很自然地转身和亲人们拉家常，使老头望着她的背影惭愧地跺脚，更不敢进去，无地自容之际，转身跳下舞台，跑出观众厅的太平门钻进后台去了！这一即兴发挥之笔，新鲜别致，合情合理，立即引起了观众极大的兴趣，场场报以经久不息的掌声。

杨淑英在她的艺术生涯中各个方面都取得了较大的成就，但她自己却从未炫耀过自己。我由此联想到：现在艺术界有的人对优秀的传统采取的是既虚无主义又实用主义的"又吃又踏"的态度，他们的一点点"创新"，明眼人一看便知是来源于、得力于传统或同行，却硬要说是自己独出心裁的全新发明，反过来又蔑视传统如敝屣，而对别人的成绩有意无意地缩小和否定，甚至拣起旧时代"专骂名人以使自己出名"的登龙术的故伎来提高自己的知名度。杨淑英的谦逊、真诚同这种人比起来，其品格真是有霄壤之别。写到这里，我又忆起一件往事：1980 年市川剧院二团在贵阳演出后经桂林去广州巡回演出。在桂林时，《桂林日报》的记者采访杨淑英，要她谈谈 1959 年出访东欧各国的见闻。杨淑英记忆犹新地谈了许多朱丹南在他的回忆文章中写过的趣事，却丝毫没有谈到她自己，毫无自我炫耀、哗众取宠之意。我当时对她朴实无华的言谈深感敬佩，而从以后我所知道和了解的一些事情来看，我觉得杨淑英这种谦逊的好品质是一贯的。最难忘的是 70 年代末的一天，省剧协的李累和任小丁到我家来约我去东方红宾馆（今锦江宾馆）八楼，和上海电影制片厂的编导老搭档王林谷、谢晋见面。在饭桌上，王、谢二人谈到他们拟编导《舞台姐妹》续集，想以川剧艺人为模特儿来写，李累要我代他们邀请几位有代表性的川剧名演员见面。当时我院正在举行阳友鹤的从艺纪念演出，我请他们明天来看演出后，给他们引荐几位朋友。第二天王林谷来看了戏，谢晋则在电话中向我表示歉意，说他当天下午要到重庆去选《啊，摇篮》的演员，不能来了，以后就由王林谷一个人采访。我先请曾荣华到我家中和老王摆谈了几个小时他从艺生涯的喜怒哀乐、酸甜苦辣；又陪老王到阳友鹤家专访。正谈得起劲，吴雪和李之华来了，随即四川省川剧院的张巧凤又驱车来接大家去杜甫草堂赏花，我们的访问也就告一段落。后来我又到锦江剧场找到陈书舫、竞华和杨淑英，说明王林谷采访她们的来意。陈书舫和竞华答应约定一个适当的时间、地点来详谈，可杨淑英却开门见山一口回绝："黄忠（同事们对我的昵称），我有啥子可写的嘛！论吃苦受罪，旧社会川剧艺人比我深的大有人在；论贡献比我大的人更是多多的。我没有做过的坏事强栽在我身上、冤枉我，我受不了；我没做过的好事硬要搁在我身上，抬我的花轿，我会觉得肉麻，也受不了。我就是我，是好是坏任由人家评说，要我自己提供材料让人家来写我，谁相信是真是假？我也没有什么光彩的事迹可写，请你饶了我，去写别人吧！"

在当前，自己提供材料请人写书或自费印自传回忆录之类成为时尚的情况下，像杨淑英这样不愿自我炫耀、也不愿别人吹嘘的人是很少见的。我倒很希望见到在宣传某人某现象时，多总结一些如何通过辛勤劳动而获得成功的例子，不要大轰大嗡地人为炒作，吹嘘什么天才鬼才。不要热衷于稍做一点事就想着青史留名，流芳百世。何况才能再大，德总是应该放在首位的，若是野心家，有才而缺德，越是欺世盗名于前、借名欺世于后，就越是害人。

这，便是我对杨淑英的艺德和人品感兴趣的原因之所在。当然，这仅是一己之见，若别人不以为然，也就由他去吧！

1998年11月5日

◎李桐君

在合作中共同升华

在“无穷物化时空过，不断人流上下场”的川剧舞台上，几十年来，由于著名川剧表演艺术家杨淑英在《穆桂英》《谭记儿》《贵妃醉酒》《前帐会》《夫妻桥》和《朝阳沟》《李双双》等剧中生动、细腻、精湛的表演，以及刚柔相济、清亮甜美、气韵生动的嗓音，使她所塑造的形象逐渐地留给了千家万户，让人们去品评、借鉴、思考。她清的艺术心灵、深的艺术功力、灵的艺术风格常常在与人进行艺术合作中得以体现，也正是通过她把传统戏表演的“正”和刻画人物的“精”融合在一起的艺术创作，使我在长期与她进行艺术合作中感悟颇深，受益匪浅。

一

《穆桂英》中《点将责夫》一折戏，是杨淑英和我艺术合作中时间较长、演出场次较多的一出戏。这出戏从 50 年代初由我口述最早的传统演出方式，到经过编剧范光翔、钟曦在此基础上整理、改编，成为 1955 年四川省川剧剧目鉴定的首批剧目之一重新搬上舞台开始，以至巡回演出于京、津、沪、宁等城市，赴东欧四国进行文化交流演出到 70 年代末恢复传统戏演出的首台剧目之一，都经过了不断的修改，不断地完善。这里不仅仅指该剧目在演出时间长短方面的处理，或简单地去掉不必要的打斗场面这种量的增删和场面的转移，更主要的是杨淑英在对穆桂英这个人物艺术形象的塑造方面，可以说倾注了很多很多的心血。无论在排练和试演、公演中，她都能虚心地向老艺人学习，不断地改进自己的表演，从传统的表演艺术中寻求鲜明地表现人物形象的方法，把穆桂英这位民族女英雄的艺术形象塑造得既勇敢机智、严正无私，又有血有肉、合情合理，充满浓郁的生活气息。

把虚构的人物当作客观存在，加以想象中的合理体验，将所创造的人物性格贯穿于全剧始终，这是杨淑英在刻画穆桂英时最成功之处。以前在《点将责夫》中有这么一个情节：较场点兵时，杨宗保误卯（迟到），当他得知三军统帅竟是自己妻子穆桂英时，心中不服。桂英明其心思，权且忍着。兵至洪州，桂英下马时故意大喊："先行接马！"此时宗保也装作未听见，且故意转身背对桂英，桂英在将士面前非常尴尬，强压怒火进帐。就这个情节，杨淑英与我商量很多次，她总认为如果此时此刻脱离了到洪州救危这个残酷的战争大背景，桂英和宗保小两口在斗气时完全有可能采取这种方式，这种"家庭纠纷"也在情理之中。但此时身为三军主帅的穆桂英故意让先行接马，挑衅宗保，定会给后面责打宗保埋下伏笔，观众自然会产生联想。如果这样，人物会显得小气，有损穆桂英的帅才形象。经过多次推敲，她把这个情节进行了重新处理：兵到洪州，穆英下马时说"接马"，思乡、还乡上前接马。桂英与宗保一个碰面，宗保昂头不理。此时桂英用一个小幅度的手势指着宗保意味深长地说了一句"你呀！"表演中充满失望、埋怨和疼爱。潜台词则是：冤家，现在都什么时候了，你还这样与我过不去哦……这种细腻、传神的表演远比从前按照传统心理技术的尺度不加处理、不顾人物性格的基调在舞台上夸张表现要高明得多。

杨淑英在多年的舞台艺术实践中，不仅注重塑造人物形象，而且还注意具体人物在不同环境表现的细节处理。

《前帐会》是杨淑英演出的代表剧目之一。在与她同台演出该剧时，我饰演杨延辉。随着自身年龄条件的变化，我开始逐步改以须生应工，在艺术上得到了她很多帮助。仅举《前帐会》全剧结束时铁镜公主与杨延辉的下场为例，她与别人的处理相比就有自己的独到之处。按照一般传统程式处理是演员在唢呐、锣鼓的吹打声中双双示意下场。排练时，我也如法炮制。这时，围绕这个下场，杨淑英向我提出了一连串的问题。

她说：铁镜公主与杨延昭是夫妻吗？铁镜公主是宋朝人吗？她此时熟悉天波府吗？等等。我恍然大悟，生活与程式的矛盾应该通过此时没有一句台词、没有一句唱腔的下场形体动作的表演给予解决。于是，这一细节改为在吹打声中杨延辉主动上前携着铁镜公主的手，示意带她去至后堂、夫妻诉说离别衷肠。这种处理表现了角色行动的来往趋向，又体现着角色行为的情感态度、关系和风度的光彩。杨淑英就是这样一位不放过任何一个能准确表现人物心态细节的好演员。著名戏剧家阿甲先生说得好："创造性格，归根到底，总是要从生活出发，不能从程式到程式；程式总是要用完的，唯有结合生活，始能用之不竭，取之不尽。"

二

杨淑英在川剧众多的传统剧目演出中，塑造了一个又一个古代妇女的生动形象，深得观众们的喜爱。然而，每当她接到一出又一出新编历史剧、移植剧、现代戏时，她同样能全身心地在构思和体验角色感情的时候去分析、理解、感受和想象，在整个艺术创作的实践过程中，始终焕发着一个演员对传统程式的忠诚而又充满创造性的艺术生命的光彩。

60年代初期，杨淑英同我合作了一出由湘剧移植为川剧的剧目《生死牌》(由黄宗池导演)。杨淑英饰演县令之女黄秀兰，我饰演县令黄伯贤。其中《书房》一场的排练给我留下了非常深刻的印象。父亲黄伯贤的书房里，女儿秀兰主动向父亲要求愿代替父亲的已故同僚好友之女去赴死罪，并要父亲速作决断。黄伯贤既为女儿舍己救人的精神而感动，又为将与亲生骨肉分别而痛惜。这是一场非常感人的重头戏，此时此刻黄伯贤如何表现这种复杂的思想活动和情感便成了这场戏的关键。可惜，原剧本规定的情节处理较为平淡，始终不如人意，很难将戏推向高潮。此时导演和我们却沉浸在苦苦地寻觅更好的表现形式和手法之中。杨淑英经过反复思考，向导演提出了自己的见解：能否在此时让黄伯贤给女儿下跪的动作来表达他复杂的、难以用语言表现的内心情感呢？当时，有人不接受这种建议，简单地认为封建伦理不允许父亲向女儿下跪这种人伦颠倒的现象出现。杨淑英便耐心地说服大家，为了表现人物，我们可以不受一般封建思想的束缚，这是戏剧的特殊需要所决定的。为了表现人物，我们同样可以不受原剧本的束缚，只要表现得好，表现得准确，完全可以创造新的表现方法，进行新的试验。用一个节奏鲜明的父跪女的外部动作处理，来表现剧中父女俩深刻的心思，细腻的情感，戏一定会推向高潮，观众也一定会通过父女间的情感交流，将自己想象中体会到的东西交织起来，达到更为广阔的艺术境界，得到人物情操美和艺术美的欣赏。导演黄宗池肯定了杨淑英的大胆建议，并在排练中对这一情节做了许多宣泄情感的细致处理。事实证明，每当在剧场演到该情节时，都会产生非常强烈的艺术效果，观众都会流着泪报以热烈的掌声。

中国艺术讲究“动于衷”“形于外”，戏曲也不例外。好演员的特点是善于反映外来刺激，强烈地表现自己的情感态度。因此他就能将某一种处理得当的表演艺术和程式技术用在人物思想体现的造型上。“这是一种‘感于事’‘动于衷’‘形于外’的完整表演方法”（阿甲《进一步探索戏曲艺术规律的问题》）。正因为懂得了这一艺术真谛，杨淑英对传统由会而通，继而进入化境时，才能获得处理表演的自由、运用声腔的自由、设计和即兴发展细节动作的自由。

三

在人们相互进行艺术合作的时候（特别是在与同台角色合作时），有的人让你始终感到拘拘谨谨、格格不入，令人产生很大的心理压力，很难进入艺术创作的氛围；而有的人却能使你平平静静、自然而然地进入剧中要求的情境，正常或超常地发挥自己的艺术水平。我想，这就是艺术合作的学问所在吧。杨淑英是后者，因为她懂得艺术合作的本质就在于创作热情要充满整个集体，要让合作者人人都感觉到他在这个共同的劳动中是自由的，必不可少的。只有在这个基础上，才能谈到角色与角色间相得益彰的合作关系，才会出现剧中全体形象最高度的艺术统一。这正是她清的艺术心灵所在。

《射雕》这出戏，可谓是我们川剧具有独特表演方式的优秀剧目，如果要说剧中角色谁是主、谁是次，这就很难界定了。就是这出在国外以象征性艺术令老外震惊、在国内又众所周知的日常演出剧目，杨淑英也不忘同合作者一起，对它不断进行表演方式上美化的修饰。

从前在花荣扮成轿夫上场变胡子时，是将胡子拿在手上，当表演需要有胡子时，花荣转身背对观众，用手把胡子夹在鼻上，然后转身面对观众。当表演不需要胡子时，又转过身去，用手把胡子取下。杨淑英经常在演完该剧后对我说，总觉得胡子这样用手处理实在痕迹太显、太假，而且不美，与前面那些优美的手势身段很不谐调，要想个办法解决。我因此开始对这个问题进行思考。有一天，当我们再次讨论这个问题时，我忽发灵感，从魔术将一支支香烟从口中吐出，夹在手指中表演吸烟这个节目中获得启发，于是试着用小铜钱代替鼻夹，把胡子绑在铜钱上含入嘴里，需要时，把头一埋将胡子吐出来，不需要时将头一埋，又把胡子含进口里，以至发展成现在花荣变胡子的表演。现在回想起与杨淑英艺术合作中，她对表演技巧美化的要求，才真正地感到这实际上是她对艺术形式的统一，表现为舞台演出的艺术完整性的要求。只有在艺术合作中不断对自己所演出的剧目进行思考，予以提高，才能得到艺术上更大的丰富与圆满。

艺术合作需要真诚和坦然，才能获得相互间的平等与信赖；艺术合作需要切磋、启迪，才能获得艺术交流和角色间关系、情感、行为的交流；艺术合作需要追求，共同尝试，才能获得艺术创造的兴奋与快慰。这就是我与杨淑英在艺术合作中获得的最大感受。我想艺术固然如此，做人就更该如此了。

1998年10月于成都

（本文由李建英整理）

◎刘　芸

表演生动　双眸传情

人们常说“眼睛是心灵的窗户”。透过眼睛可以看出内心的活动和感情的变化。作为一个演员，有一双会“说话”的眼睛更是十分重要，它能使你饰演的角色更生动、更传神。川剧表演艺术家杨淑英老师正是具有这样的表演功力，看她演出的剧目，除了能欣赏到她塑造人物的精湛表演艺术外，她那一双能传情达意的大眼睛更让人久久难忘……

我看过她不少演出的剧目，都各具特色，颇有韵味。如：她的代表剧目《点将责夫》《谭记儿》《朝阳沟》《夫妻桥》《江姐》《梁红玉》《归舟》等都为国内外观众所喜爱。她所塑造的人物形象栩栩如生，无不充满艺术的魅力，特别是她那双大而美丽的眼睛将不同人物的情感冲突，表现得淋漓尽致。英姿飒爽的穆桂英闪动着的是一双英气勃勃、炯炯有神的眼睛，美貌善良的谭记儿却是一双高洁、智慧的眼睛，继承夫志修断桥的何娘子却是一双哀怨、凄苦的泪眼，以及刚直不阿的江姐、愁肠百结的梁红玉和抱恨投江的杜十娘都可以从淑英老师那双传神的眼睛中领略到人物酸甜苦辣、喜怒哀乐的心态变化。她将一双眼睛的表演运用得如此得当，有时从她的眼神里感受到的是人物内心的凄苦，内心的独白，我会随着她的表演进入到人物的命运中去，为她们哀叹，为她们流泪……此时，我深感她表演艺术的魅力，从中受到很大的启迪，也更感到戏剧演员的一双眼睛在表演中所占有的分量。

淑英老师饰演的梁红玉也让我记忆犹新，受益匪浅。当院妈娘花言巧语要梁红玉梳妆打扮接客时，她那种视而不见、听而不闻，最后到忍无可忍等层次清晰、张弛得当的眼神令人叹服！再如院妈娘唱道：“花把的离不开油盐醋酱，献殷勤儿千万要看在那个孔方（意为卖笑时一切要看在钱的分上）。”此时，她重甩长袖，侧目而视前方，那种欲恨且忍的眼神，欲罢不能的处境，欲哭无泪的心情，就在这一招一式、一甩袖、一侧目当中，让观众领略到梁红玉无奈的内心感情波澜。

谭记儿是淑英老师塑造得十分成功的又一个舞台形象。那学士夫人的稳重与高洁，以目不斜视、心如止水的眼神，展示出了孤寡少妇特有的风韵。特别是《望江亭》一场戏是最考演员表演功夫的戏，这里不需要神形兼备，需要的是“神形分离”，她是打鱼之妇张二嫂之貌，却是学士夫人谭记儿之心，在花花太岁杨衙内面前，既不能形态与心态任他戏弄，又要让他欲进不能，欲罢不休……这种双向逆反的神形表演，很难准确体现，关键是“尺度”的把握。例如：谭记儿乔装为张二嫂出场后，娇滴滴叫了一声“买鲜鱼呀!”又左顾右盼地闪动着一双机智、警觉的眼睛，目的是引起望江亭内杨衙内的注意，引他上钩……当谭记儿受到杨衙内盘问时，她巧言掩饰自己的真实身份。杨衙内问她：“张二嫂，你怎么到这里来了?”谭记儿回答道：“哎呀！衙内呀！想我们捕鱼之人，原本四海为家。小小渔舟，今日一篙，明日一桨，不知不觉地就漂到这潭州地界来了啊!”这段讲白中，她言中有动，动中有舞，眼中传情，在“漂”字上故意拉长声调，并闪动妩媚的眼睛，却又见好就收，让杨衙内心旌摇曳，信以为真……又如，谭记儿与杨衙内一番周旋后终于看清了圣诏内容，并从醉意朦胧的杨衙内手中接过要杀她丈夫白士中的尚方宝剑时，那掩饰不住的仇恨眼光，那握剑颤抖的手，都刻画出谭记儿此时此地的复杂心态。然而，她很快镇静下来，情绪急转，露出嬉笑、妩媚的眼光，轻柔地说出：“好快的刀啊！何不借与我剖几天鱼呀!”从这段戏的表演和对眼睛的运用，可以看出淑英老师把谭记儿复杂的心理活动刻画得惟妙惟肖，使之扣人心弦，成功地将戏推向了高潮。

我有幸与淑英老师同台演出，耳濡目染了她唱、做、念、舞的深厚功力和怎样用眼睛做戏的要领，使我在演出《谭记儿》《梁红玉》《桂英打雁》时受益匪浅，学会怎样用眼睛去表演，怎样去塑造好人物。

常言道：“艺不离技，技不离戏。”一个好的剧本，如果没有演员塑造人物时的精湛技艺，这戏又怎么能好看呢？从总结淑英老师的表演艺术中我领悟到了一个道理，无论演员自身条件好与孬，这都不是成功的绝对因素，成功的因素在于“业精于勤”。杨老师天生丽质，是一位条件上乘的演员，但她仍然刻苦努力，形成了自己的表演风格，那清新、亮丽、圆润的嗓音，吐字行腔韵味十足的演唱，善于用眼睛传情达意的表演，将她在舞台上所塑造的各种人物形象打磨得个性鲜明，光彩照人。

已是古稀之年的淑英老师，在川剧舞台上辛勤耕耘了半个多世纪，为广大观众所喜爱。今年她又两次登台表演，虽然已两鬓染霜，却还是那样气质端庄、风韵犹存，甜美的唱腔低回婉转，那双善于“说话”的大眼睛风采依然……

岁月沧桑，人生变幻。站在淑英老师面前，我已不是当年的小姑娘了，但当我们谈到川剧的发展和振兴时，那份情、那份意仍然紧系于一生为之奋斗的川剧舞台，痴心不改，无怨无悔。

1998年11月

◎姚仲甫

声美　腔淳　字清　情深

——谈杨淑英的唱腔艺术

戏剧艺术大师欧阳予倩曾经赞誉著名川剧演唱艺术家杨淑英的唱腔是“赋声于情，寓情于声，声情催人”。的确，凡是看过杨淑英的演出、听过她演唱的人，无论是省内省外的普通观众或是专家，对她的演唱艺术无不同声赞赏，尤其对她在声乐上的高深造诣，更是倾倒叹服。她虽然年逾花甲，但是优美的嗓音依然持久耐唱，声腔依然不减当年风采，被观众誉为“金嗓子”。

杨淑英的嗓音甜润清丽，醇美流畅，富有光彩而穿透力强。她演唱时呼吸深沉、均匀，舒畅灵活，气息控制得当，加上她吐字清晰，发音准确，语言与音乐、道白与唱腔的结合和谐而统一。由于她掌握了呼吸、吐字、共鸣的发声三大要素，使她的声音达到高低裕如、刚柔相济，轻重疾徐、顿挫抑扬随心而发的境界。同时她又十分重视唱情，善于把丰富的内心感受用美妙多彩的声音表达出来，以声传情而又以情动人。声与情的巧妙融会，形成了她独特的唱腔风采：醇郁清雅，字真情浓，听来真切感人而自然深挚，真可谓字字可辨，声声传情，极具戏剧女高音的魅力。

杨淑英的戏路宽，适应能力强，能文能武，善于根据不同的角色，用不同的声音色彩和力度、速度变化，设计出富有新意的声腔，把人物刻画得惟妙惟肖。她塑造过古今各种不同性格、身份的人物，如人们极为熟悉的穆桂英、谭记儿、何娘子、杨贵妃、铁镜公主、樊梨花和李双双、江姐、银环，等等，她都能运用丰富的表演手段，准确地把握不同的音乐形象，通过自己的内心感悟，把角色演得形神兼备、个性各异而栩栩如生。这些成就正是她在声、情、腔、字诸方面融会贯通、灵活运用的结果。

杨淑英的艺术态度十分严肃，在二度创作上深下功夫，她演出每一出戏都要对剧本认真剖析，掌握剧词、字义的内涵，使唱腔设计力求准确神似、不约不繁，恰到好处。无论是经她数十年磨炼出来的“拿手戏”，抑或是上口不久的新曲，她都从不例外，总是反复琢磨，仔细铺排，然后通过演唱和表演，有条理、有层次地把剧情、人物表现得真实、深刻。她常说：“如果自己扮演的角色不像‘那家人’，就是我最大的失败。”全面过硬的功夫和一丝不苟的艺术作风，使她成为川剧界卓有成就的演唱艺术家，受到人们的普遍赞誉。

俄国伟大的文学家高尔基曾说：“天才出于勤奋。”杨淑英具有良好的艺术素质、优秀的嗓音条件，但更重要的是她长期的刻苦训练与舞台实践，才使她的素质、天资迸发出闪烁照人的艺术光彩。她 12 岁学艺，师承钟琼瑶老师，从小就在严师的督导下，无论数九严冬或是炎热酷暑，每天清晨都要练唱，首先“喊嗓”，然后“吊腔”，从四、八句的小段到大板唱腔，反复琢磨，养成了她喜欢用脑、善于思索的习惯。在少年时期，她虽然并不知道什么是科学的发声方法，但她总是不断地琢磨，设法使自己的声音唱得轻松、舒展（这实际上正符合发声的科学要求），直到现在她仍在不停地揣摩总结，仍然每天坚持半声练习，用一切可用的时间进行嗓音训练，即使是在洗衣、做饭时，也总是心不离曲，曲不离口。她常说，这样做常使我在不经意之间有了新的感悟，一点一滴地积累起来就有了很好的收获，再从舞台实践中验证，加深体会、巩固成果。这种执着的追求，正是她在数十年的舞台生涯中，能够不断精进、不断突破的关键所在。即使在她成名以后，也从不因自己有了成就而放弃向老一辈艺术家学习；老一辈艺术家中如周企何、阳友鹤、静环等也乐于常和她研习探讨，使她从中得益匪浅。至于她的业师钟琼瑶，她更是极端尊敬，关心爱护如儿女之对父母，数十年始终如一。这种品德也是至为可贵的。

在继承川剧传统艺术的基础上，她更是广撷诸名家和各剧种、曲种及现代声乐艺术之所长，悉心研究、认真汲取，京剧、豫剧、越剧、四川曲艺等，她都广泛涉猎。尤其是京剧，她曾认真学唱，既学青衣唱腔，又学须生唱腔，通过对各种姊妹艺术声腔的学习、比较，用以帮助自己的用声运腔。这样不断地借鉴研磨，使她在真假声的结合上获得了满意的成果。她的嗓音上下通达，换声区不着痕迹，真假声结合得天衣无缝，这在川剧演员中是十分难得的。为了丰富自己的声腔色彩，她还吸收了四川清音艺术家李月秋的“哈哈腔”，川剧名家阳友鹤的“闪闪腔”，竞华的小腔，廖静秋的柔美声腔，有时更有目的地把帮腔中的曲调糅合到唱腔中。经过广泛地吸收融会，她创造的声腔显得更加多彩动人。为了扩大视野，增加音乐知识，提高艺术修养，她曾经请教于音乐教育家胡静翔教授、歌唱家蔡绍序教授以及别的音乐工作者。勤奋的学习钻研，广博的借鉴融会，使她在川剧声腔艺术上独树一帜，形成了自己的风格流派。

杨淑英演唱过的剧目中，其中韵味隽永、感人至深的唱段甚多。下面，仅从几出脍炙人口的剧中摘出几段她的唱腔来谈谈个人的感受。

在高腔戏《谭记儿》里她扮演的主角谭记儿，是一个青年丧偶的学士夫人，为了躲避当朝太尉之子杨衙内的恃势纠缠，无奈何到清安观白道姑处暂时栖身以排解忧烦，不期与白道姑之侄白士中邂逅相逢，铺排出一场矛盾迭现的好戏。杨淑英在下面几段唱腔中的抒情述意，把谭记儿内心深处复杂矛盾的感情表现得酣畅淋漓，把观（听）众带入一个美好的故事环境之中。

在“一字”“蒙姑姑不弃俗女，垂怜奴形只影单……孤零零妆台泪洗面，冷凄凄长夜伴愁眠”转至“二流”“倒不如扫去蛾眉，洗了粉脸，卸了钗钿，披上缁衫……一可免许多烦恼，二可免（帮）狂蜂浪蝶扰素兰”这支【绛黄龙】唱段中，杨淑英用声清约，腔走低迷，唱得悲婉、凄凉，催人泪下。及至乍见白士中，在唱到“观此人举止端庄体翩翩，眉宇间英灵照人，似曾相见，酷似儿夫李希颜”时，她的嗓音显得蕴藉深沉，节奏上张弛有致，把谭记儿内心沉淀已久的向往、企盼，似梦似幻地反映了出来。在唱“观此人举止端庄体翩翩”的“体”字之前，略事停顿之后才唱出“体翩翩”，听来庄重中略带羞涩、赞许，唱得细腻入微，十分感人。接着，“叹三年芳心如止水，却怎么今朝意惹情牵？莫不是亡夫又经轮回转？莫不是三生石上姓字签？奴本得去白穿红重举案，犹恐怕乡里贻笑谈。”这段唱，杨淑英在节奏处理上舒缓，声调中迟疑，两个“莫不是”自问句，唱得低回婉转，极显出谭记儿的萌动不安。“犹恐怕乡里贻笑谈”一句的“恐”字顿音用得恰好，在“贻笑谈”的“谈”字放腔时收音连绵委婉，把谭记儿蓦地乍见白士中时那种内心震荡和徘徊难定的情愫，情不自禁地宣泄了出来，令观（听）众如临其境、其情。接下来一段“二流”“说什么人言可畏，非是奴守志不坚……”情绪急转直下，她用与前段不同的力度和变化了的音色压缩了节奏，唱得剀切开朗。然而，“红绳已被我折断……又怎好再请她把心事传?”在“心事”的“事”字上点缀了轻柔婉约的小腔，表达出角色羞怯内疚之情，真是情随声至，情在腔中。

以上几个唱段，杨淑英充分调动了声、情、腔、字的艺术手段，唱得跌宕多姿，层次分明，把谭记儿的音乐形象活脱脱地印入观（听）众的直觉感受之中，令人久久难忘。

杨淑英演唱的胡琴戏《贵妃醉酒》（这是全本戏《杨玉环》中的一折，过去的单折演出是以高腔演唱，杨淑英鉴于全剧都是胡琴戏，因此，她把这折戏的唱腔改用胡琴并重新配腔）具有独特的风韵。正因为她比较熟悉京剧的声腔，在这折戏的唱腔设计上，她把京剧唱腔上的严谨规范与川剧胡琴戏的风格韵味有机地糅合起来，这就使她在这折戏里的声腔更为丰富，听来清新醇美。在这折戏里，她用明亮的嗓音和华丽的唱腔，来刻画杨贵妃的华贵气质和骄矜任性的性格，显得十分贴切。

一开始的【昆头子】，她唱得从容庄重，高扬飘逸，富有弹性的跳音之处，唱得轻盈明丽，把杨贵妃自恃天生丽质、恃宠而骄的那种志得意满的神态，惟妙惟肖地表现了出来。更为难得的是，她唱到“嗨 C（相当于钢琴上小字三组的 C)”时，仍然轻松自如，游刃有余而又字清声美。

这折戏的讲白较多，于中也显示出她在念白上的深厚功底，她的念白声音位置高，气息、共鸣配合协调，感情充沛，听来韵味浓郁。唱腔与念白衔接得十分和谐，说与唱互为补充，相映成趣，具有很大的艺术魅力。当杨贵妃得知唐明皇到西宫去了，立时感到她的专宠受到威胁，激情陡然坠落，由骄矜变为怨尤，进而以酒浇愁的这段“平板”唱腔，杨淑英唱得幽怨哀婉，在唱到“你若是不遂娘娘的心……管教你思前容易悔后迟”这段时，她的声音在清澈亮丽中略带颤抖，把杨贵妃失意时的醉态和宫怨尽现于声情之中。最后一段【昆头子】，“恼恨唐明王无故将奴撇，二人同欢笑，难打同心结，闪得奴冷凄凄独自回宫去也。”杨淑英在唱腔原有的基础上做了适当的发展，行腔、用声上充分表露出对唐明皇的失望怨艾。最后一句“独自回宫去也”唱得落寞凄怆，无可奈何，极富戏剧性，有很深的意境，取得了强烈的艺术效果。

弹戏《穆桂英》中的《点将责夫》是杨淑英多年磨砺、反复雕琢的好戏。唱腔上她汲取了豫剧著名艺术家常香玉在《花木兰》唱腔中的一些用声和行腔的技法，把豫剧声腔的高昂雄浑的劲道融汇入川剧弹戏中，水乳交融而不着痕迹，平添了弹戏声腔铿锵刚毅的色彩。穆桂英是以武旦应工，杨淑英唱这出戏时，在共鸣的运用上显得丰满充盈，唱来刚劲豪迈，英姿飒爽。戏中，既要表现穆桂英作为元帅的威严，又要表现出妻子对丈夫的责怪劝勉与深挚爱护的交织感情，处理上很有分寸。“甜平一字”的“思乡还乡进帐报禀……整军威焉能顾夫妻之情”一段，她唱得凝重含威，字字刚毅有力，接着情绪一转：“借验伤上前去把夫安慰……打在了你的身痛在我心”一段则唱得委婉关切，语重心长，尤其在“痛在”二字时的“闪闪腔”用得恰到好处，把妻子对丈夫的深情痛惜，在唱腔中淋漓尽致地倾吐了出来。下面和杨宗保的对唱，为了力劝丈夫尊重军纪、消除意气用事，她的唱腔从容不迫，声音里饱含关爱，委婉恳切，十分动人。尤其是“夺子”一段，层层推进，剥茧抽丝般地寓情于理，把元帅和妻子的双重身份和矛盾的思绪，很自然地表达了出来。这出戏中，念白也不少，杨淑英在咬字、语势等方面抑扬疾徐恰如其分，念白的音乐性与唱腔衔接得珠联璧合，相得益彰。唱得深情，说得委婉，不单使剧中人物杨宗保闻声自省，也深深地拨动了观（听）众的心弦。

杨淑英在声腔艺术上的成就是川剧艺术和民族声乐艺术中的瑰宝，值得很好地珍惜并加以研究总结，使民族声乐艺术之花在华夏文化的百花园中开放得更加绚丽多姿，生机勃勃。

1984年5月

◎陈治华　记录整理

德艺双馨的川剧表演艺术家

——杨淑英舞台艺术研讨会纪要

1998年7月3日，成都市文化局、“成都戏剧丛书”编辑部共同主持召开了“杨淑英舞台艺术研讨会”。会议邀请了川剧界部分在蓉专家、学者及与杨淑英共事多年的艺术家参加座谈。杨淑英同志亲临会场。

出席研讨会的有：车荣德、王官福、李桐君、熊正堃、胡小凤、夏阳、蓝光临、晓艇、刘芸、蒋维明、戴德源、邬丰太、刘双江、钟德富、唐思敏、蒋立芳、傅秀洪、胡利平、张小燕、陈治华等二十二人。适值夏日，酷热难当，他们之中有的年事已高，有的体弱多病，都因杨淑英的人格魅力和艺术魅力的感召而欣然赴会。会议由市文化局创作办公室主任、艺术处处长、“成都戏剧丛书”副主编吴晓飞主持。

会议发言纪要如下：

王官福　杨淑英的身材适中，能文能武，唱腔、表演、讲口、舞台形象都不错。“戏子无声客（指商贾）无本”，唱戏就需要嗓子，否则就像做生意的没有本钱。她的嗓音好，声无杂音，纯净，就像好米没得稗子，唱腔柔润。川剧的五种声腔她都擅长，尤其川剧曲牌中的【红衲袄】【梭梭岗】，这些唱腔简单又不好唱，但“豆芽小菜需味道”，她唱得很有韵味。

蓝光临　杨淑英同志我同她多次同台合作，这里我写了几句顺口溜，作为对她的艺术成就的一点表示：“李甲负心《杜十娘》，《点将责夫》闹一场；《朝阳沟》里重修好，《夫妻桥》头又断肠；巾帼丈夫形象好，专家学者皆赞扬；有幸同台装生旦，戏界花魁淑英杨。”

熊正堃 我与杨淑英合作过一些戏，也看过她不少演出。她天赋好，又勤学苦练，不单唱川戏，还唱过京戏。她扮相富丽、雍容华贵，气质很好。而且声腔字字铿锵入耳，明朗清脆。她的艺术表现可谓正宗川剧。她的代表剧目如《夫妻桥》《谭记儿》《穆桂英挂帅》等，一点一滴都值得留下来。特别是《朝阳沟》唱得好，给我留下深刻的印象。同时，她艺德好，为人随和。常言道："先生好不如脾气好。"台上台下，她都与同事的关系融洽。尤其对恩师钟琼瑶的尊敬及经济上的一贯资助，在川剧界传为美谈。

郛丰太 杨淑英老师及其同一批的旦角表演艺术家，是新中国成立后在川剧舞台上闪闪发光的星座之一，影响不仅遍及省内外，还享誉国外。对她的艺术总结和对川剧界所有老一辈艺术家的宝贵经验一一成书，成都市川剧艺术研究所曾经有过这样一个粗略的计划，后来因为种种原因而搁浅。现在，成都市文化局有计划地在实现这一目标，值得赞赏。

杨淑英戏路宽，文武昆乱不挡。她的唱腔艺术可用四个字来概括：清（清亮）、纯（纯净）、浑（浑厚）、厚（厚重）。声音的宽度、力度、厚度都有，唱起来悦耳、动听，无矫饰，纤尘不染。她以优美的唱腔艺术塑造了众多的戏剧人物形象。她的代表作如《点将责夫》，确实演出了人物的气度，与李桐君老师的表演珠联璧合，这出戏成为成都市川剧院的保留节目。同时，杨淑英老师的"德艺双馨"，在川剧界更是有口皆碑。

晓　艇 杨淑英老师演戏不仅演程式，更主要的是演人、演情。她的《谭记儿》秀丽端庄、光彩照人，无与伦比。她的唱腔感情投入，字字铿锵。而嗓音清澈透明、唱人唱情——嗓不乱用是她的特点。她在"台上认认真真演戏，台下认认真真做人"。由于成都市川剧院有了以杨淑英为代表的一批人的出色表演，成都的川剧在全川起到了推动作用。当年，这批人在北京演出影响之大，使北京流传着"不看川剧，未进戏剧门槛"的说法。所以，为其"树碑立传"，此事功德无量。

刘　芸 杨淑英老师的表演艺术可用"稳""准""美"来概括。她的做功、眼神运用恰到好处，不该用的绝不用，不该多的绝不多。她演戏讲究对人物内在情感的准确把握，不求外在华而不实，包括服饰穿戴中的一件衣、一朵花的运用都很准确。尤其对眼神的运用，表达情感细腻，很有分寸感。她饰演的角色，都能给人以美感，加上天生丽质，使她在舞台上的举手投足，都令人赏心悦目，堪称川剧的骄傲。

在日常生活中，她平易近人、朴实无华，从不以表演艺术家自居而傲视晚辈及与她合作的人，体现了老一辈艺术家难得的高尚品格。

夏　阳　面对川剧界老艺术家退的退、死的死，使我想起川剧极盛时的情景。生、老、病、死是人生的自然规律，但川剧当初为何那样红火？值得探讨。我与很多老、中、青演员合作过。与杨淑英合作是从《陈三五娘》开始，前后计有十二台大戏。最令我难忘的是她严肃认真、一丝不苟的创作态度。她是用心血、用生命在演戏，我认为应该继承她的这种精神，这是川剧事业最可宝贵的财富。

蒋立芳　杨淑英老师的声腔艺术给人印象深刻。尤其她在《夫妻桥》中《断桥》《桥成》的几段唱腔，唱得声情并茂、珠圆玉润，余音绕梁，令人震撼！

刘双江　杨淑英老师的舞台艺术可以用“功力深厚”来概括。她戏路宽、底气足（嗓音不仅清亮，而且经久耐用），艺术素养全面（幼时唱曲艺，青年时唱过京剧，川剧五种声腔的掌握得心应手），应变能力强。她所演的人物有光彩，极具魅力。她在《营门斩子》《点将责夫》中，既表现了巾帼英雄的气概，又有儿女情长，充满情趣。无论需要她演什么戏，她都毫无怨言、克服困难去认真完成，有极好的敬业精神。

李桐君　我从解放初期就与杨淑英合作，她对事待人诚恳，对艺术肯学肯钻，给我帮助很大，我们合作得很愉快。尤其难忘的是 1958 年在武汉，毛主席连续观看两场我与杨淑英合作演出的《穆桂英挂帅》，认为杨淑英的表演很好，有人物性格。中央领导人对川剧的评价很高。

钟德富　从穆桂英到何娘子，杨淑英凭着对艺术创造的执着追求精神，在十几出戏中塑造了一个个闪亮的艺术形象。这些艺术形象大多在处理国事、家事的矛盾冲突中，表现出大义凛然和正直、正派的品格，光彩照人，极具艺术魅力。“戏如其人”，杨淑英的品格如同她所扮演的角色，无论从艺、做人，都令人崇敬。她不为名、不为利，总是以平和的心态来从事自己的工作，在艺术上为我们树立了典范，在做人方面也堪称典范。

唐思敏 川剧遗产主要应包括做人、作艺两方面，即中央提倡的“德艺双馨”。杨淑英老师“吃得亏，打得堆”，对人随和、朴实，不争名利，能吸引人、团结人。她的舞台艺术经得起欣赏、品析。她身上体现了人格魅力和艺术魅力的高品位结合，这两者都是她留给我们的宝贵财富。

胡小凤 从1954年开始，逐渐形成了川剧的“四大名旦”，杨淑英是其中之一。她唱、做、念、打都得行。尤其她的唱腔，抑、扬、顿、挫都以“情”出发，不哗众取宠，不估倒拉“好”，不故意“讨好”观众。她对人真诚，对事认真，不搞歪门邪道。

蒋维明 杨淑英的人品、艺德令人敬佩。听她摆谈自己的身世，我感到她的厚积薄发，是与她很有特色的经历和成长环境中浓厚的文化氛围有关，更得益于老师给她“装肚皮”，“装”了一百多出戏的缘故。过去，她全身心地投入演出，超负荷地工作，没能及时搜集自己的有关资料。所以，我在车荣德的积极支持、帮助下，多方搜集资料和深入研究，以年代为经、艺迹为纬，为她写成了现在四个章的传记。但由于很多资料的搜集还不尽如人意，对她的系统研究工作也还不够，我的作品只能聊胜于无，起到抛砖引玉的作用。今天的研讨会，引来了很多“玉”，让我进一步认识了杨淑英，并有助于我对作品进一步修改。

戴德源 我代表“成都戏剧丛书”编辑部，对众多老师冒着酷暑前来参加研讨会表示感谢。今天的座谈，对这本书内容的丰富和质量的提高大有好处。待该书正式脱稿后，编辑部一定认真细致地做好编辑工作，争取使其成为“戏剧丛书”中毫不逊色的专集和艺术经验介绍的好书。

吴晓飞 研讨会使人受益匪浅。五六十年代，川剧为什么那样红火?我认为，是因为有以杨淑英老师为代表的这样一批人和一批戏，有成都市川剧院这一土壤。抓紧总结健在的老艺术家的经验，这是一种贡献。同时，这一工作又与修志工作有呼应的作用，很有意义。我们将尽力为“戏剧丛书”的出版创造条件，将这一工作不断地进行下去。

研讨会在热烈的气氛中进行。与会者在畅谈杨淑英舞台艺术及其生平的同时，充分肯定了成都市文化局在人手少、经费紧缺的情况下，挤出经费，组织人员，总结、研究、记录整理川剧界老一辈艺术家的艺术成果及宝贵经验，坚持“成都戏剧丛书”的出版工作，以留传后世。一致赞扬此项工作意义深远，功德无量，并殷切希望这项工作能有计划地持续进行下去。

艺事回眸
YI SHI HUI MOU

唱段精选

意惶惶

（高腔《夫妻桥·春祭》何娘子唱段）

杨淑英演唱
刘嘉慧记谱

【傍妆台】
(帮)
把乃 壮 尺丑. 乃 壮乃丑 当丑当丑 乃壮乃
意 惶惶(啊),
丑乃尺 壮 尺丑. 猜 猜乃 壮)
"一字"
中速
两 度清明 同 断
(啊)
肠 (啊),
(止)
(唱)杜 鹃
(帮)
啼 血泪(呀), 助 凄凉(啊)。
(止)
(唱)伤心最 怕 麦 饭 冷,
招魂 不嫌 纸 幡 长 (啊)。
(帮)
空山(哪) 抹 斜(呀)

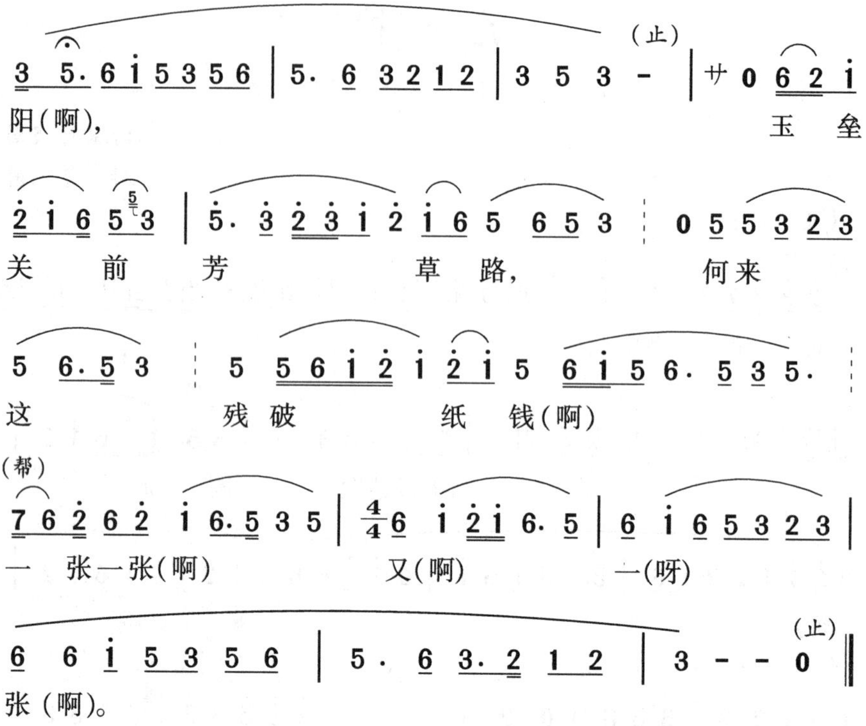
(止)
阳(啊),
玉垒
关前芳草路,
何来
这残破纸钱(啊)
(帮)
一张一张(啊)
又(啊)
一(呀)
(止)
张(啊)。

深感盛情

（高腔《夫妻桥·春祭》何娘子唱段）

杨淑英演唱
刘嘉慧记谱

1=C

【香罗带】“一字”中速

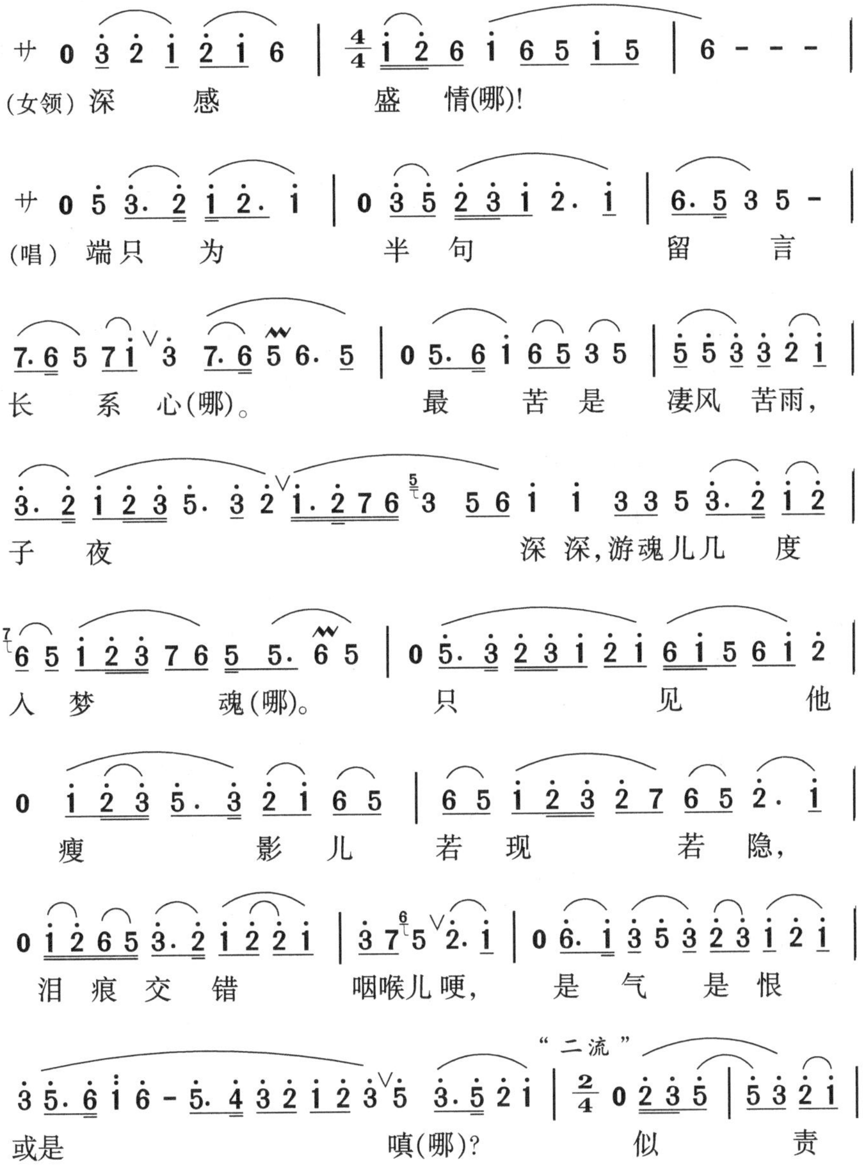
(女领)深感盛情(哪)!
(唱)端只为半句留言
长系心(哪)。最苦是凄风苦雨,
子夜深深,游魂儿几度
入梦魂(哪)。只见他
瘦影儿若现若隐,
泪痕交错咽喉儿哽,是气是恨
“二流”
或是嗔(哪)?似责

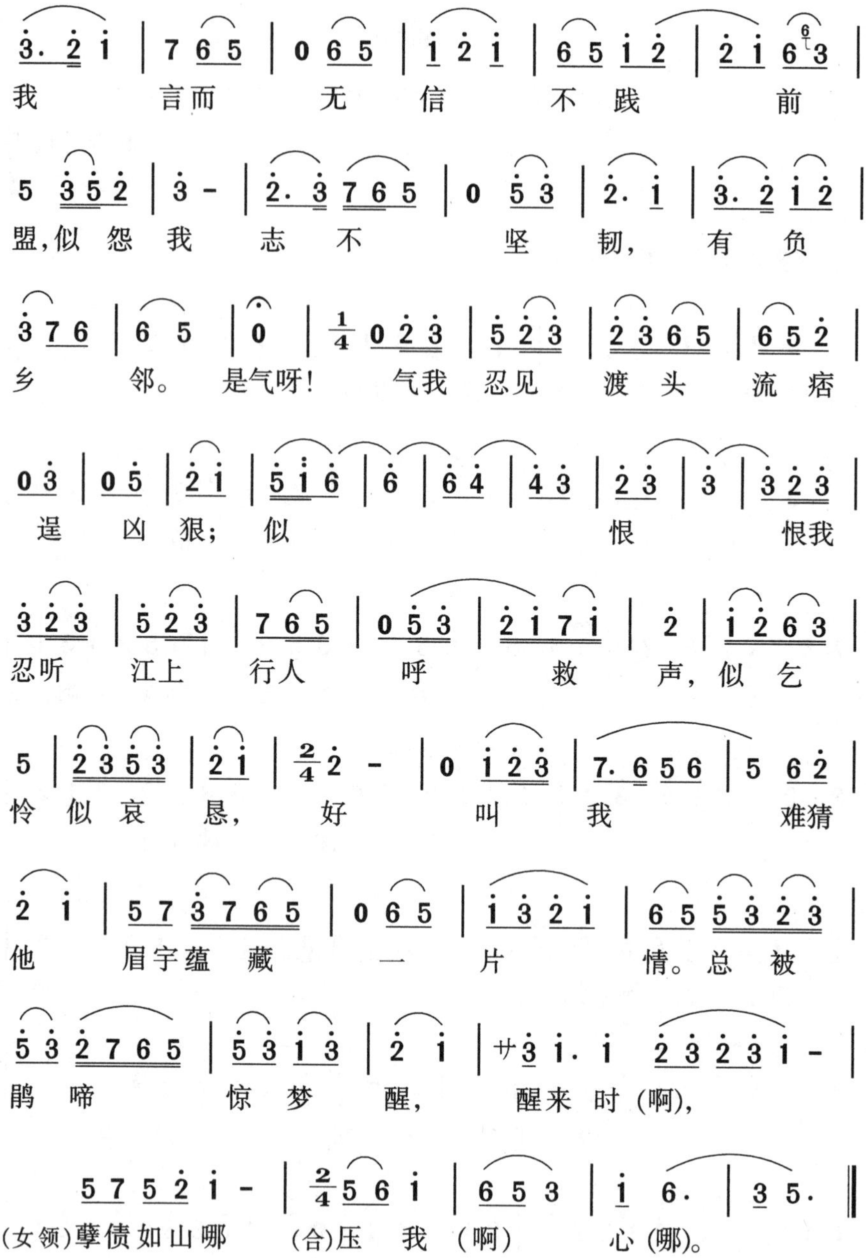
我 言而 无 信 不 践 前
盟,似 怨 我 志 不 坚 韧, 有 负
乡 邻。 是气呀! 气我 忍见 渡 头 流 痞
逞 凶 狠; 似 恨 恨我
忍听 江上 行人 呼 救 声,似 乞
怜 似 哀 恳, 好 叫 我 难猜
他 眉宇蕴 藏 一 片 情。总 被
鹃 啼 惊 梦 醒, 醒来 时 (啊),
(女领)孽债如山哪 (合)压 我 (啊) 心 (哪)。

弥天横祸平空起

（高腔《夫妻桥·桥成》何娘子唱段）

杨淑英演唱

刘嘉慧记谱

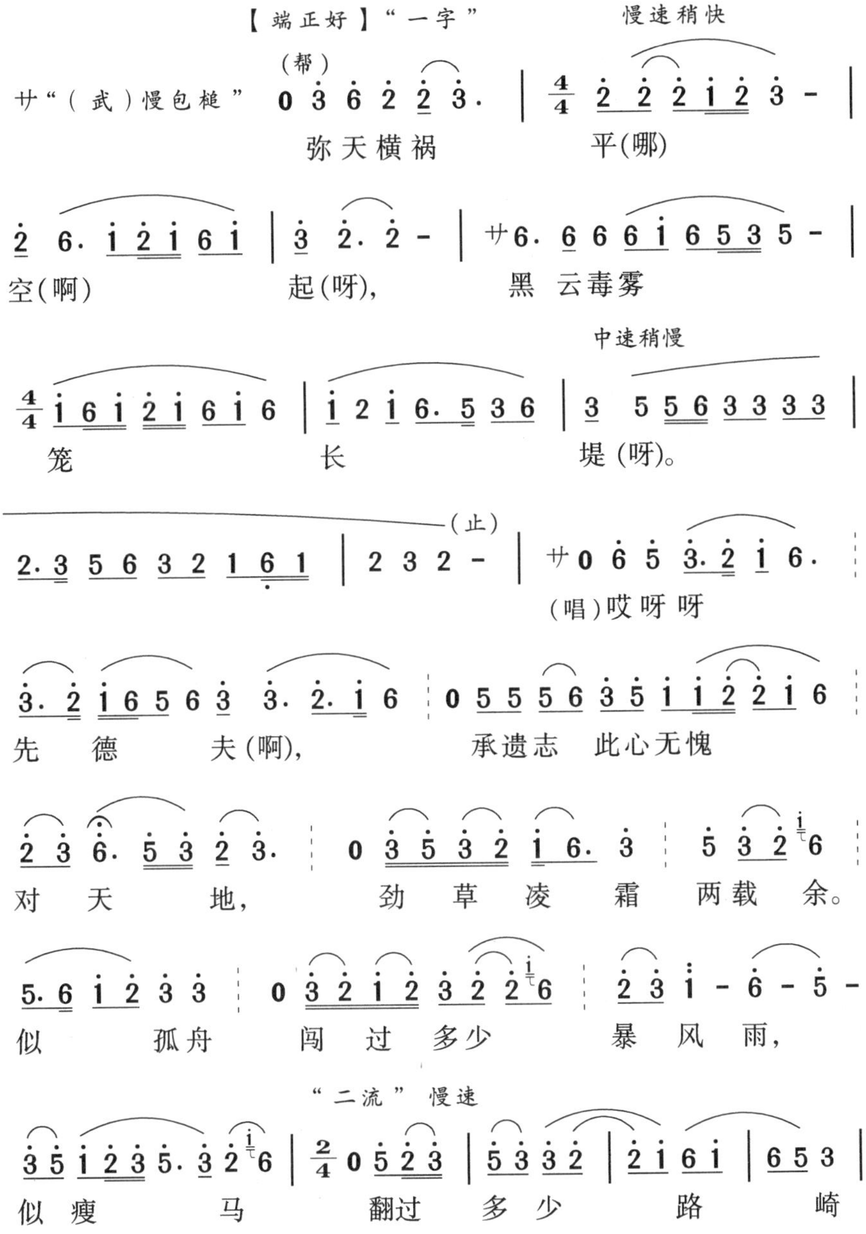
【端正好】“一字”
慢速稍快
（帮）
廿“（武）慢包槌”
弥天横祸 平(哪)
空(啊) 起(呀), 黑 云毒雾
中速稍慢
笼 长 堤(呀)。
(止)
(唱)哎呀 呀
先 德 夫(啊), 承遗志 此心无愧
对 天 地, 劲 草 凌 霜 两载 余。
似 孤舟 闯 过 多少 暴 风 雨,
“二流” 慢速
似 瘦 马 翻过 多 少 路 崎

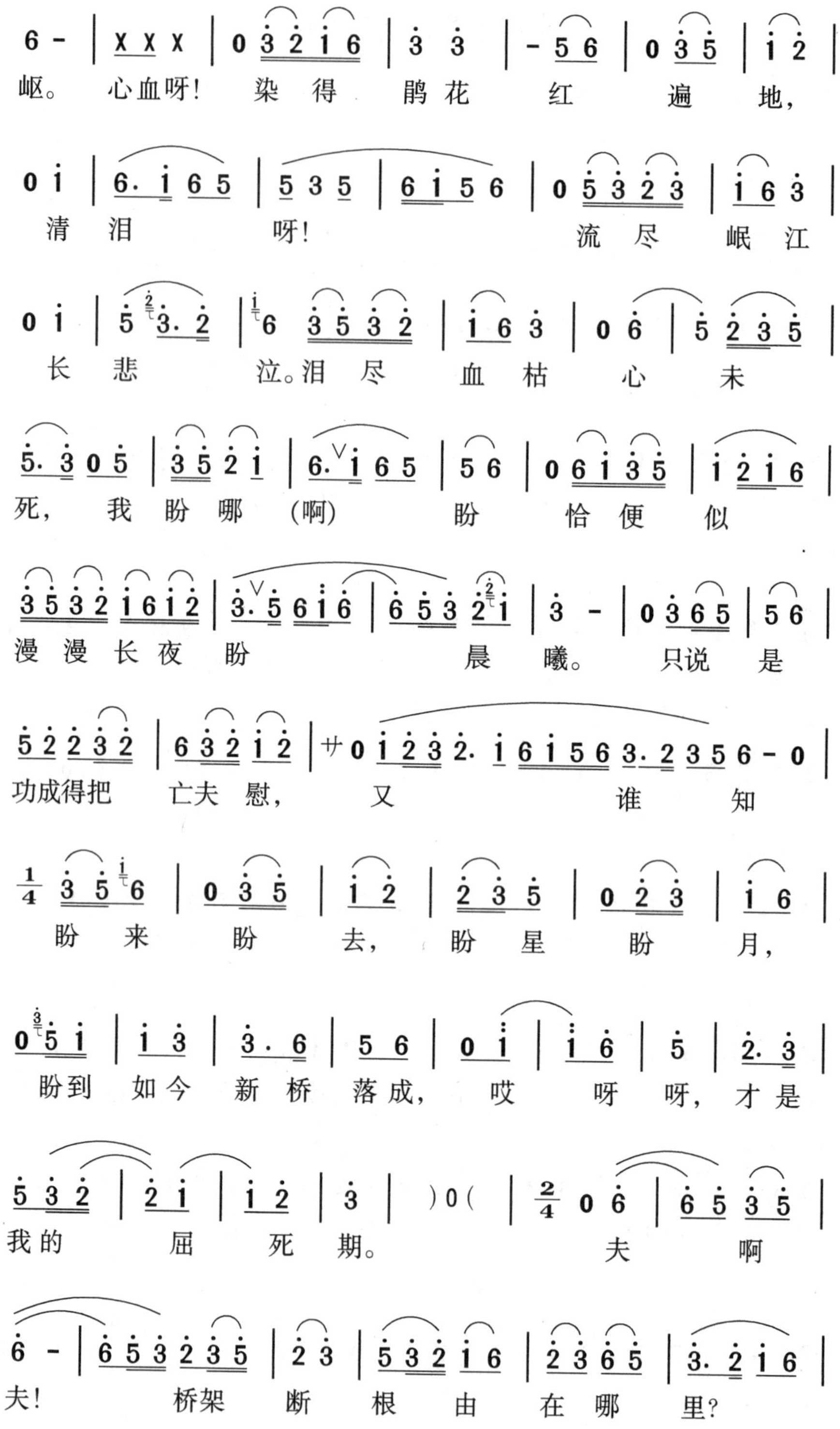
岖。心血呀！染得鹃花红遍地，
清泪呀！流尽岷江
长悲泣。泪尽血枯心未
死，我盼哪（啊）盼恰便似
漫漫长夜盼晨曦。只说是
功成得把亡夫慰，又谁知
盼来盼去，盼星盼月，
盼到如今新桥落成，哎呀呀，才是
我的屈死期。夫啊
夫！桥架断根由在哪里？

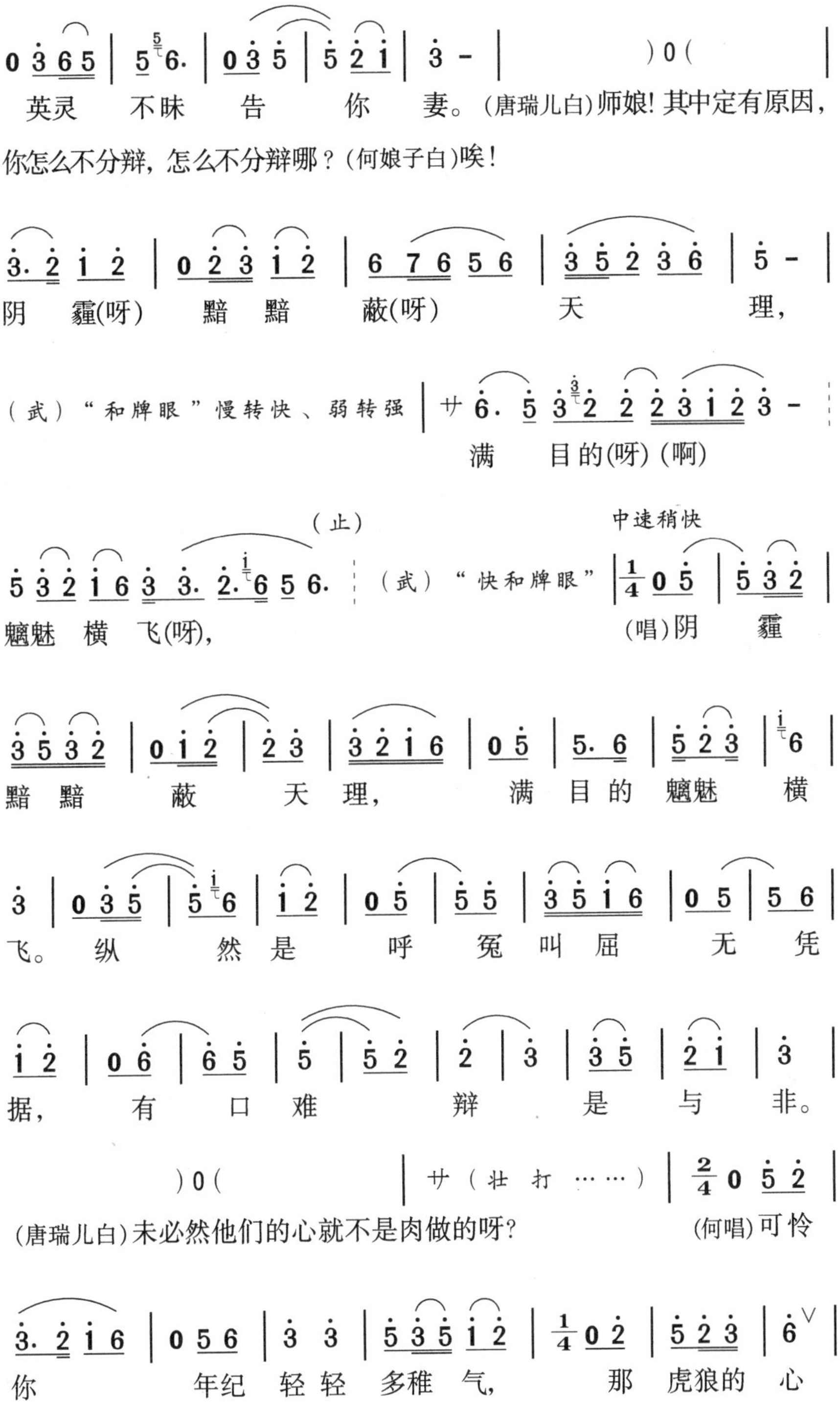
英灵 不昧 告 你 妻。(唐瑞儿白)师娘! 其中定有原因,
你怎么不分辩, 怎么不分辩哪?(何娘子白)唉!
阴 霾(呀) 黯 黯 蔽(呀) 天 理,
(武)"和牌眼"慢转快、弱转强
满 目的(呀)(啊)
(止)
中速稍快
魑魅 横 飞(呀),
(武)"快和牌眼"
(唱)阴 霾
黯 黯 蔽 天 理, 满 目 的 魑魅 横
飞。纵 然 是 呼 冤 叫 屈 无 凭
据, 有 口 难 辩 是 与 非。
廿(壮 打 ……)
(唐瑞儿白)未必然他们的心就不是肉做的呀?
(何唱)可 怜
你 年纪 轻 轻 多稚 气, 那 虎狼的 心

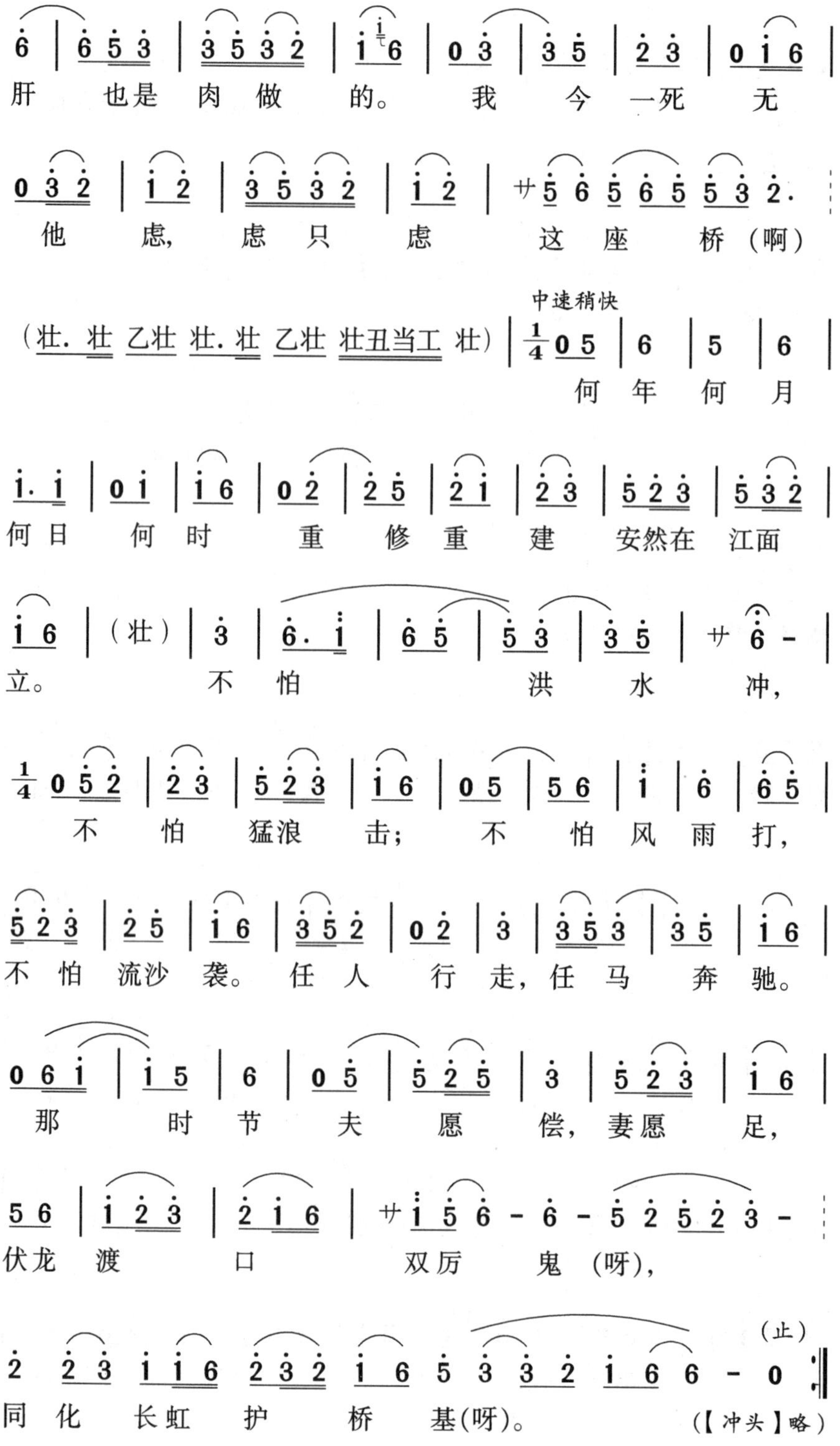
肝 也是肉 做 的。我 今 一死 无
他 虑, 虑只 虑 这 座 桥 (啊)
(壮.壮 乙壮 壮.壮 乙壮 壮丑当工 壮)
中速稍快
何 年 何 月
何日 何 时 重 修 重 建 安然在 江面
立。 (壮) 不 怕 洪 水 冲,
不 怕 猛浪 击; 不 怕 风 雨 打,
不 怕 流沙 袭。 任 人 行 走, 任 马 奔 驰。
那 时 节 夫 愿 偿, 妻愿 足,
伏龙 渡 口 双厉 鬼 (呀),
(止)
同 化 长虹 护 桥 基(呀)。
(【冲头】略)

道甚辛艰

（高腔《谭记儿·邂逅》谭记儿唱段）

杨淑英演唱

李远松记谱

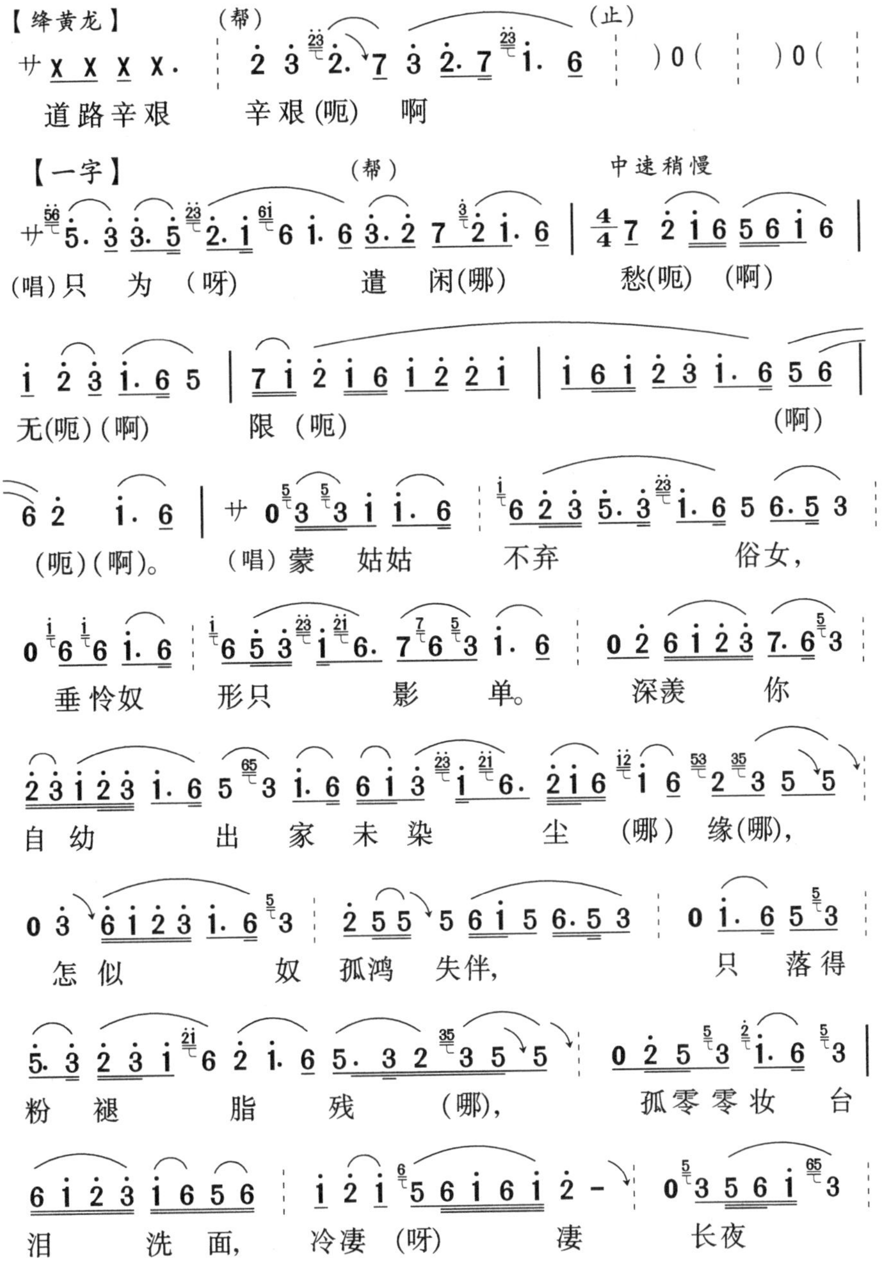
【绛黄龙】
(帮)
(止)
道路辛艰 辛艰(呃) 啊
【一字】
(帮)
中速稍慢
(唱)只 为 (呀) 遣 闲(哪) 愁(呃) (啊)
无(呃)(啊) 限 (呃) (啊)
(呃)(啊)。 (唱)蒙 姑姑 不弃 俗女，
垂怜奴 形只 影 单。 深羡 你
自 幼 出 家 未 染 尘 (哪) 缘(哪)，
怎 似 奴 孤鸿 失伴， 只 落 得
粉 褪 脂 残 (哪)， 孤零 零 妆 台
泪 洗 面， 冷凄 (呀) 凄 长夜

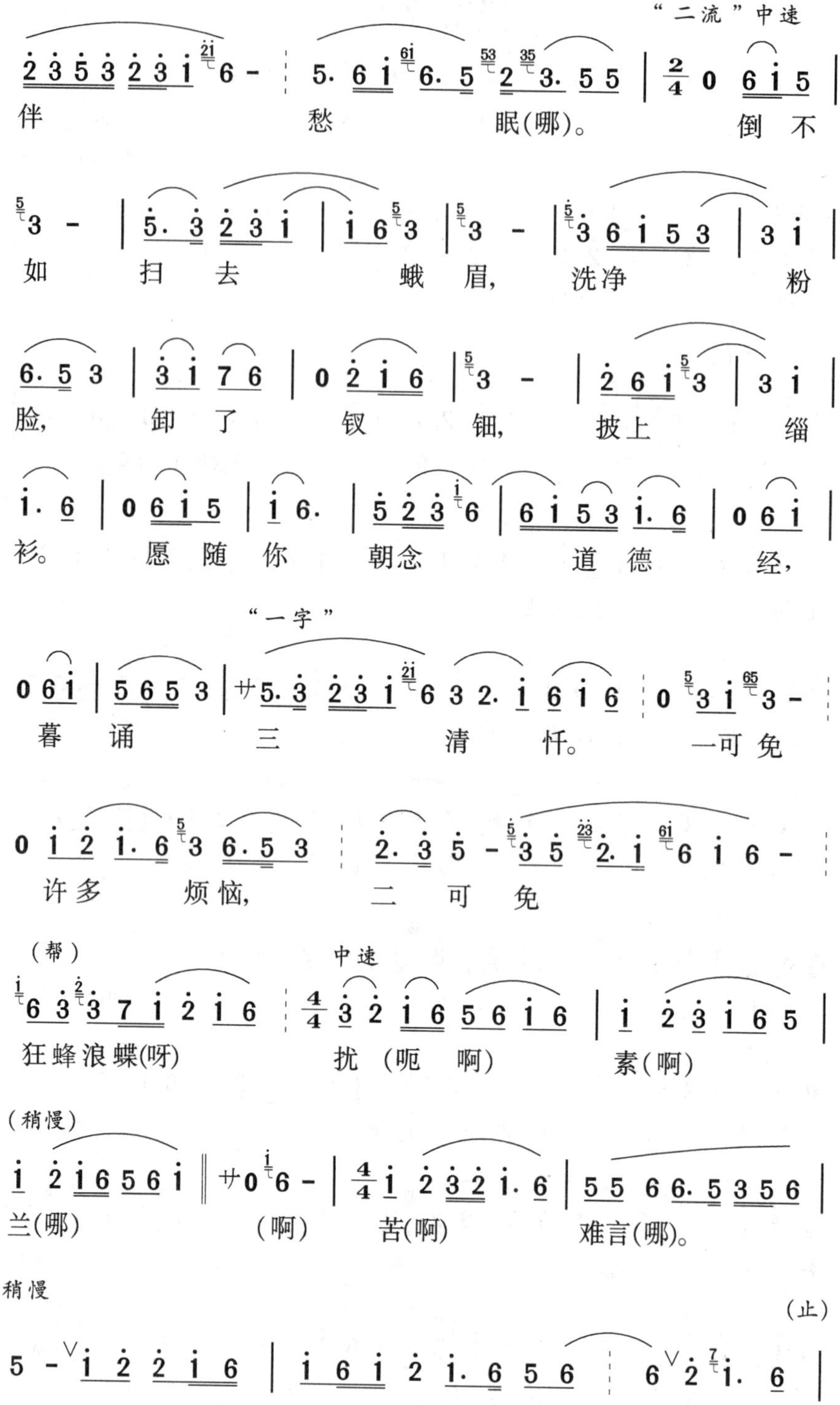

“二流”中速
伴 愁 眠(哪)。 倒 不
如 扫 去 蛾 眉, 洗净 粉
脸, 卸 了 钗 钿, 披上 缁
衫。 愿 随 你 朝念 道 德 经,
“一字”
暮 诵 三 清 忏。 一可 免
许 多 烦 恼, 二 可 免
(帮)
中速
狂蜂浪蝶(呀) 扰 (呃 啊) 素(啊)
(稍慢)
兰(哪) (啊) 苦(啊) 难言(哪)。
稍慢
(止)

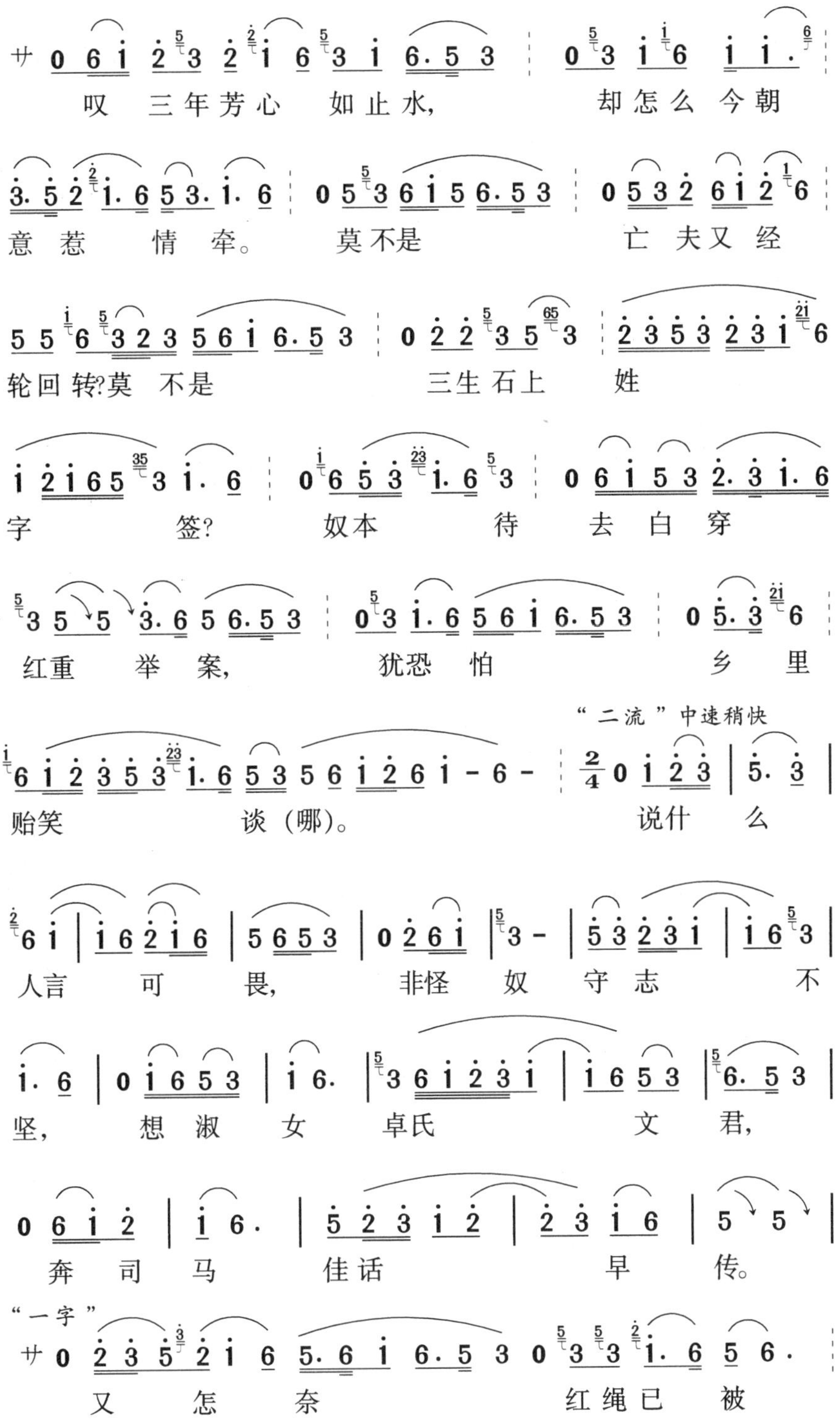
叹 三年芳心 如止水， 却怎么 今朝
意 惹 情 牵。 莫不是 亡 夫又 经
轮回 转?莫 不是 三生 石上 姓
字 签? 奴本 待 去 白 穿
红重 举 案， 犹恐 怕 乡 里
“二流”中速稍快
贻笑 谈（哪）。 说什 么
人言 可 畏， 非怪 奴 守 志 不
坚， 想 淑 女 卓氏 文 君，
奔 司 马 佳 话 早 传。
“一字”
又 怎 奈 红绳 已 被

我折断，红叶逐水 去 不 还(哪)。
将姑姑好心错 埋 怨， 又 怎好 再 请 她 把 心
事 传(哪)？
他 既 然 春闱入选， 一定 是
才气 不 凡(哪)。倒不如 寄 语 墨翰，
效 双 文(哪)
（帮）
新诗权当（啊）
中速
稍慢
(止)
媒(呃) (啊) 妁(呃)(啊) 言(哪)。

汉室王业出奸叛

（高腔《连环计·凤仪亭》貂蝉唱段）

杨淑英演唱
杨为记谱

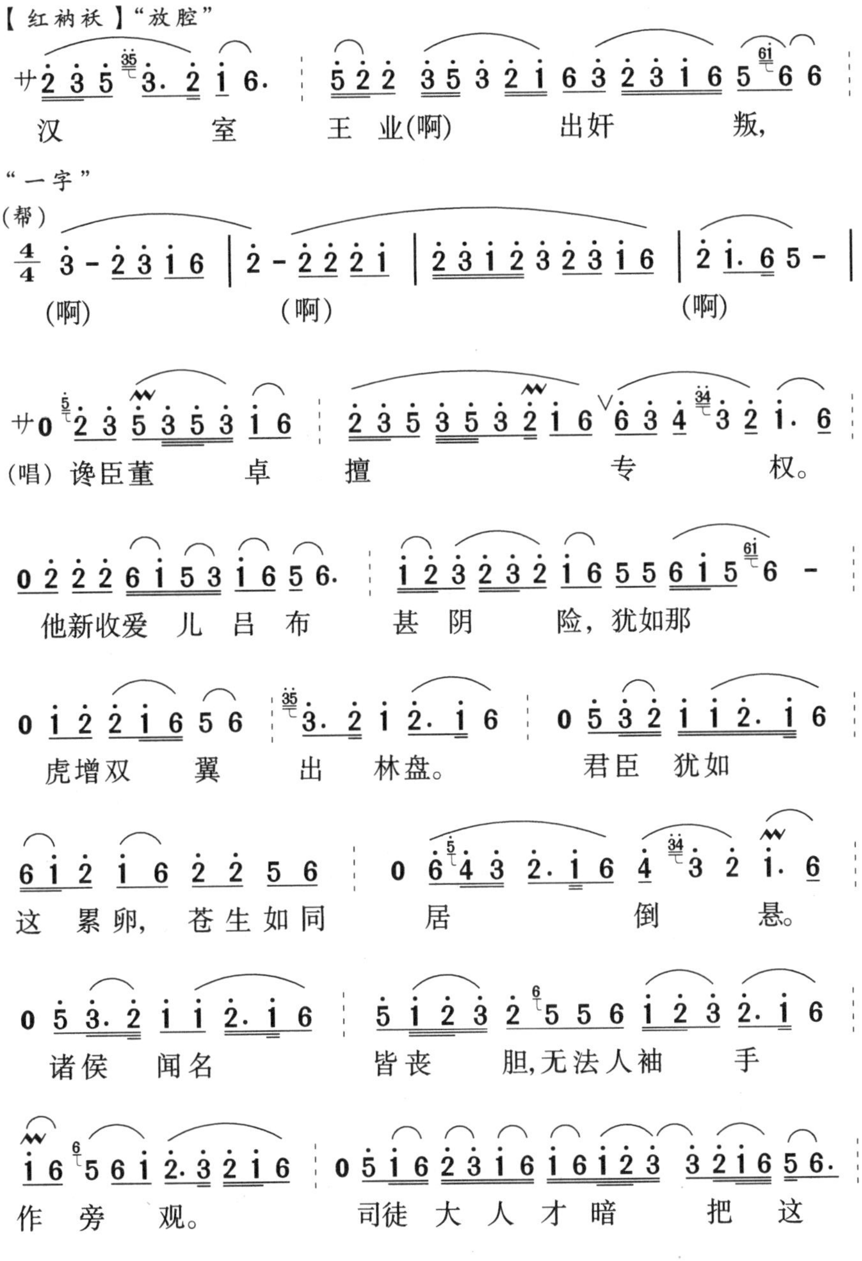
【红衲袄】“放腔”
汉 室 王 业(啊) 出奸 叛,
“一字”
(帮)
(啊) (啊) (啊)
(唱)谗臣董 卓 擅 专 权。
他新收爱 儿 吕 布 甚 阴 险，犹如那
虎增双 翼 出 林盘。 君臣 犹如
这 累卵，苍生如同 居 倒 悬。
诸侯 闻名 皆丧 胆，无法人袖 手
作 旁 观。 司徒 大人 才 暗 把 这

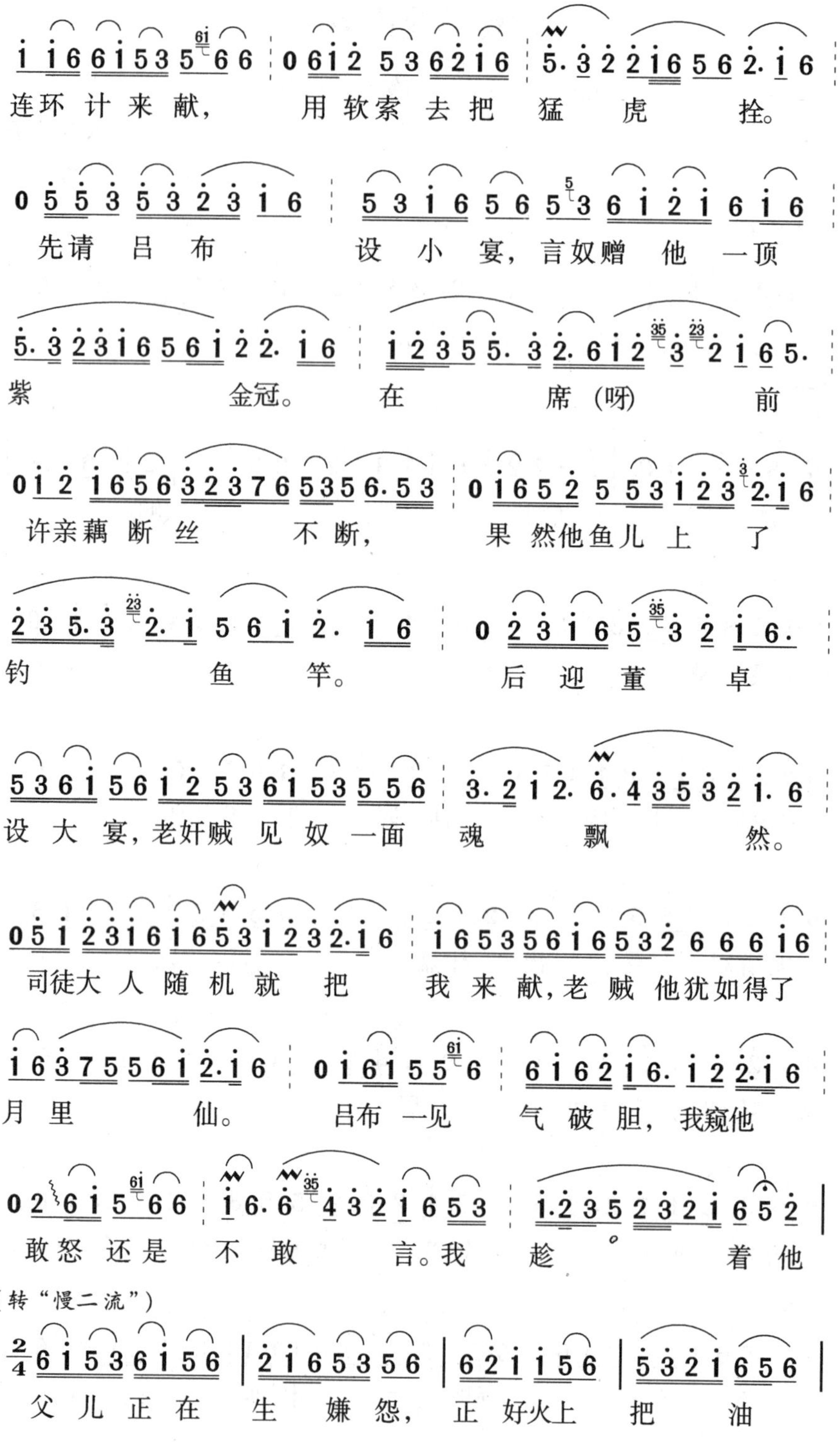
连环计来献，用软索去把猛虎拴。
先请吕布设小宴，言奴赠他一顶
紫金冠。在席(呀)前
许亲藕断丝不断，果然他鱼儿上了
钓鱼竿。后迎董卓
设大宴，老奸贼见奴一面魂飘然。
司徒大人随机就把我来献，老贼他犹如得了
月里仙。吕布一见气破胆，我窥他
敢怒还是不敢言。我趁着他
(转“慢二流”)
父儿正在生嫌怨，正好火上把油

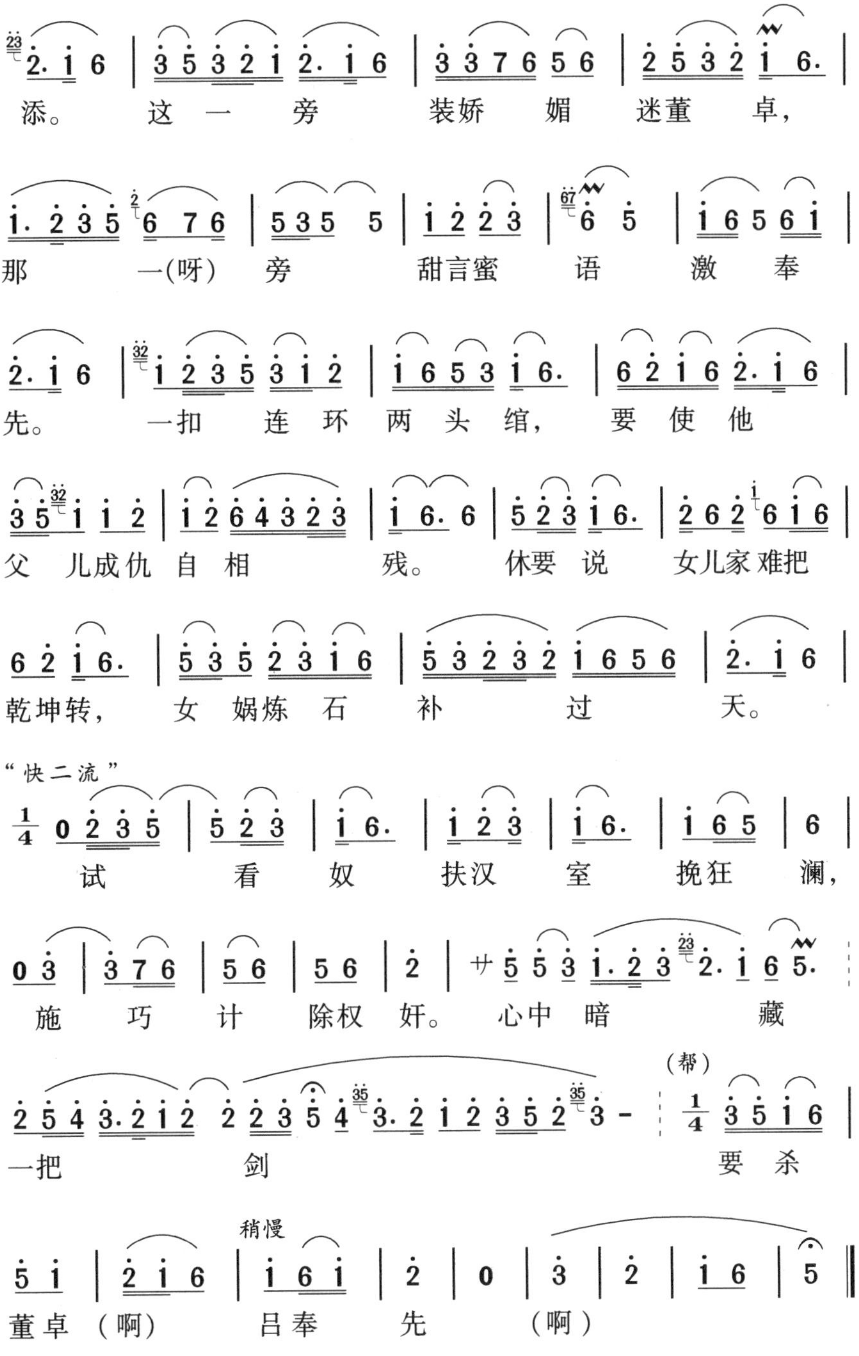
添。这一旁装娇媚迷董卓，
那一(呀)旁甜言蜜语激奉
先。一扣连环两头绾，要使他
父儿成仇自相残。休要说女儿家难把
乾坤转，女娲炼石补过天。
“快二流”
试看奴扶汉室挽狂澜，
施巧计除权奸。心中暗藏
(帮)
一把剑要杀
稍慢
董卓（啊）吕奉先（啊）

营门战鼓响咚咚

（胡琴《前帐会》铁镜女唱段）

杨淑英演唱
杨为记谱

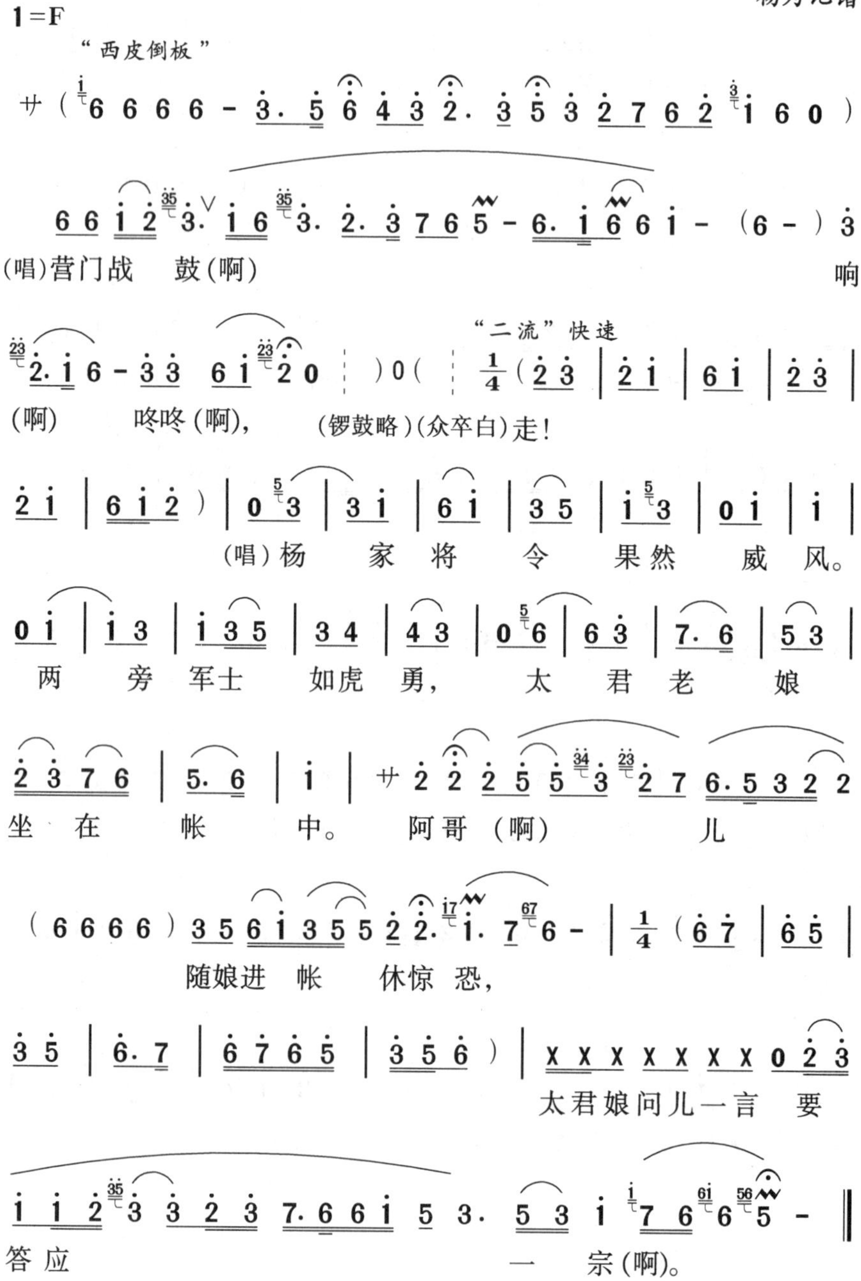
1=F
“西皮倒板”
(唱)营门战 鼓(啊) 响
(啊) 咚咚(啊)，
“二流”快速
(锣鼓略)(众卒白)走！
(唱)杨 家 将 令 果然 威 风。
两 旁 军士 如虎 勇， 太 君 老 娘
坐 在 帐 中。 阿哥 (啊) 儿
随娘进 帐 休惊 恐，
太君娘问儿一言 要
答应 一 宗(啊)。

十五载婆媳们今夜相逢

（胡琴《前帐会》铁镜女唱段）

杨淑英演唱
杨为记谱

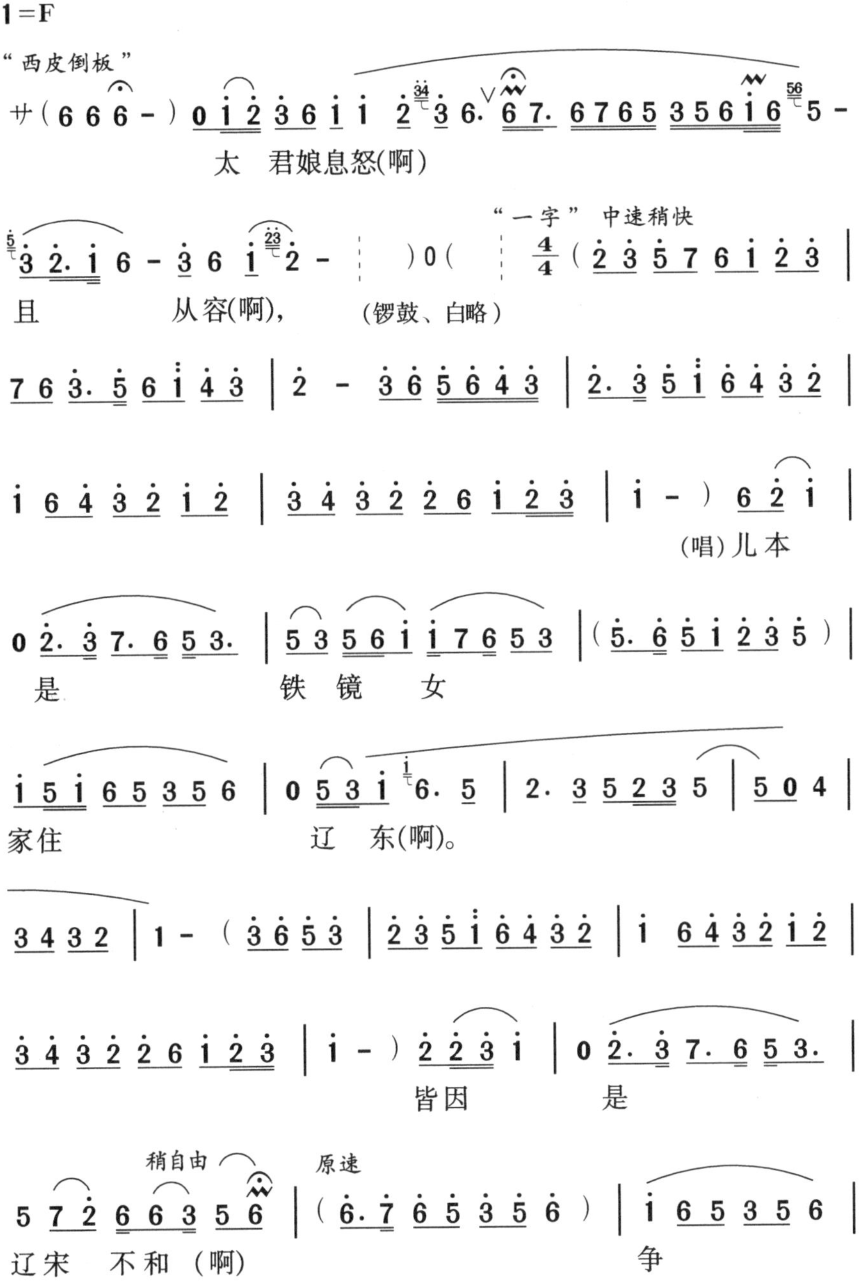
1＝F
“西皮倒板”
太 君娘息怒(啊)
“一字” 中速稍快
且 从容(啊)，
(锣鼓、白略)
(唱)儿本
是 铁 镜 女
家住 辽 东(啊)。
皆因 是
稍自由
原速
辽宋 不和 (啊)
争

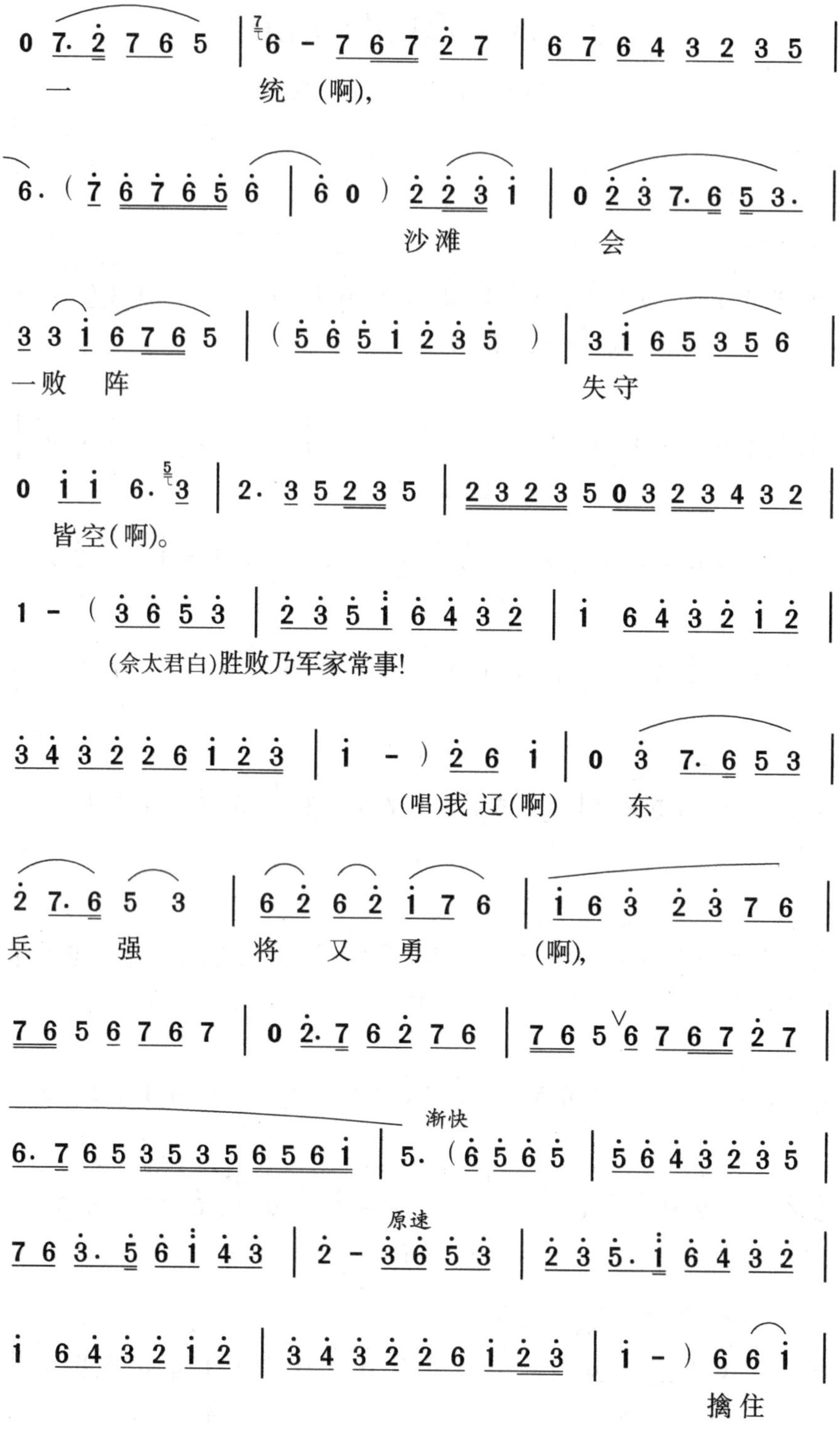
一 统 (啊),
沙滩 会
一败 阵 失守
皆空(啊)。
(佘太君白)胜败乃军家常事!
(唱)我 辽(啊) 东
兵 强 将 又 勇 (啊),
渐快
原速
擒住

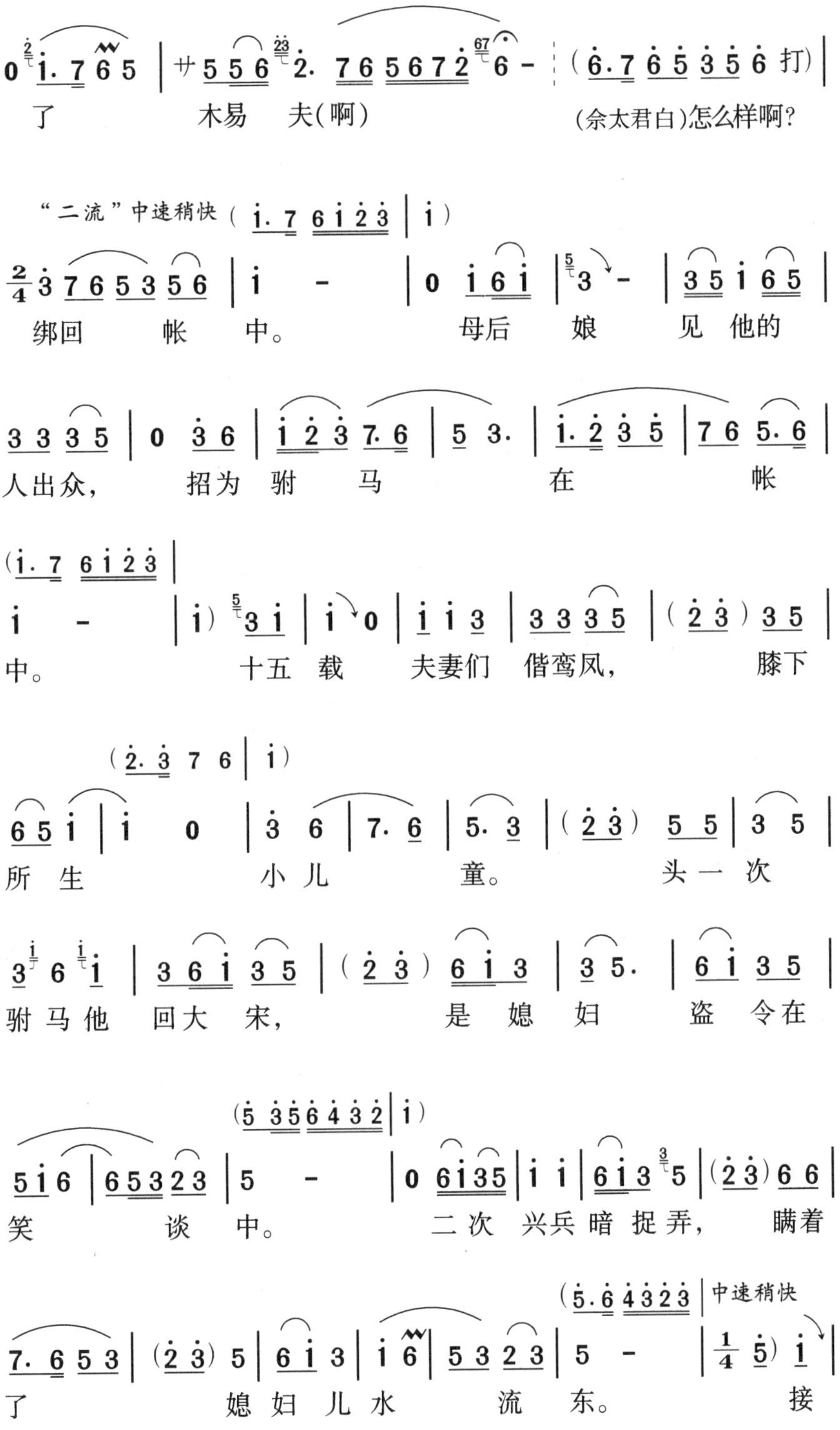
了 木易 夫(啊)
(佘太君白)怎么样啊?
"二流"中速稍快
绑回 帐 中。 母后 娘 见 他的
人出众, 招为 驸 马 在 帐
中。 十五 载 夫妻们 偕鸾凤, 膝下
所 生 小 儿 童。 头 一 次
驸 马 他 回大 宋, 是 媳 妇 盗 令在
笑 谈 中。 二 次 兴兵 暗 捉 弄, 瞒着
中速稍快
了 媳 妇 儿 水 流 东。 接

唱段精选

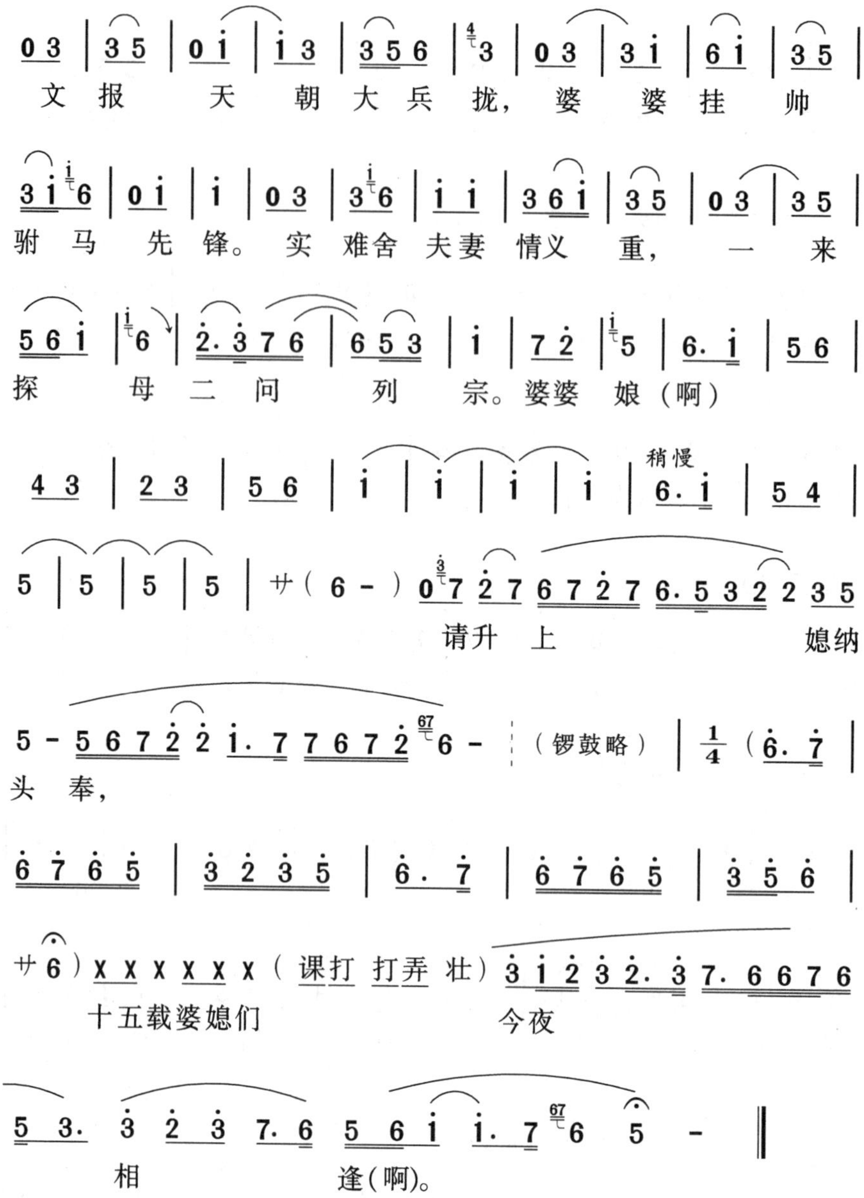
文报天朝大兵扰，婆婆挂帅
驸马先锋。实难舍夫妻情义重，一来
探母二问列宗。婆婆娘（啊）
稍慢
请升上
媳纳
头奉，
（锣鼓略）
十五载婆媳们
（课打 打弄 壮）
今夜
相
逢(啊)。

秋光灿碧澄澄万籁声静

（胡琴《长生殿·乞巧》李隆基、杨玉环唱段）

杨昌林
杨淑英 演唱
李远松记谱

1=E

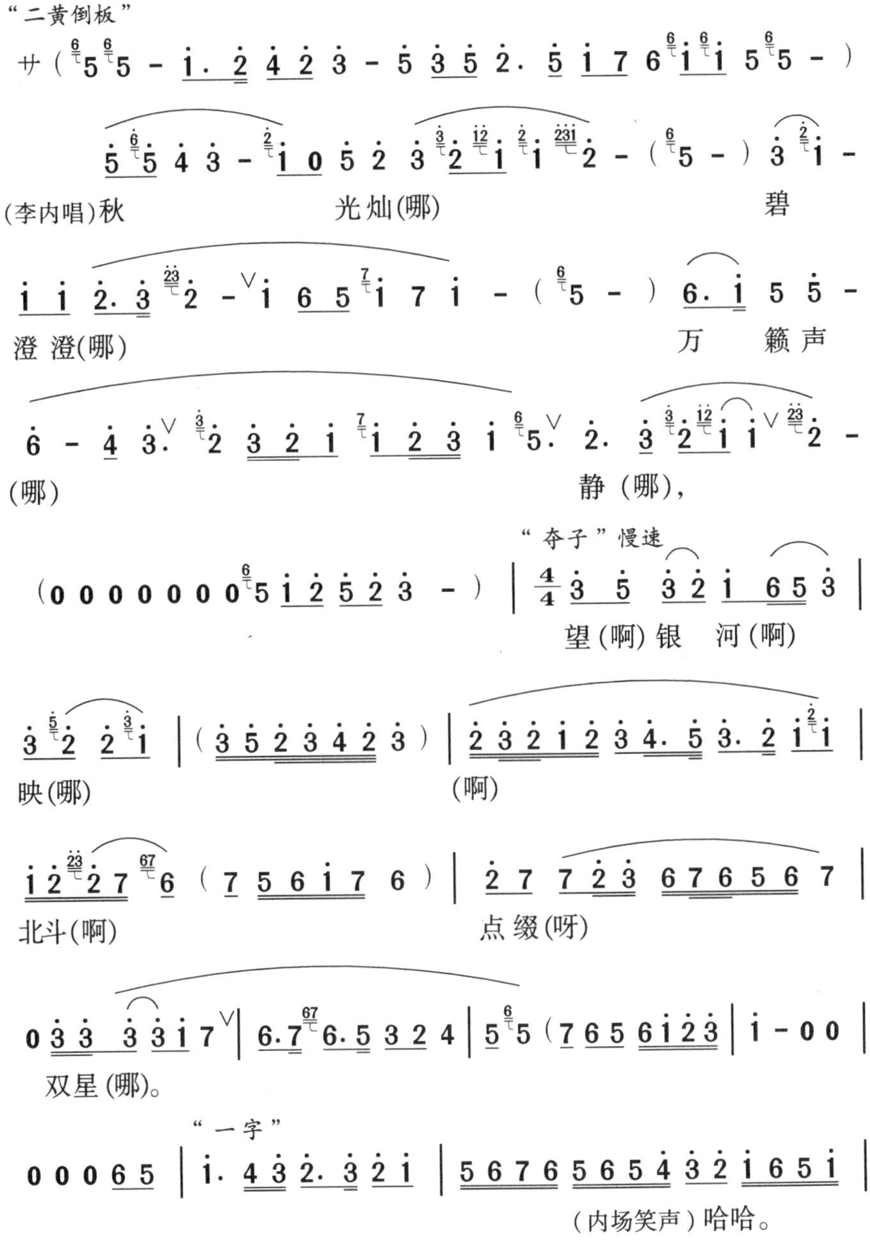
“二黄倒板”
(李内唱)秋
光灿(哪)
碧
澄 澄(哪)
万 籁声
(哪)
静 (哪),
“夺子”慢速
望(啊) 银 河(啊)
映(哪)
(啊)
北斗(啊)
点 缀(呀)
双星(哪)。
“一字”
(内场笑声)哈哈。

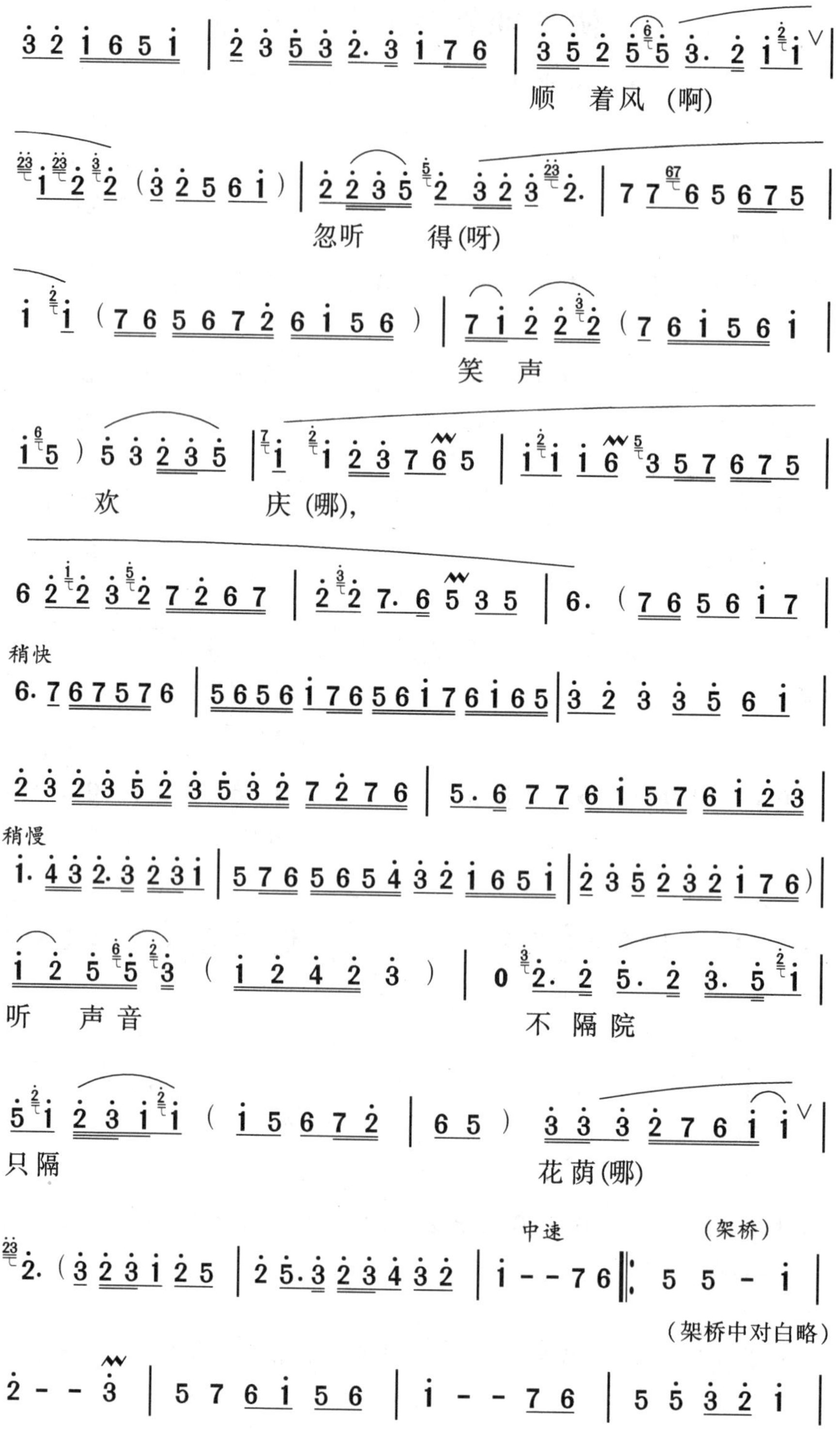
顺 着风 (啊)
忽听 得(呀)
笑 声
欢 庆 (哪),
稍快
稍慢
听 声音
不 隔院
只隔
花 荫(哪)
中速
(架桥)
(架桥中对白略)

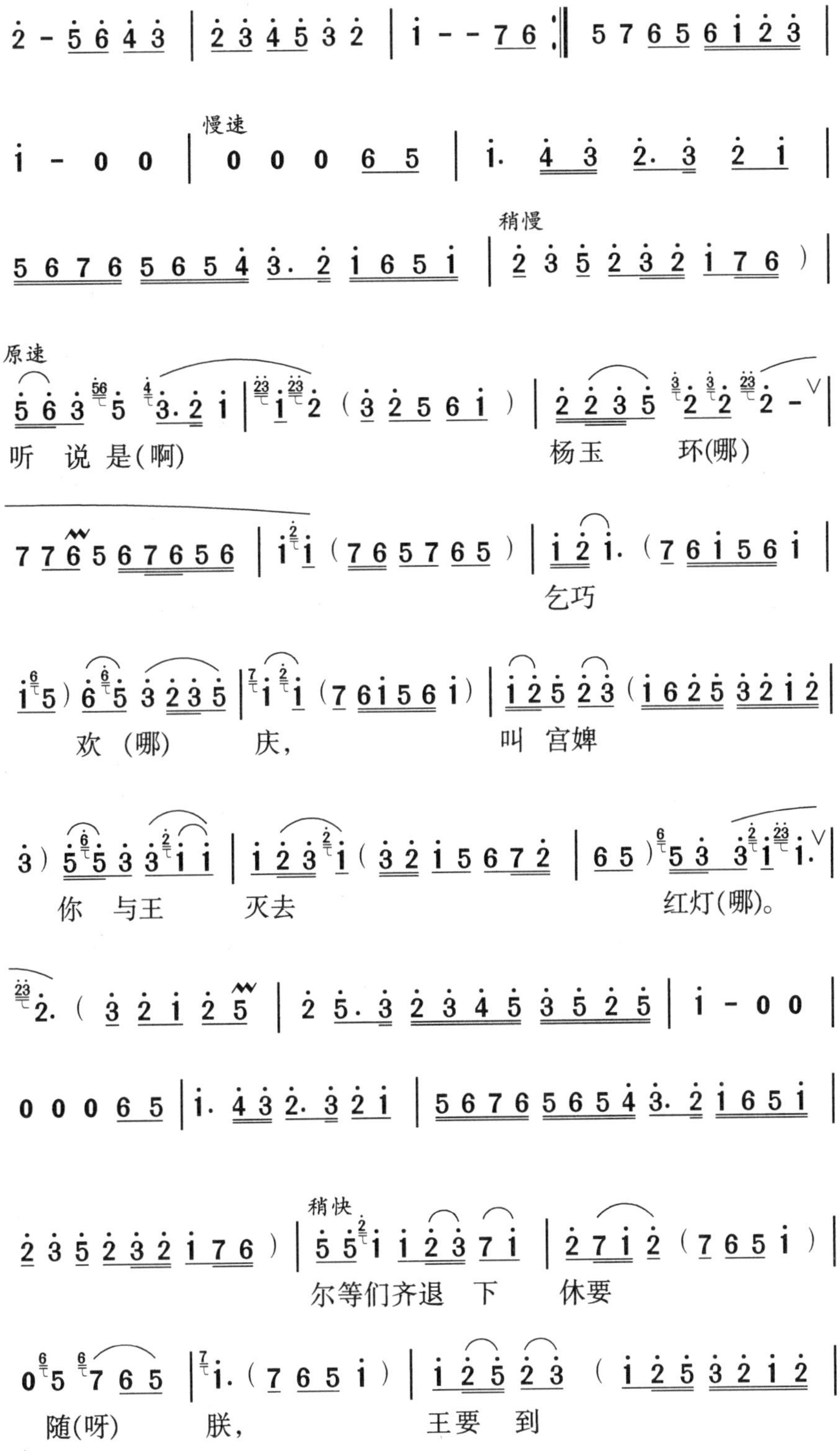
慢速
稍慢
原速
听 说 是(啊)
杨玉 环(哪)
乞巧
欢 (哪) 庆,
叫 宫婢
你 与王 灭去
红灯(哪)。
稍快
尔等们齐退 下 休要
随(呀) 朕,
王要 到

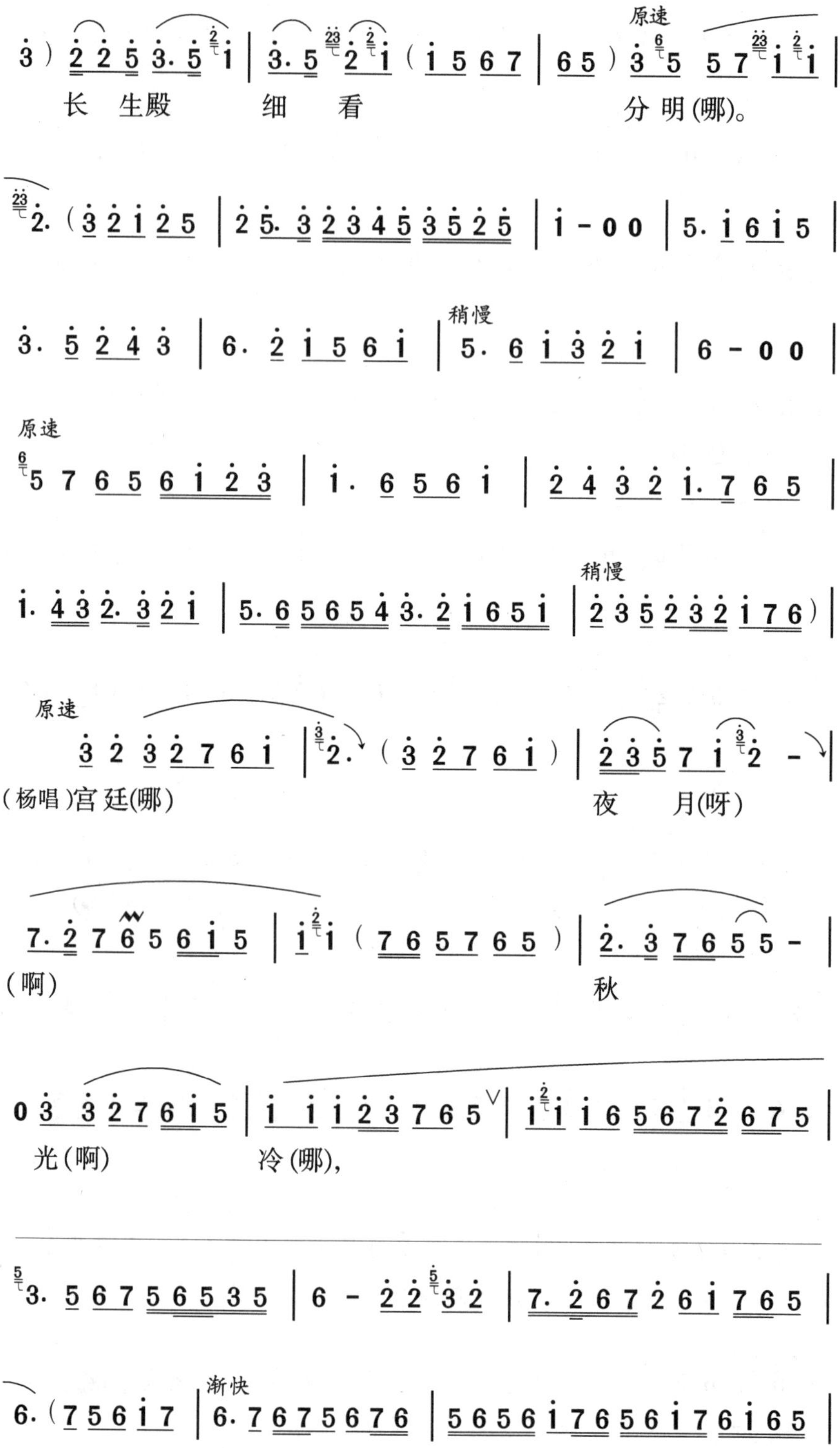
原速
长 生殿 细 看 分 明(哪)。
稍慢
原速
稍慢
原速
(杨唱)宫 廷(哪) 夜 月(呀)
(啊) 秋
光(啊) 冷(哪),
渐快

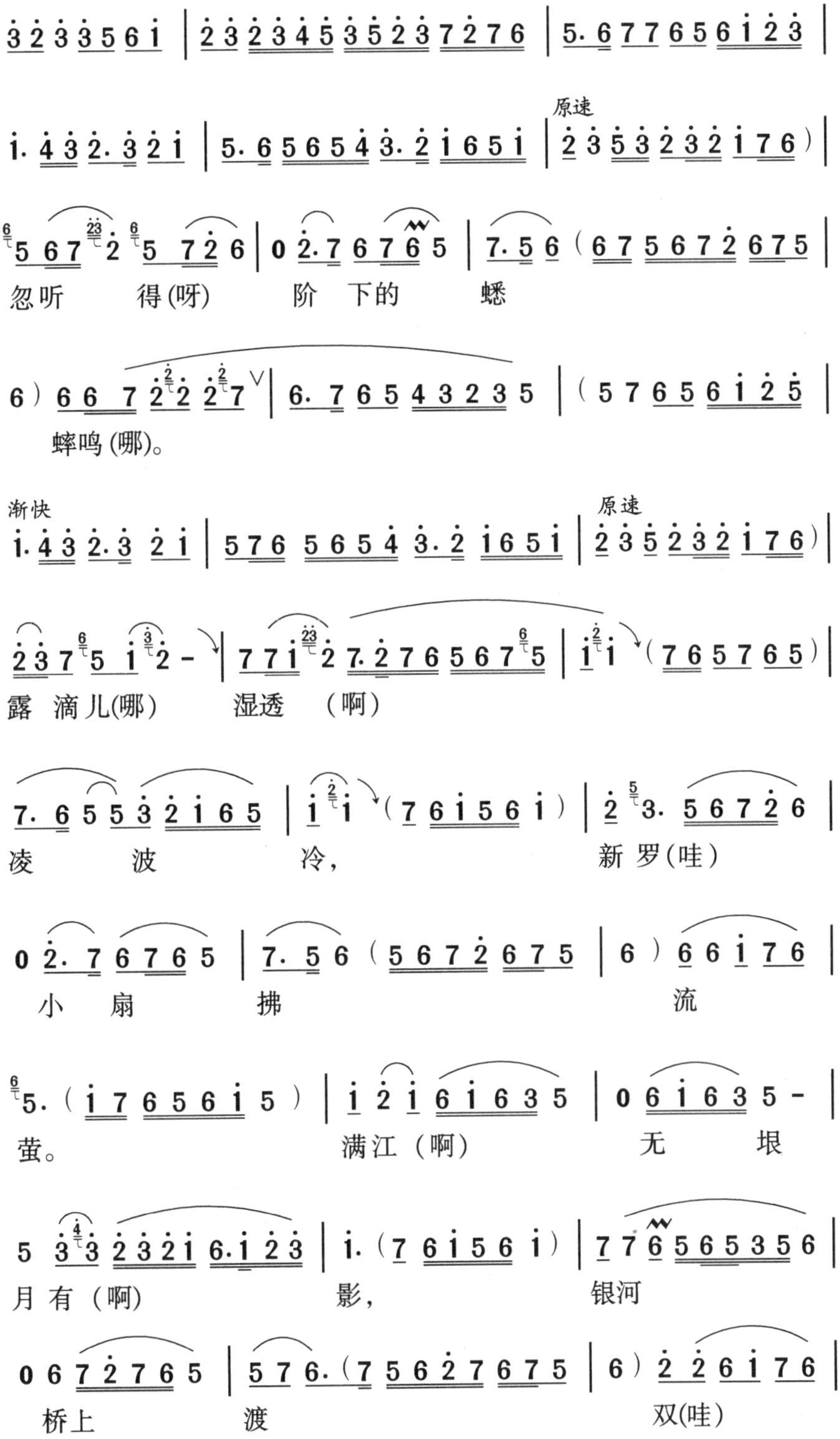
原速
忽听 得(呀) 阶 下的 蟋
蟀鸣(哪)。
渐快
原速
露 滴儿(哪) 湿透 (啊)
凌 波 冷，
新 罗(哇)
小 扇 拂 流
萤。
满江（啊） 无 垠
月 有（啊） 影，
银河
桥上 渡 双(哇)

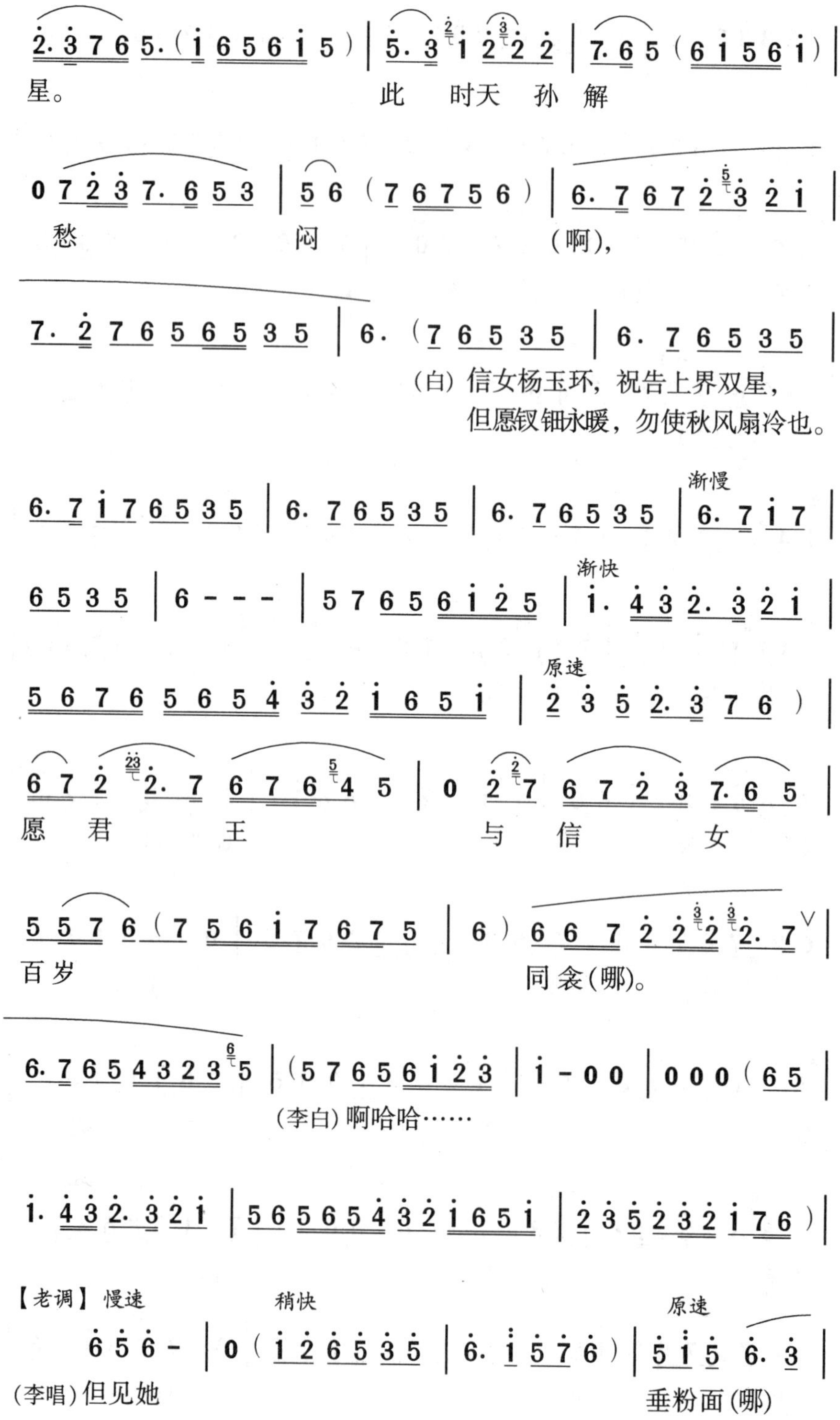

2.3 7 6 5.(1 6 5 6 1 5)|5.3 1 2 2 2|7.6 5 (6 1 5 6 1)|
星。
此 时天 孙 解

0 7 2 3 7. 6 5 3|5 6 (7 6 7 5 6)|6.7 6 7 2 3 2 1|
愁 闷 (啊),

7.2 7 6 5 6 5 3 5|6.(7 6 5 3 5|6.7 6 5 3 5|
(白)信女杨玉环，祝告上界双星，
但愿钗钿永暖，勿使秋风扇冷也。

6.7 1 7 6 5 3 5|6.7 6 5 3 5|6.7 6 5 3 5|6.7 1 7|
渐慢

6 5 3 5|6 - - -|5 7 6 5 6 1 2 5|1.4 3 2.3 2 1|
渐快

5 6 7 6 5 6 5 4 3 2 1 6 5 1|2 3 5 2.3 7 6)|
原速

6 7 2 2.7 6 7 6 4 5|0 2 7 6 7 2 3 7.6 5|
愿 君 王 与 信 女

5 5 7 6 (7 5 6 1 7 6 7 5|6) 6 6 7 2 2 3 2.7 ∨|
百岁 同衾(哪)。

6.7 6 5 4 3 2 3 5 |(5 7 6 5 6 1 2 3|1 - 0 0|0 0 0 (6 5|
(李白)啊哈哈……

1.4 3 2.3 2 1|5 6 5 6 5 4 3 2 1 6 5 1|2 3 5 2 3 2 1 7 6)|

【老调】慢速
稍快
原速
6 5 6 -|0 (1 2 6 5 3 5|6.1 5 7 6)|5 1 5 6.3|
(李唱)但见她
垂粉面(哪)

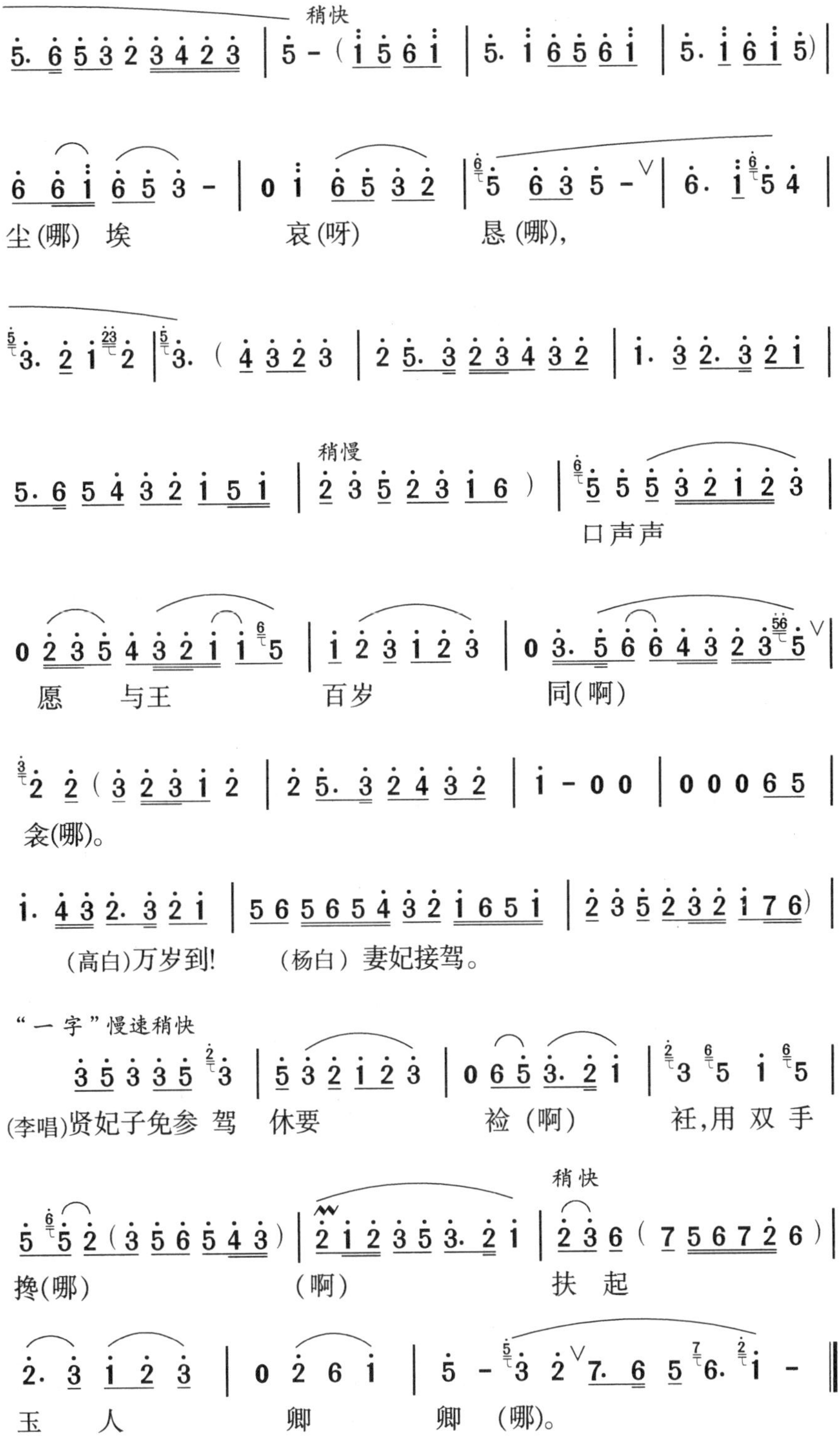
稍快

$\dot{5}.\underline{\dot{6}}\underline{\dot{6}}\underline{5}\underline{3}\underline{2}\underline{3}\underline{4}\underline{2}\underline{3}$ | $5-(\underline{\dot{1}}\underline{5}\underline{6}\underline{\dot{1}}$ | $\dot{5}.\underline{\dot{1}}\underline{6}\underline{5}\underline{6}\underline{\dot{1}}$ | $\dot{5}.\underline{\dot{1}}\underline{6}\underline{\dot{1}}\underline{5})$ |

$\underline{\dot{6}}\underline{\dot{6}}\underline{\dot{1}}\underline{6}\underline{5}\underline{3}-$ | $0\,\underline{\dot{1}}\,\underline{\dot{6}}\underline{5}\underline{3}\underline{2}$ | $\overset{\dot{6}}{5}\,\underline{6}\underline{3}\underline{5}-\lor$ | $\dot{6}.\underline{\dot{1}}\overset{\dot{6}}{5}\underline{4}$ |

尘(哪) 埃 哀(呀) 恳(哪),

$\overset{\dot{5}}{3}.\underline{\dot{2}}\underline{\dot{1}}\overset{2\dot{3}}{\dot{2}}$ | $\overset{\dot{5}}{3}.(\underline{4}\underline{3}\underline{2}\underline{3}$ | $2\,\underline{5}.\underline{3}\underline{2}\underline{3}\underline{4}\underline{3}\underline{2}$ | $\dot{1}.\underline{3}\underline{2}.\underline{3}\underline{2}\underline{1}$ |

稍慢

$5.\underline{6}\underline{5}\underline{4}\underline{3}\underline{2}\underline{1}\underline{5}\underline{1}$ | $\underline{\dot{2}}\underline{3}\underline{5}\underline{2}\underline{3}\underline{1}\underline{6})$ | $\overset{\dot{6}}{5}\,\underline{5}\underline{5}\underline{3}\underline{2}\underline{1}\underline{2}\underline{3}$ |

口声声

$0\,\underline{2}\underline{3}\underline{5}\underline{4}\underline{3}\underline{2}\underline{1}\underline{1}\overset{\dot{6}}{5}$ | $\underline{\dot{1}}\underline{2}\underline{3}\underline{1}\underline{2}\underline{3}$ | $0\,\underline{3}.\underline{5}\underline{6}\underline{6}\underline{4}\underline{3}\underline{2}\overset{5\dot{6}}{3}\underline{5}.\lor$ |

愿 与王 百岁 同(啊)

$\overset{\dot{3}}{\dot{2}}\,\dot{2}(\underline{3}\underline{2}\underline{3}\underline{1}\underline{2}$ | $2\,\underline{5}.\underline{3}\underline{2}\underline{4}\underline{3}\underline{2}$ | $\dot{1}-0\,0$ | $0\,0\,0\,\underline{6}\underline{5}$ |

衾(哪)。

$\dot{1}.\underline{4}\underline{3}\underline{2}.\underline{3}\underline{2}\underline{1}$ | $5\,\underline{6}\underline{5}\underline{6}\underline{5}\underline{4}\underline{3}\underline{2}\underline{1}\underline{6}\underline{5}\underline{1}$ | $\underline{\dot{2}}\underline{3}\underline{5}\underline{2}\underline{3}\underline{2}\underline{1}\underline{7}\underline{6})$ |

(高白)万岁到! (杨白)妻妃接驾。
“一字”慢速稍快

$\underline{3}\underline{5}\underline{3}\underline{3}\underline{5}\overset{\dot{2}}{3}$ | $\underline{5}\underline{3}\underline{2}\underline{1}\underline{2}\underline{3}$ | $0\,\underline{6}\underline{5}\,\underline{3}.\underline{2}\underline{1}$ | $\overset{\dot{2}}{3}\,\underline{5}\,\dot{1}\overset{\dot{6}}{5}$ |

(李唱)贤妃子免参 驾 休要 裣 (啊) 衽,用 双 手
稍快

$\overset{\dot{6}}{5}\,\underline{5}\underline{2}(\underline{3}\underline{5}\underline{6}\underline{5}\underline{4}\underline{3})$ | $\overset{\sim}{\underline{\dot{2}}}\underline{1}\underline{2}\underline{3}\underline{5}\underline{3}.\underline{2}\underline{1}$ | $\underline{\dot{2}}\underline{3}\underline{6}(\underline{7}\underline{5}\underline{6}\underline{7}\underline{2}\underline{6})$ |

搀(哪) (啊) 扶 起

$\overset{}{\underline{\dot{2}}}.\underline{3}\underline{\dot{1}}\underline{2}\underline{3}$ | $0\,\underline{2}\underline{6}\underline{1}$ | $5-\overset{\dot{5}}{3}\underline{2}\overset{}{\dot{7}}.\underline{6}\underline{5}\overset{7}{\underline{\dot{6}}}.\underline{\dot{1}}-$ ‖

玉 人 卿 卿 (哪)。

思乡还乡进帐报禀

（弹戏《穆桂英·点将责夫》穆桂英唱段）

杨淑英演唱
杨为记谱

1＝F

思乡、还乡（同禀）：请元帅验伤！

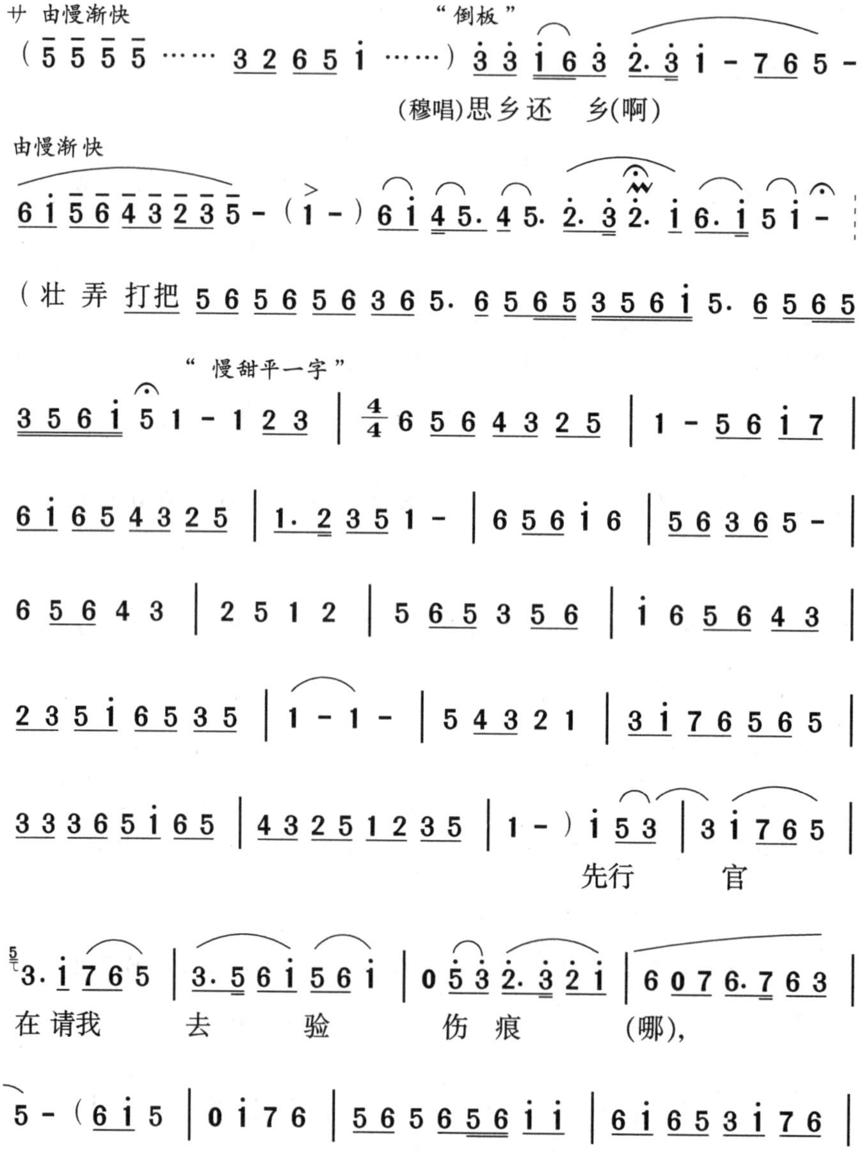
廿 由慢渐快
“倒板”
(穆唱)思乡还 乡(啊)
由慢渐快
（壮 弄 打把
“慢甜平一字”
先行 官
在请我 去 验 伤 痕 (哪),

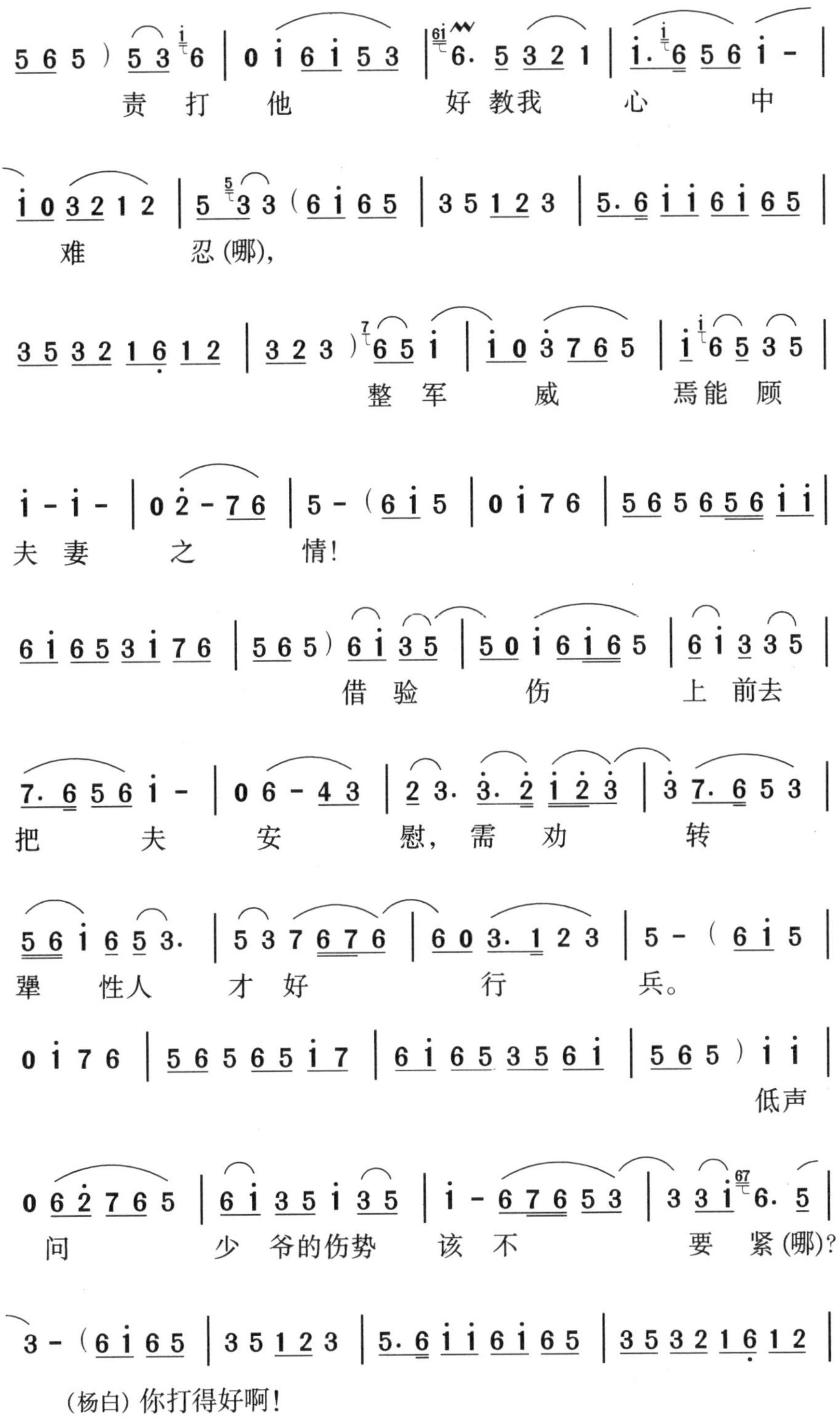
责 打 他 好 教我 心 中
难 忍(哪),
整 军 威 焉能 顾
夫 妻 之 情!
借 验 伤 上 前去
把 夫 安 慰，需 劝 转
犟 性人 才 好 行 兵。
低声
问 少 爷的伤势 该 不 要 紧(哪)?
(杨白)你打得好啊!

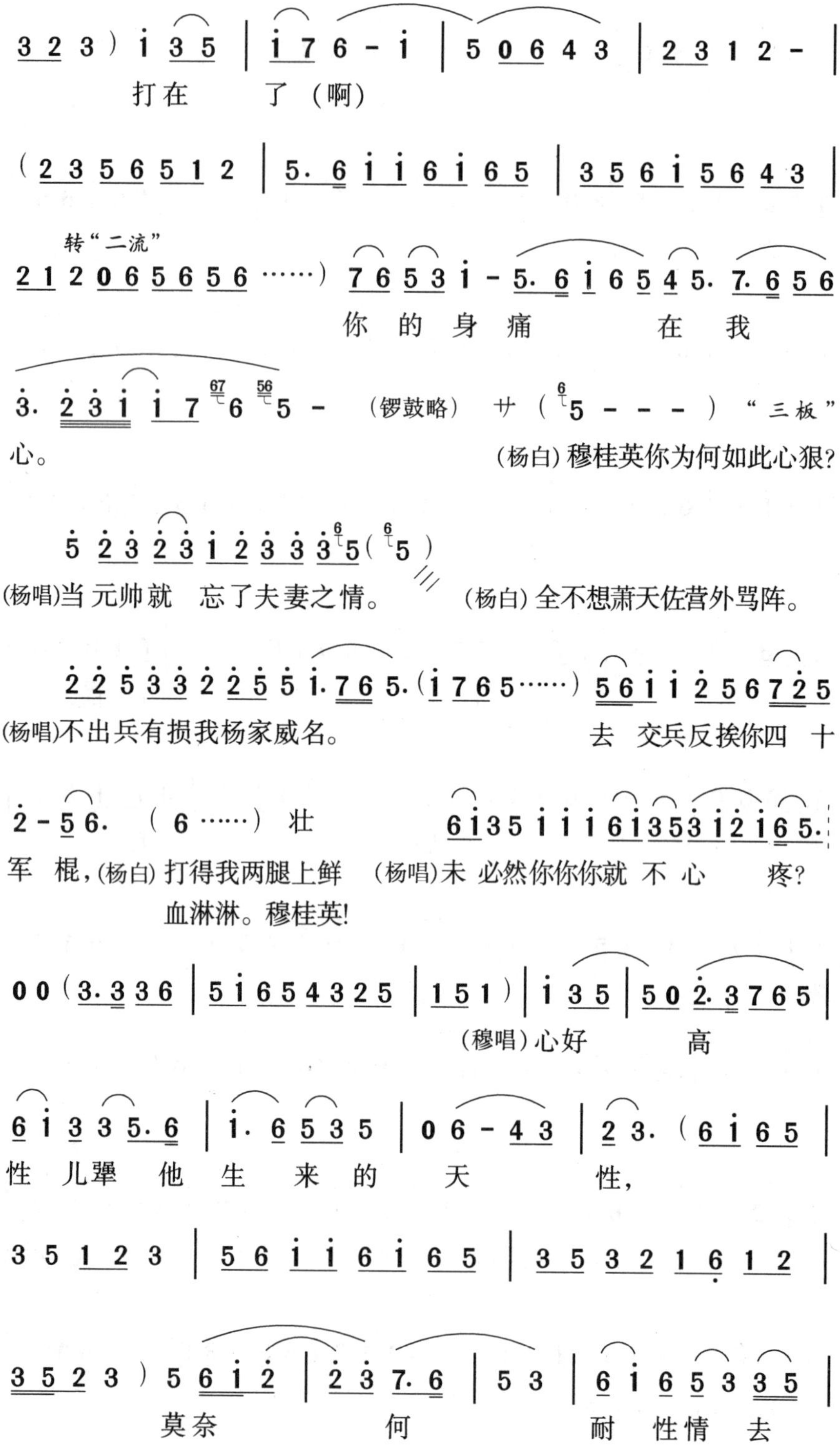
打在 了（啊）
转“二流”
你的身痛 在我
心。
（锣鼓略）
“三板”
（杨白）穆桂英你为何如此心狠？
（杨唱）当元帅就 忘了夫妻之情。
（杨白）全不想萧天佐营外骂阵。
（杨唱）不出兵有损我杨家威名。
去 交兵反挨你四 十
军 棍，（杨白）打得我两腿上鲜血淋淋。穆桂英！
壮
（杨唱）未 必然你你你就 不 心 疼？
（穆唱）心好 高
性 儿犟 他 生 来 的 天 性，
莫奈 何 耐 性情 去

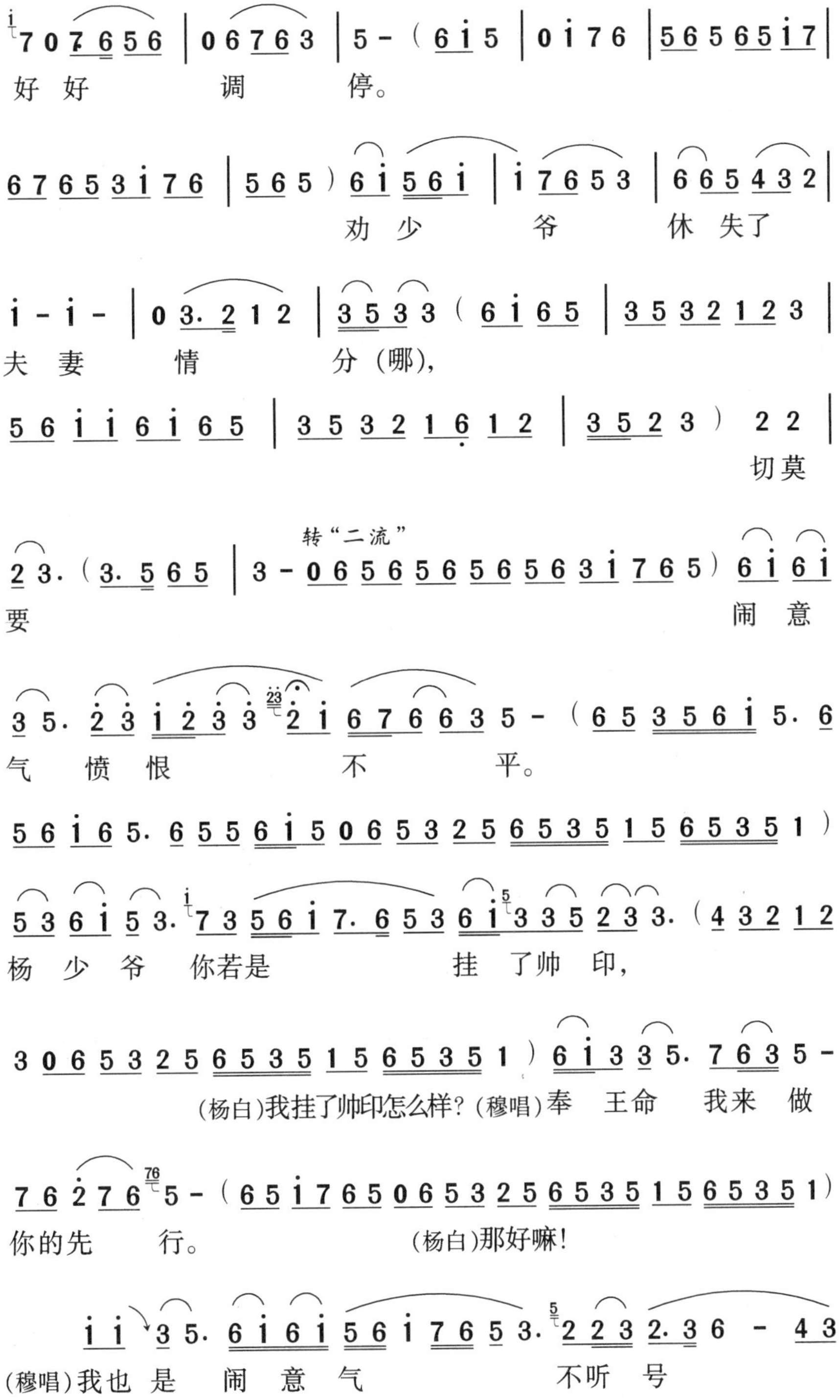
好好调停。
劝少爷休失了
夫妻情分(哪),
切莫
转“二流”
要
闹意
气愤恨不平。
杨少爷你若是挂了帅印,
(杨白)我挂了帅印怎么样?(穆唱)奉王命我来做
你的先行。
(杨白)那好嘛!
(穆唱)我也是闹意气不听号

唱段精选

令，
难道
说 你对 我就 只 顾 私 情？
（架桥）
（穆白）你想，如果我是你，你是我，我也像你，你又该怎么办哪？
“夺子”
（穆唱）萧 天佐 此一 回 比 往次 凶 狠，
老 祖 母 和翁 父 都 再 再 叮 咛。
你 的妻 不让 你 单独 出 阵，
是 怕 你（呀） （啊）……
“二流”
（杨白）怕我怎样？ （穆唱）遭暗 算 枉自 丧

（架桥）

^{23}2. 7 6 7 6 6 7 6 7 ^{56}5.（6 5 6 3 6 5. 6）‖: 5 5 3 3 5 6 i |

生。

5 5 0 6 | 5 5 6 i 6 | 5 i 6 4 | 3 4 3 2 | 1 1 2 5 | 7 6 5 6 |

1 1 0 6 :‖（穆白）你想，你是我的什么人？我又是你的什么人？我难道会阻挡你不让你立功吗？只因计谋未定，怕误军情，你又偏偏不听话，私自领兵前去出阵，我怕你误了大事，又怕你吃亏，我是怎样的担心你哟，你呀！

0 6 5 6 5 6 3 6 5 | $\frac{1}{4}$ 0 6 | 5 3 | 2 5 | 6 5 3 5 | 1 | 3 5 |

稍慢

1 | 0）| 0 3 | 3 i 7 6 | i | 7 6 5 3 | i |（i 2 7 6 | 5 6 i）|

（穆唱）况 你 妻 此 一 番

i ^{5}3 | 3 i | 6. i | 5 4 | 3.（4 3 2 | 1 2 3）| 0 i | 5 3 ^{i}6 |

身怀 有 孕 （哪）， 领 人 马

5 3 5 6 | i | 6 2 i | i 7 6 3 | 5 |（i 2 5 3 | 2 3 2 i |

来 洪 州 为 了 何 情？

6 2 7 6 | 5 6 5）| 0 i | 3 3 5 | 5 3 6 | 6 | 6 i 3 | 0 6 i |

想 不到 你 偏 偏 任 情 任

3 5 | 0 ^{5}3 | 3 ^{i}6 | 6 i 3 5 | i 6 | 6 | 6 5 3 | 2 | 2 |

性， 为 难我 倒 是 你（呀） （啊）

“二流”

（6. i 6 5 3 1 2 0 6 5 6 5 6 5 6 3 i 7 6 5）3 5 6.

不是（啊）

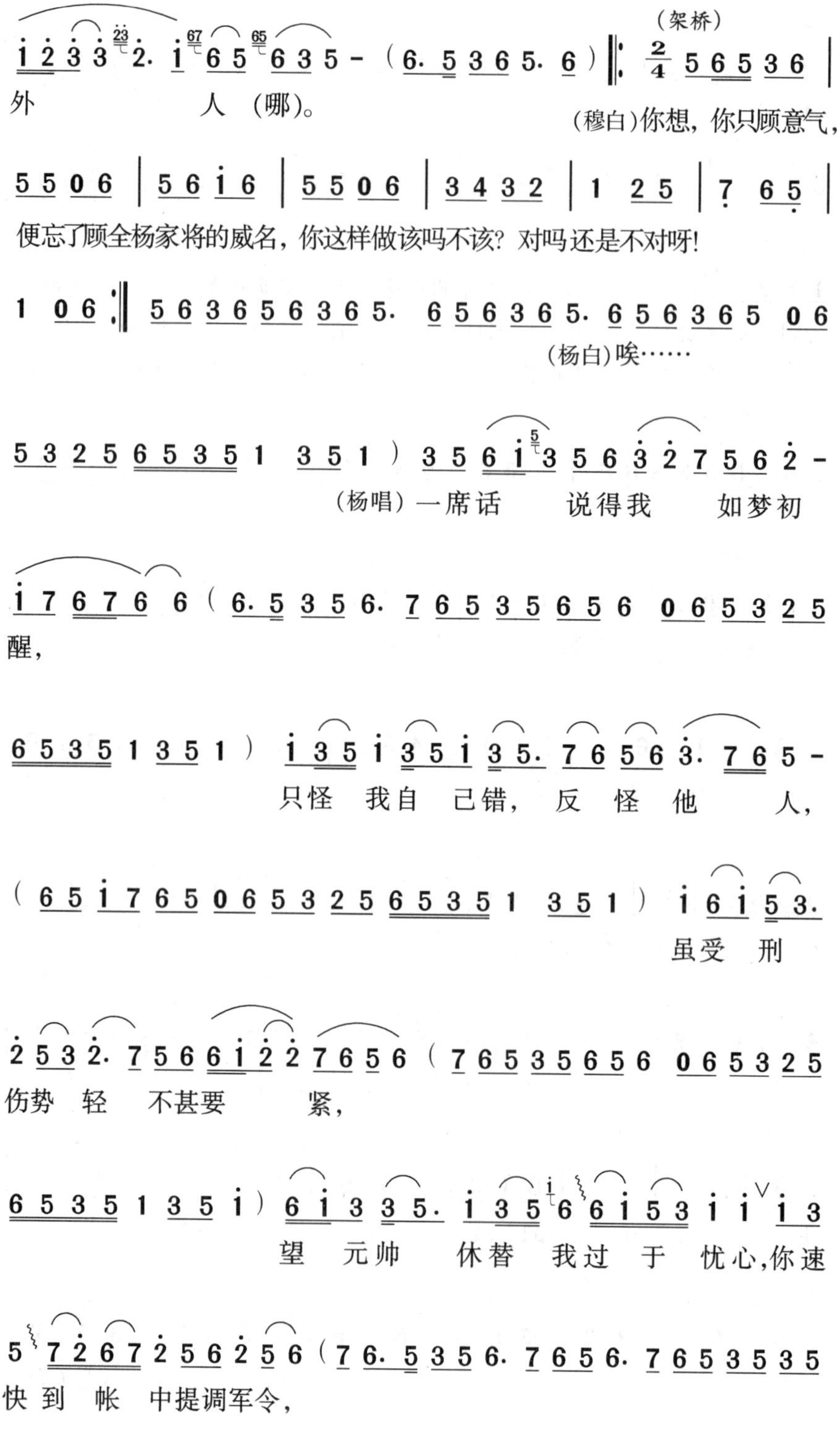
(架桥)
外 人 (哪)。
(穆白)你想，你只顾意气，
便忘了顾全杨家将的威名，你这样做该吗不该？对吗还是不对呀！
(杨白)唉……
(杨唱)一席话 说得我 如梦初
醒，
只怪 我自 己错，反 怪 他 人，
虽受 刑
伤势 轻 不甚要 紧，
望 元帅 休替 我过 于 忧心，你速
快到 帐 中提调军令，

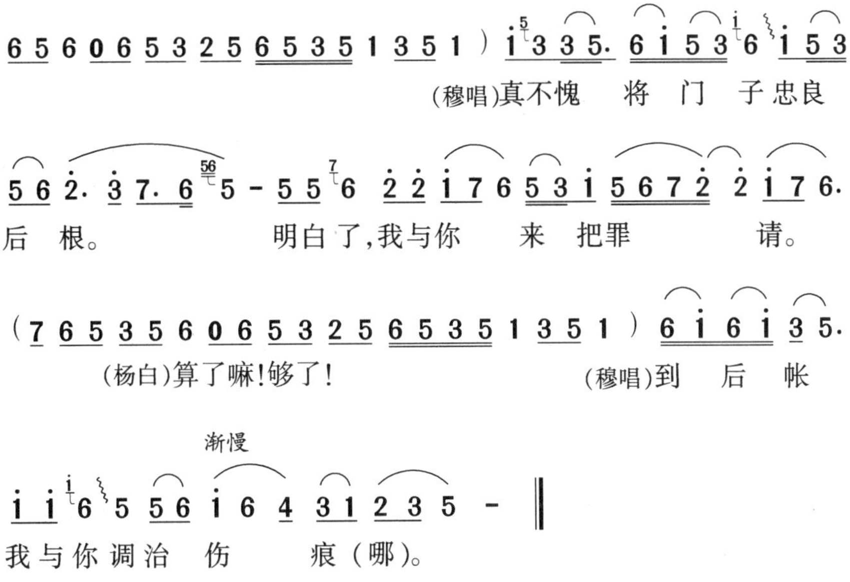
(穆唱)真不愧 将 门 子忠良

5 6 2. 3 7. 6 ͡56 5 - 5 5 7 6 2 2 1 7 6 5 3 1 5 6 7 2 2 1 7 6.

后 根。 明白了,我与你 来 把罪 请。

(7 6 5 3 5 6 0 6 5 3 2 5 6 5 3 5 1 3 5 1)　6 i 6 i 3 5.

(杨白)算了嘛!够了!
(穆唱)到 后 帐
渐慢
我与你调治 伤 痕(哪)。

在校场传将令统兵操演

（弹戏《穆桂英·点兵》穆桂英、杨宗保唱段）

杨淑英 李桐君 演唱

杨为记谱

1＝F

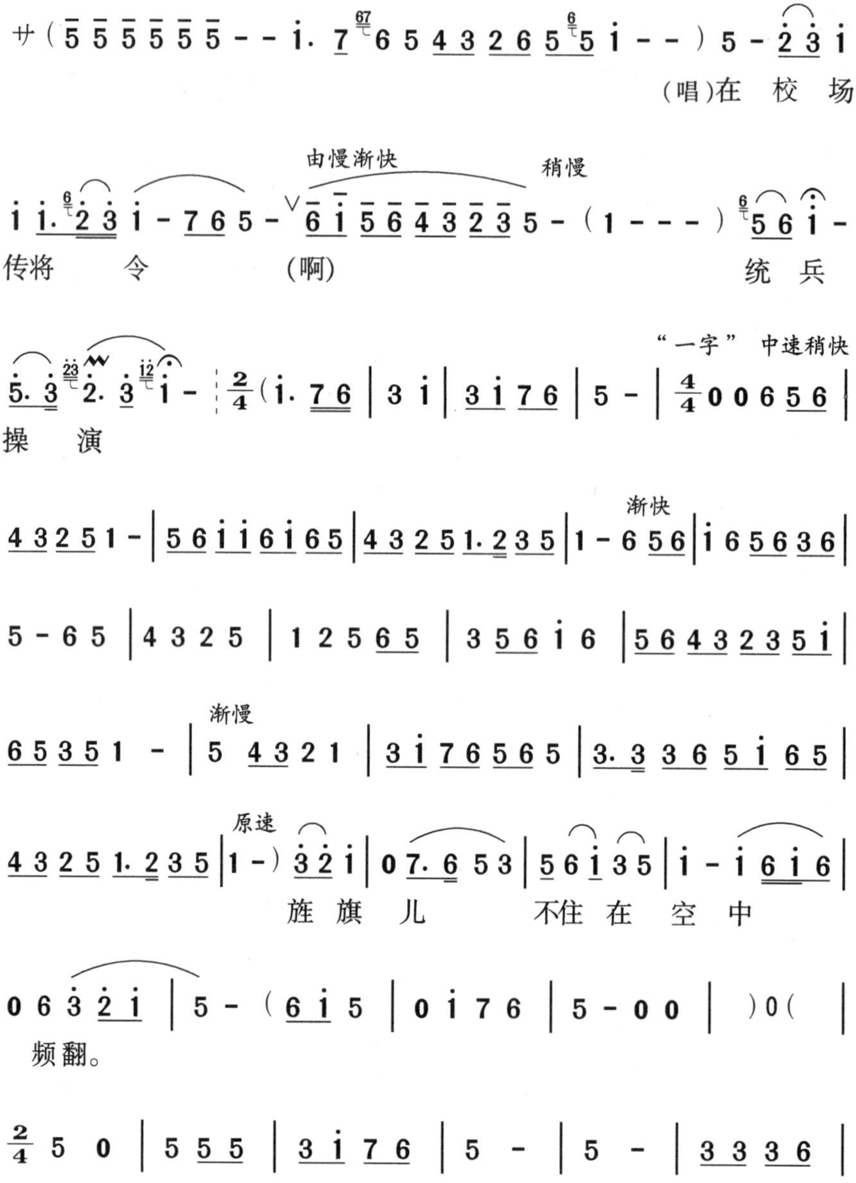
(唱)在 校 场
由慢渐快
稍慢
传将 令 (啊) 统 兵
"一字" 中速稍快
操 演
渐快
渐慢
原速
旌 旗 儿 不住 在 空 中
频 翻。

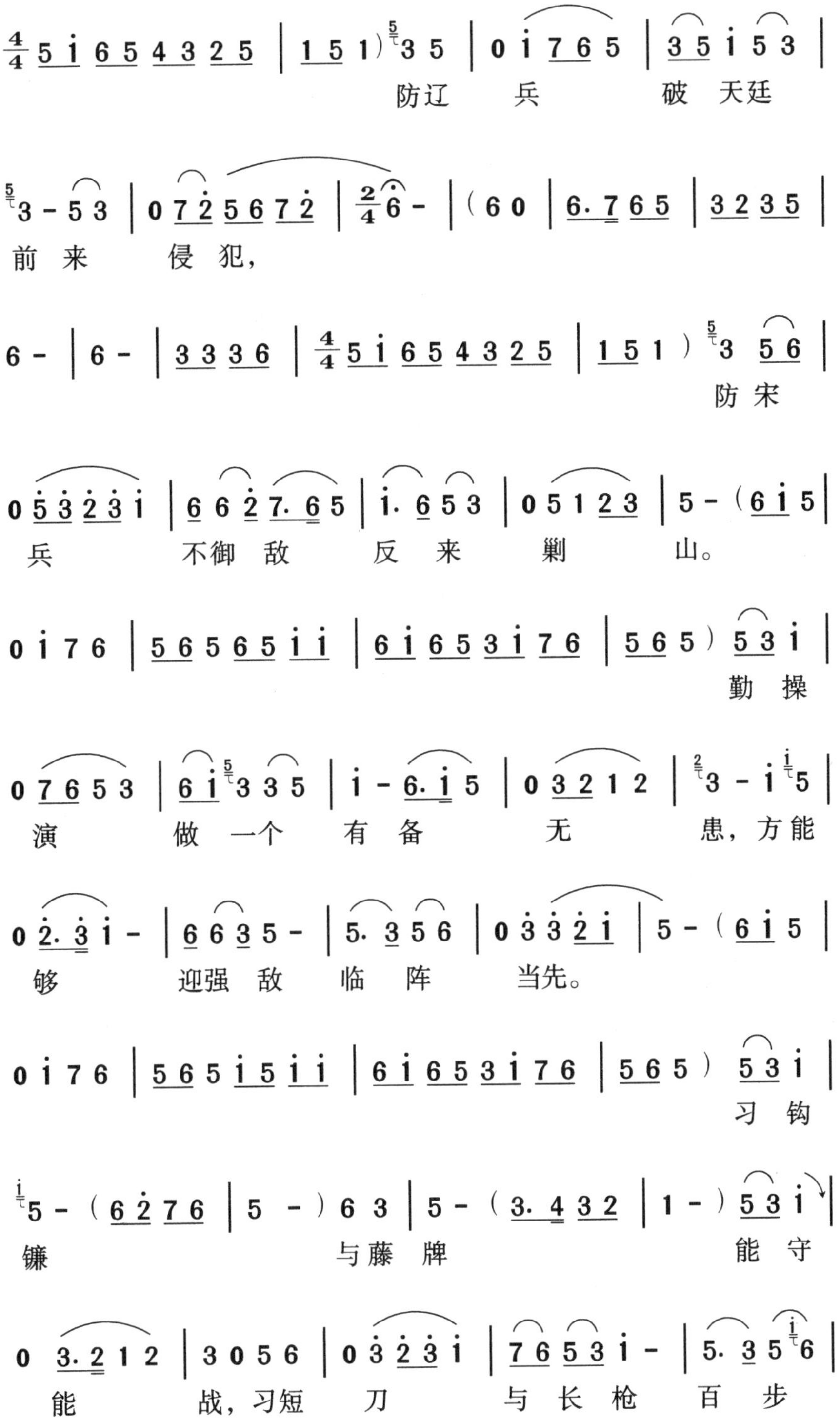
防辽 兵 破 天廷
前 来 侵 犯，
防 宋
兵 不御 敌 反 来 剿 山。
勤 操
演 做 一个 有 备 无 患，方 能
够 迎强 敌 临 阵 当先。
习 钩
镰 与藤 牌 能 守
能 战，习短 刀 与 长 枪 百 步

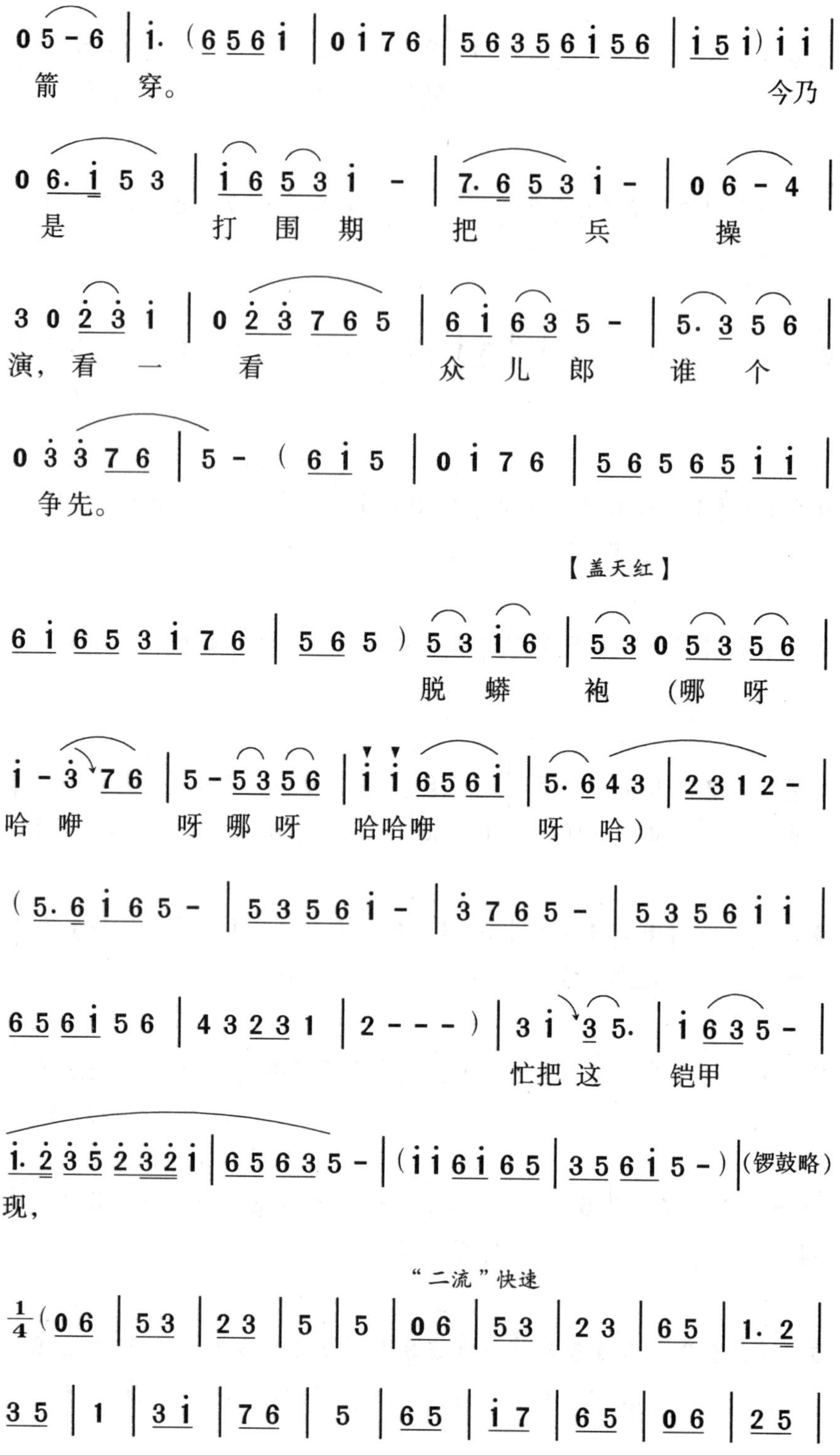

箭 穿。今乃
是 打 围 期 把 兵 操
演，看 一 看 众 儿 郎 谁 个
争先。
【盖天红】
脱 蟒 袍 (哪 呀
哈 咿 呀 哪 呀 哈哈咿 呀 哈)
忙把 这 铠甲
现，
(锣鼓略)
“二流”快速

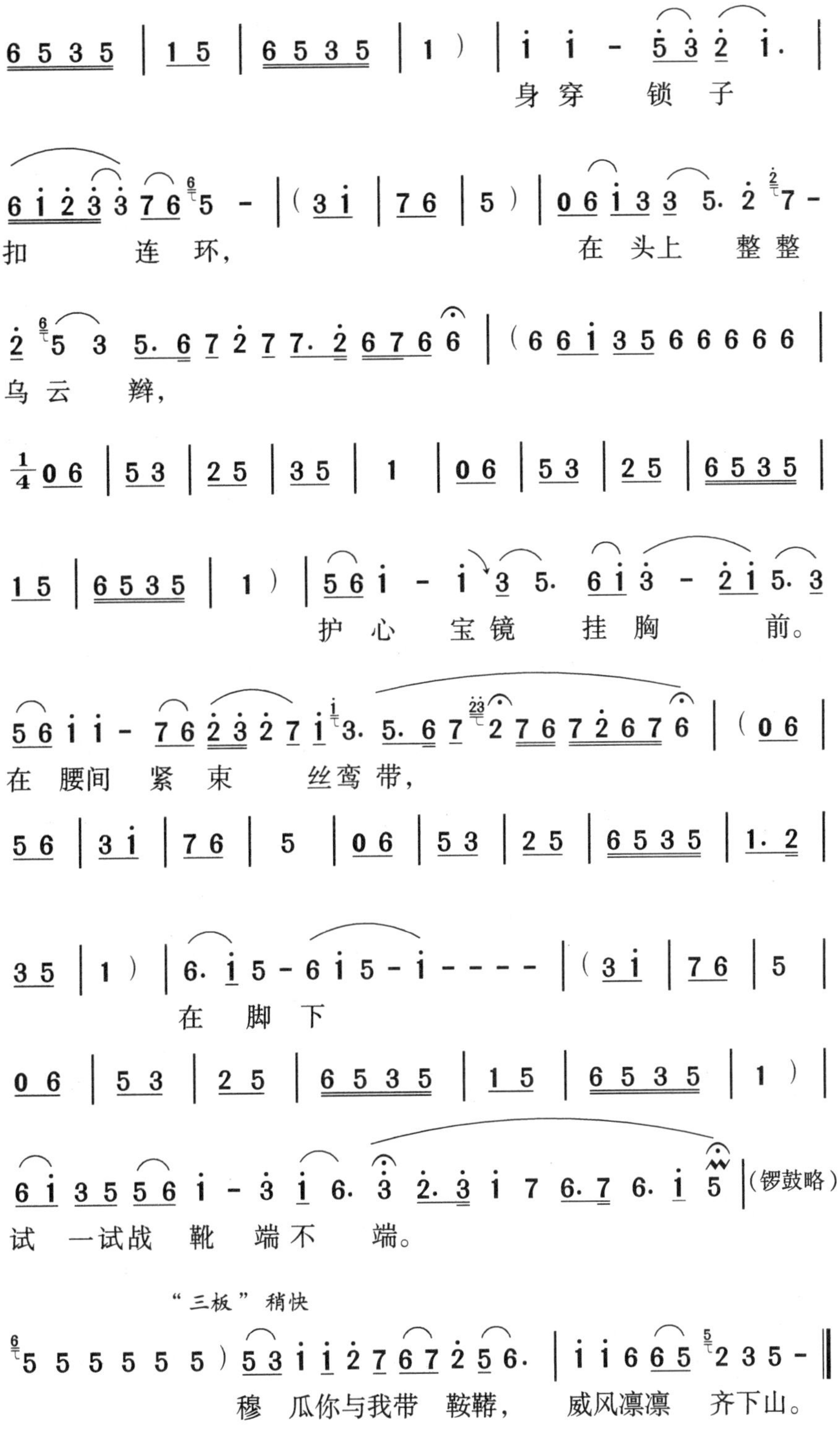
身穿锁子
扣连环，
在头上整整
乌云辫，
护心宝镜挂胸前。
在腰间紧束丝鸾带，
在脚下
试一试战靴端不端。
（锣鼓略）
“三板” 稍快
穆瓜你与我带鞍鞯，威风凛凛齐下山。

走一道岭来翻一座山

（弹戏《朝阳沟》银环唱段）

何国经 刘泉
周治林 韩铮 编曲
杨淑英演唱

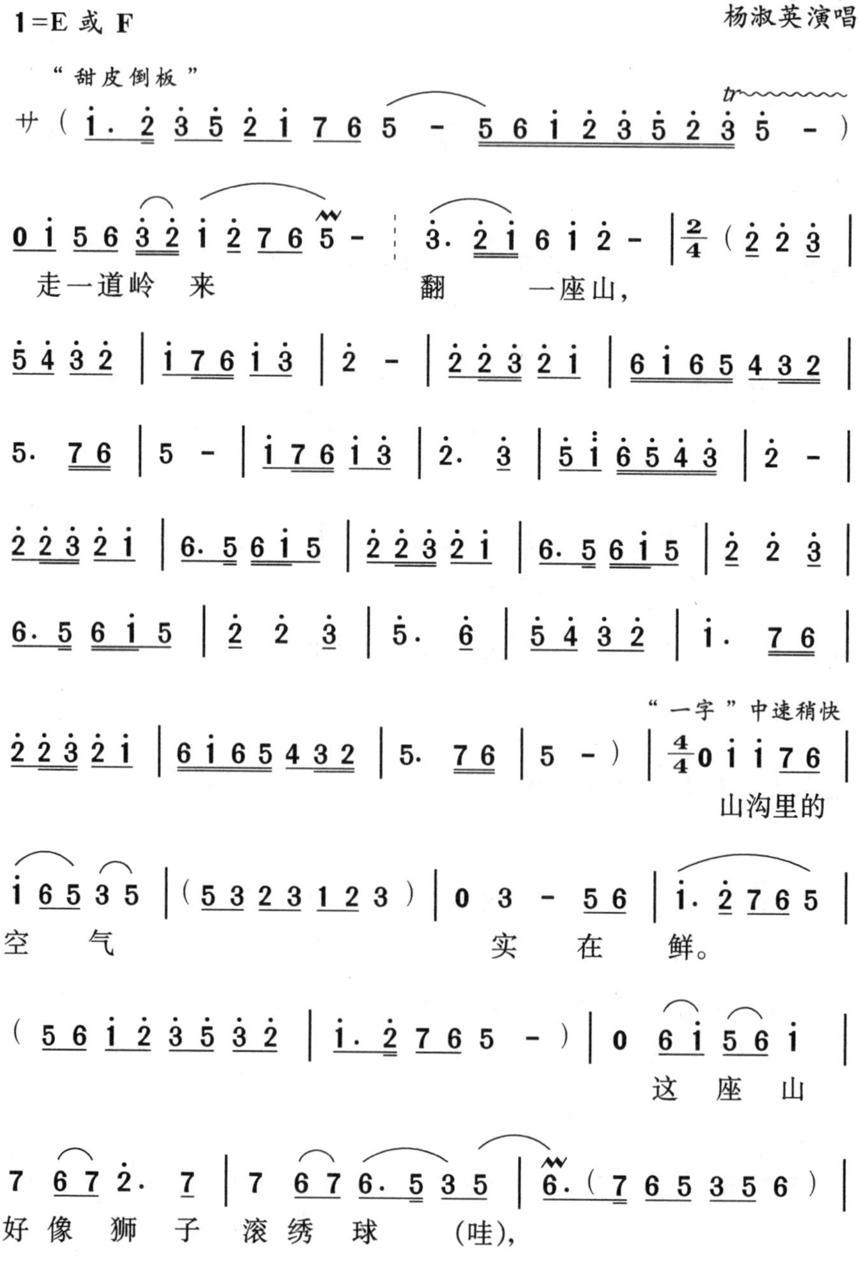
1=E 或 F
“甜皮倒板”
走一道岭来 翻 一座山，
“一字”中速稍快
山沟里的
空 气 实 在 鲜。
这 座 山
好像 狮 子 滚 绣 球 （哇），

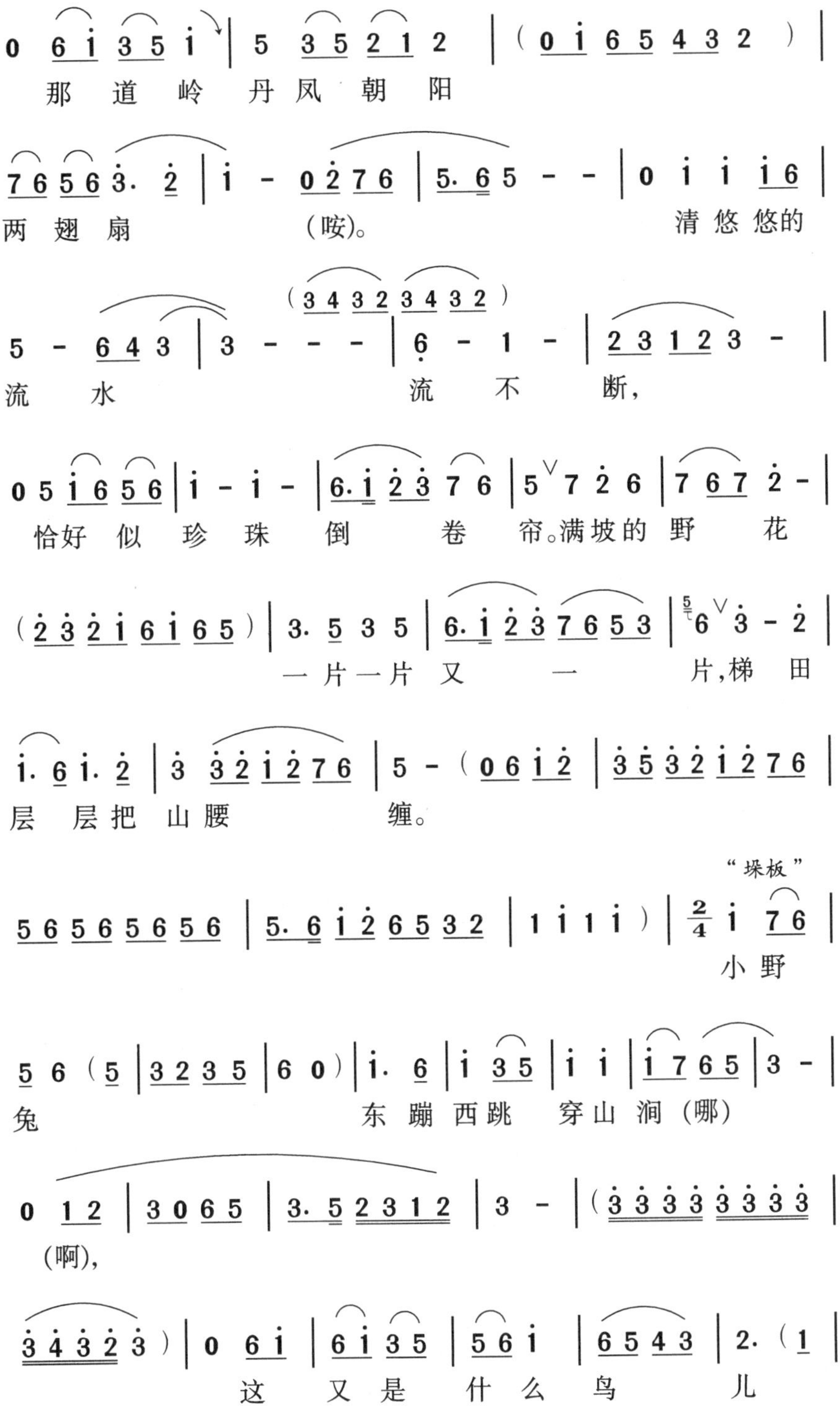
那道岭丹凤朝阳
两翅扇（咹）。清悠悠的
流水流不断，
恰好似珍珠倒卷帘。满坡的野花
一片一片又一片，梯田
层层把山腰缠。
“垛板”
小野
兔东蹦西跳穿山涧（哪）
（啊），
这又是什么鸟儿

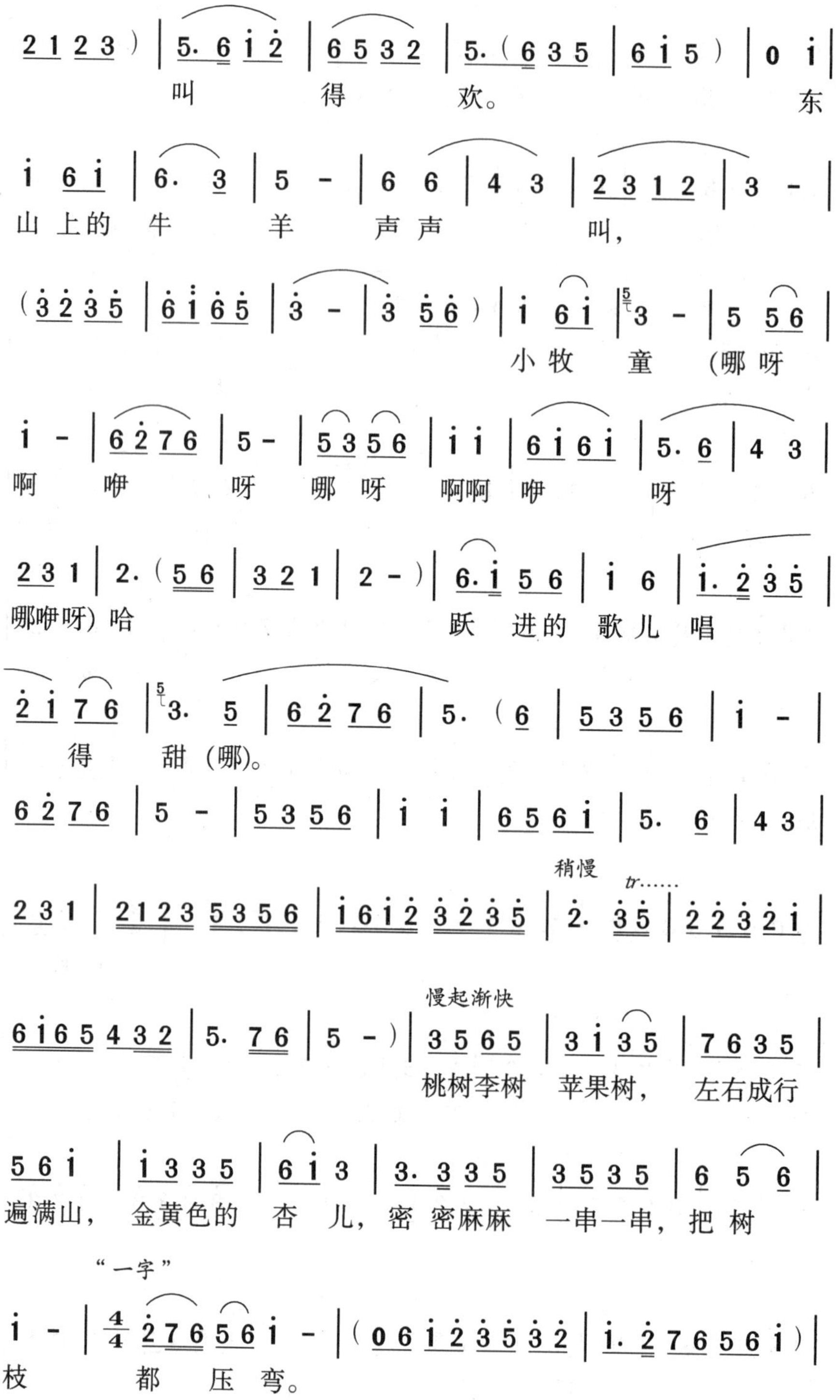

$2\ 1\ 2\ 3\)$ | $\overset{\frown}{5.\ \underset{.}{6}\ \dot{1}\ \dot{2}}$ | $\overset{\frown}{6\ 5\ 3\ 2}$ | $5.\ (\underset{.}{6}\ 3\ 5$ | $6\ \dot{1}\ 5\)$ | $0\ \dot{1}$ |

叫 得 欢。 东

$\dot{1}\ 6\ \dot{1}$ | $6.\ \underline{3}$ | $5\ -$ | $\overset{\frown}{6\ 6}\ \overset{\frown}{4\ 3}$ | $\underline{2\ 3\ 1\ 2}\ 3\ -$ |

山上的 牛 羊 声声 叫，

$(\underline{3\ 2\ 3\ 5}$ | $\overset{\frown}{\dot{6}\ \dot{1}\ 6\ 5}$ | $3\ -$ | $\overset{\frown}{3\ 5\ 6}\)$ | $\dot{1}\ 6\ \dot{1}$ | $\overset{5}{\underset{\text{--}}{3}}\ -$ | $5\ \overset{\frown}{5\ \underset{.}{6}}$ |

小牧 童 (哪呀

$\dot{1}\ -$ | $\overset{\frown}{\underset{.}{6}\ \dot{2}\ 7\ 6}$ | $5\ -$ | $\overset{\frown}{5\ 3\ 5\ 6}$ | $\dot{1}\ \dot{1}$ | $\overset{\frown}{6\ \dot{1}}\ \overset{\frown}{6\ \dot{1}}$ | $5.\ \underset{.}{6}\ \overset{\frown}{4\ 3}$ |

啊 咿 呀 哪 呀 啊啊 咿 呀

$2\ 3\ 1$ | $2.\ (\underset{.}{5}\ 6$ | $3\ 2\ 1$ | $2\ -\)$ | $\overset{\frown}{6.\ \underset{.}{5}\ 6}$ | $\dot{1}\ 6$ | $\overset{\frown}{\dot{1}.\ \underset{.}{2}\ 3\ 5}$ |

哪咿呀) 哈 跃 进的 歌儿 唱

$\overset{\frown}{\dot{2}\ \dot{1}\ 7\ 6}$ | $\overset{5}{\underset{\text{--}}{3}}.\ \underline{5}$ | $\overset{\frown}{6\ \dot{2}\ 7\ 6}$ | $5.\ (\underset{.}{6}$ | $5\ 3\ 5\ 6$ | $\dot{1}\ -$ |

得 甜 (哪)。

$\overset{\frown}{6\ \dot{2}\ 7\ 6}$ | $5\ -$ | $\overset{\frown}{5\ 3\ 5\ 6}$ | $\dot{1}\ \dot{1}$ | $\overset{\frown}{6\ 5\ \underset{.}{6}\ \dot{1}}$ | $5.\ \underset{.}{6}$ | $4\ 3$ |

稍慢
tr......

$2\ 3\ 1$ | $2\ 1\ 2\ 3\ 5\ 3\ 5\ 6$ | $\dot{1}\ 6\ \dot{1}\ \dot{2}\ 3\ 2\ 3\ 5$ | $\dot{2}.\ \underline{3\ 5}$ | $\dot{2}\ \dot{2}\ 3\ \dot{2}\ \dot{1}$ |

慢起渐快

$\overset{\frown}{6\ \dot{1}\ 6\ 5\ 4\ 3\ 2}$ | $5.\ \underline{7\ 6}$ | $5\ -\)$ | $3\ 5\ 6\ 5$ | $3\ \dot{1}\ \overset{\frown}{3\ 5}$ | $7\ 6\ 3\ 5$ |

桃树李树 苹果树， 左右成行

$5\ 6\ \dot{1}$ | $\dot{1}\ 3\ 3\ 5$ | $\overset{\frown}{6\ \dot{1}\ 3}$ | $3.\ \underline{3\ 3\ 5}$ | $3\ 5\ 3\ 5$ | $6\ \overset{\frown}{5\ \underset{.}{6}}$ |

遍满山， 金黄色的 杏 儿， 密 密麻麻 一串一串， 把 树
“一字”

$\dot{1}\ -$ | $\frac{4}{4}\ \dot{2}\ 7\ 6\ \overset{\frown}{5\ \underset{.}{6}}\ \dot{1}\ -$ | $(0\ \underset{.}{6}\ \dot{1}\ 2\ 3\ 5\ 3\ 2$ | $\dot{1}.\ \underline{\underset{.}{2}\ 7\ 6\ 5\ \underset{.}{6}\ \dot{1}}\)$ |

枝 都 压 弯。

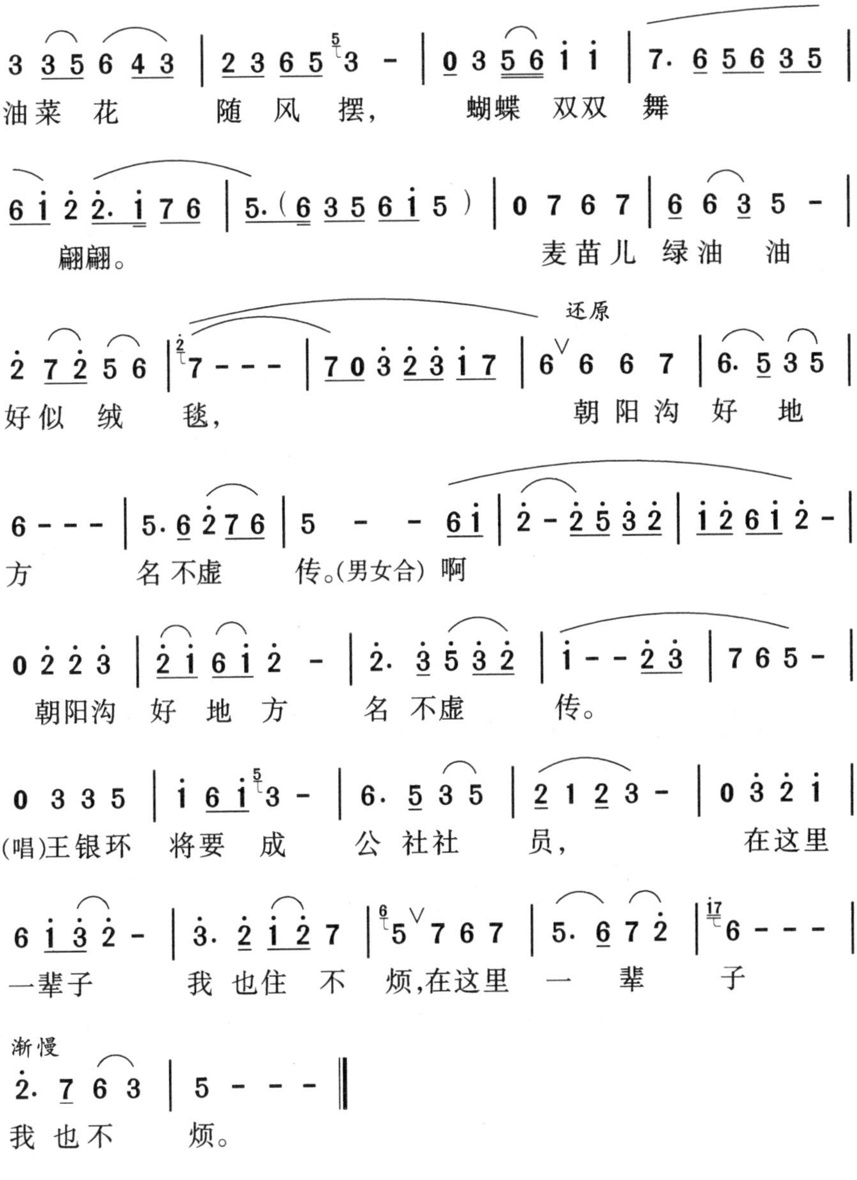
油菜花 随风摆，蝴蝶 双双 舞
翩翩。麦苗儿 绿油 油
还原
好似 绒 毯，朝阳沟 好 地
方 名不虚 传。(男女合) 啊
朝阳沟 好 地 方 名不虚 传。
(唱)王银环 将要 成 公 社社 员，在这里
一辈子 我 也住 不 烦,在这里 一 辈 子
渐慢
我 也不 烦。

小步跑来大步走

（弹戏《朝阳沟》银环唱段）

何国经　刘泉
周治林　韩铮　编曲
杨淑英演唱

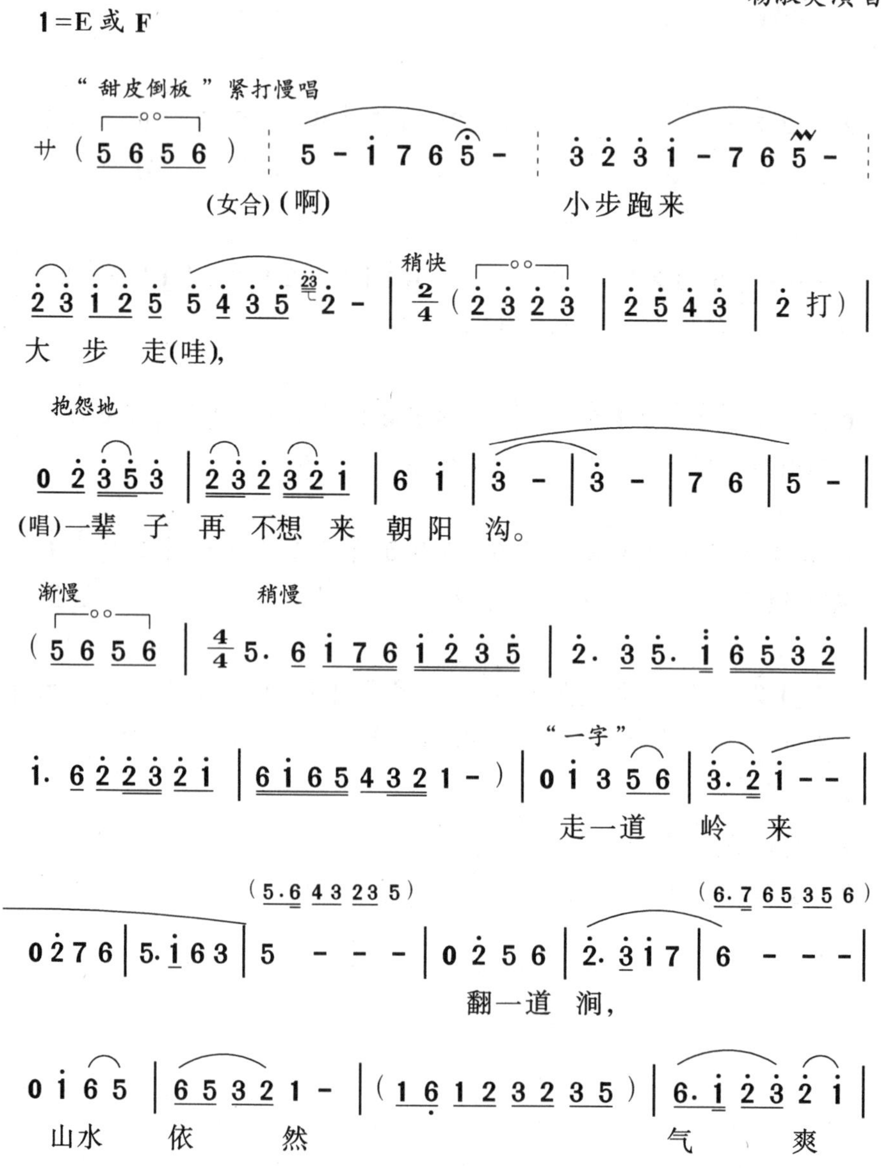
1=E或F
“甜皮倒板”紧打慢唱
(女合)(啊)
小步跑来
大步走(哇),
稍快
打
抱怨地
(唱)一辈子再不想来朝阳沟。
渐慢
稍慢
“一字”
走一道岭来
翻一道涧,
山水依然
气爽

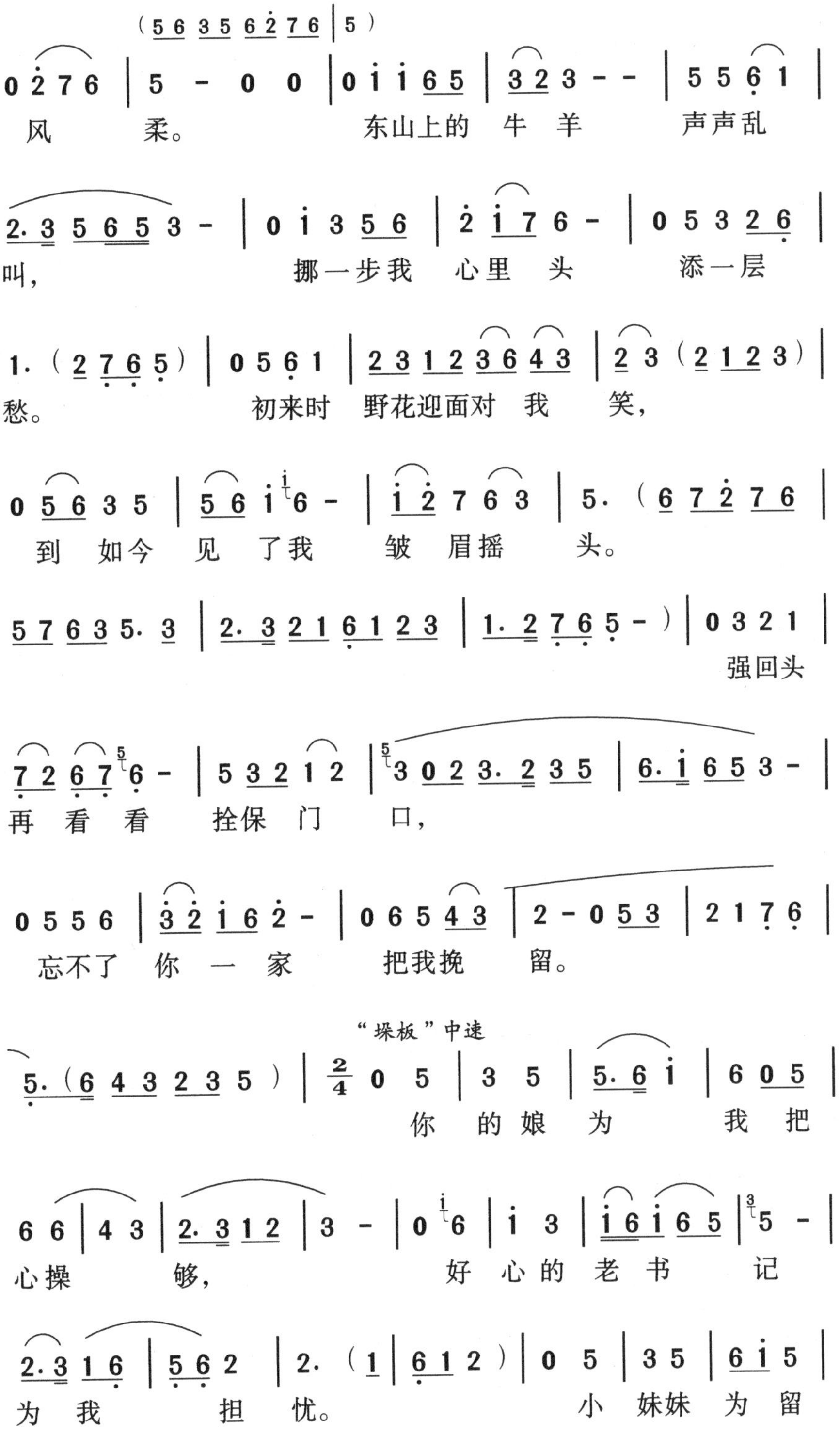

（5 6 3 5 6 2 7 6 | 5）

0 2 7 6 | 5 - 0 0 | 0 1 1 6 5 | 3 2 3 - - | 5 5 6 1 |
风 柔。东山上的 牛 羊 声声乱

2.3 5 6 5 3 - | 0 1 3 5 6 | 2 1 7 6 - | 0 5 3 2 6 |
叫，挪一步我 心里 头 添一层

1.（2 7 6 5）| 0 5 6 1 | 2 3 1 2 3 6 4 3 | 2 3（2 1 2 3）|
愁。初来时 野花迎面对 我 笑，

0 5 6 3 5 | 5 6 1 6 - | 1 2 7 6 3 | 5.（6 7 2 7 6 |
到 如今 见 了我 皱 眉摇 头。

5 7 6 3 5.3 | 2.3 2 1 6 1 2 3 | 1.2 7 6 5 -）| 0 3 2 1 |
强回头
7 2 6 7 6 - | 5 3 2 1 2 | 3 0 2 3.2 3 5 | 6.1 6 5 3 - |
再 看 看 拴保 门 口，

0 5 5 6 | 3 2 1 6 2 - | 0 6 5 4 3 | 2 - 0 5 3 | 2 1 7 6 |
忘不了 你 一 家 把我挽 留。
“垛板”中速

5.（6 4 3 2 3 5）| 2/4 0 5 | 3 5 | 5.6 1 | 6 0 5 |
你 的娘 为 我 把

6 6 | 4 3 | 2.3 1 2 | 3 - | 0 6 | 1 3 | 1 6 1 6 5 | 5 - |
心操 够，好 心的 老 书 记
2.3 1 6 | 5 6 2 | 2.（1 6 1 2）| 0 5 | 3 5 | 6 1 5 |
为 我 担 忧。小 妹妹 为 留

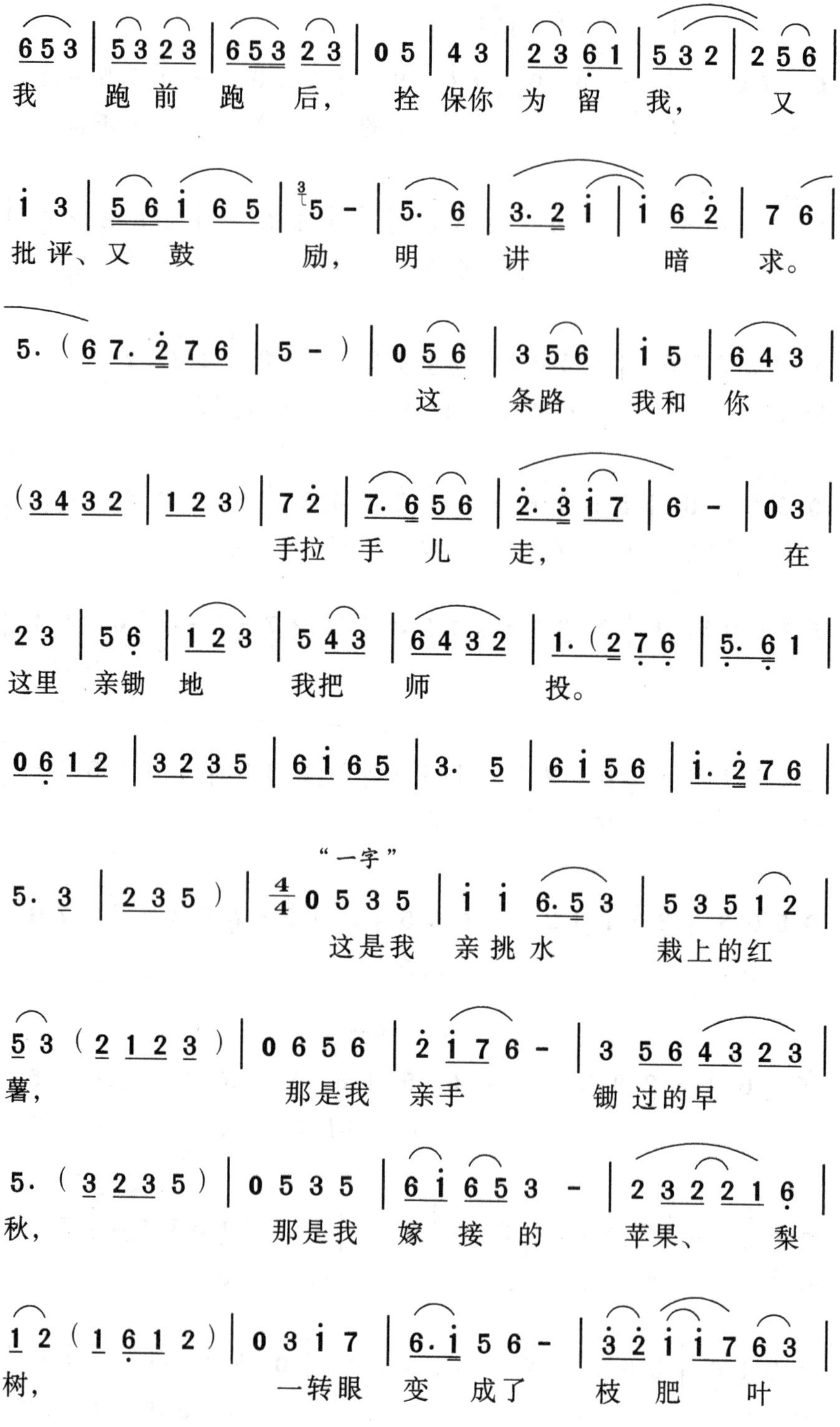
我 跑前 跑 后， 拴 保你 为 留 我， 又
批评、又 鼓 励， 明 讲 暗 求。
这 条路 我和 你
手拉 手 儿 走， 在
这里 亲锄 地 我把 师 投。
“一字”
这是我 亲挑水 栽上的红
薯， 那是我 亲手 锄过的早
秋， 那是我 嫁 接 的 苹果、 梨
树， 一转眼 变 成了 枝 肥 叶

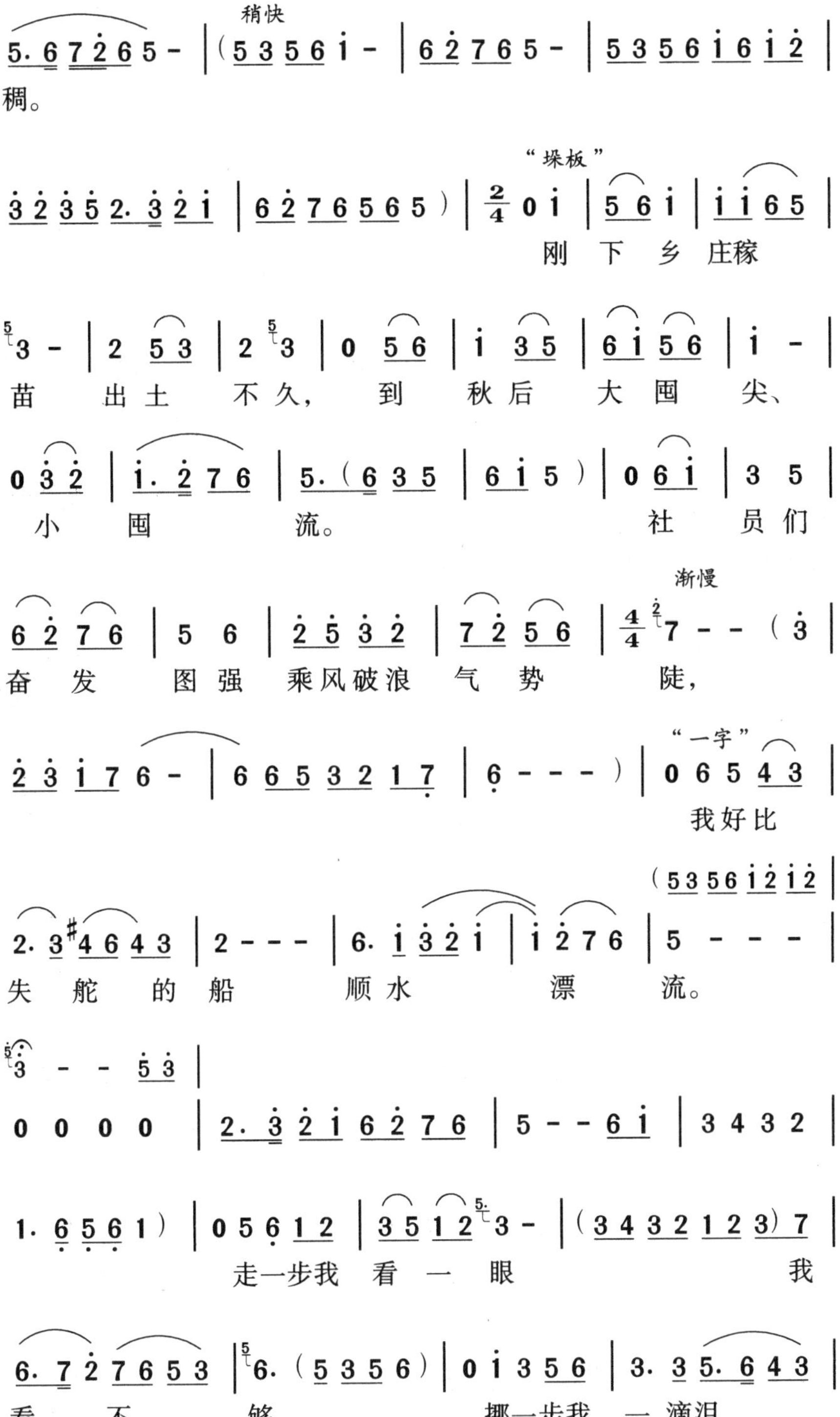
稍快
稠。
"垛板"
刚下乡庄稼
苗出土不久，到秋后大囤尖、
小囤流。
社员们
奋发图强乘风破浪气势
渐慢
陡，
"一字"
我好比
失舵的船顺水漂流。
走一步我看一眼
我
看不够，
挪一步我一滴泪

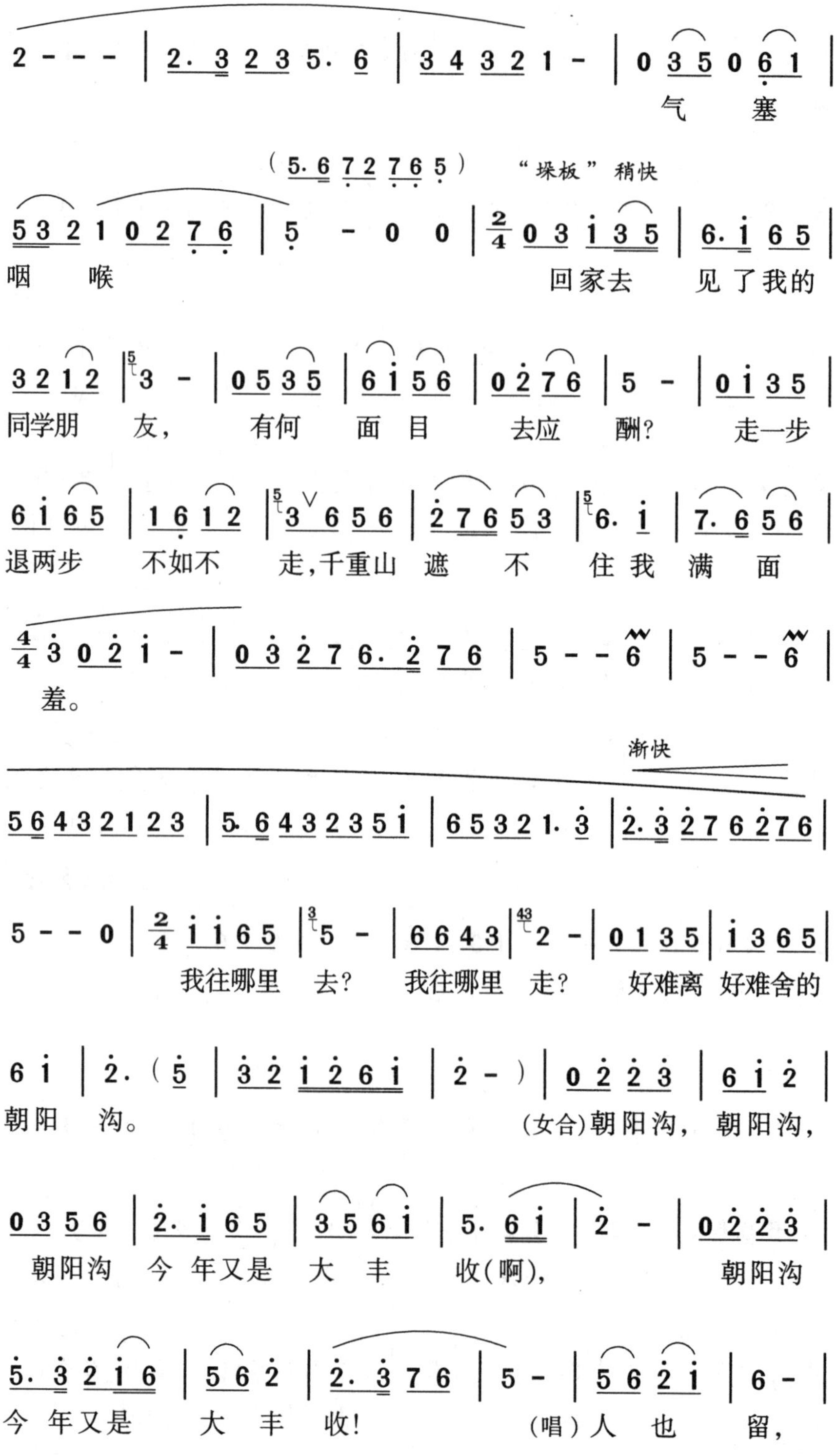
气 塞
"垛板"稍快
咽 喉
回家去 见了我的
同学朋 友， 有何 面 目 去应 酬？ 走一步
退两步 不如不 走，千重山 遮 不 住 我 满 面
羞。
渐快
我往哪里 去？ 我往哪里 走？ 好难离 好难舍的
朝 阳 沟。 (女合)朝 阳 沟， 朝 阳 沟，
朝阳沟 今 年又是 大 丰 收(啊)， 朝阳沟
今 年又是 大 丰 收！ (唱)人 也 留，

3 5 7 6 | 5 - | 1/4 0 3 | 0 2 | 3 | 5 | 0 6 | 0 i | 2̇ |

地 也 留， 实 实 难 舍 朝 阳 沟，

渐慢

2̇ i | 2/4 6 i | 2 3 | 5 - ‖

实实 难舍 朝阳 沟。